Rainer Buske

KUNDUZ

Ein Erlebnisbericht über einen militärischen Einsatz der
Bundeswehr in Afghanistan im Jahre 2008

Für Patrick Behlke und Roman Schmidt

KUNDUZ

Ein Erlebnisbericht über einen militärischen Einsatz der Bundeswehr in Afghanistan im Jahre 2008

Rainer Buske

2016

Carola Hartmann Miles-Verlag

CIP-Kurztitelaufnahme der Deutschen Nationalbibliothek:

Rainer Buske: KUNDUZ. Ein Erlebnisbericht über einen militärischen Einsatz der Bundeswehr in Afghanistan im Jahre 2008

2., verbesserte Auflage

Carola Hartmann Miles-Verlag, Berlin 2016
ISBN 978-3-937885-79-7

Herstellung: Books on Demand, Norderstedt

© Carola Hartmann Miles-Verlag,
George-Caylay-Str. 38, 14089 Berlin
(email: miles-verlag@t-online.de; www.miles-verlag.jimdo.com)

Inhaltsverzeichnis

Vorwort

Ich war Berufsoffizier der Bundeswehr und zum Zeitpunkt meines Afghanistaneinsatzes bereits seit 34 Jahren Soldat. Damals war ich 54 Jahre alt. Ich bin verheiratet, keine Kinder. Heute bin ich 60 Jahre alt und pensioniert. 6 Jahre sind seit meinem Afghanistaneinsatz seither vergangen. Mein Dienstgrad war Oberst. Als solcher führte ich das „Provincial Reconstruction Team" in Kunduz (kurz: PRT Kunduz) als Teil des deutschen Engagements am ISAF[1]-Einsatz in Afghanistan. Wir schreiben das Jahr 2008, ein Jahr, das mich an die Grenze meiner psychischen und physischen Belastbarkeit brachte.

Dieses Buch ist ein subjektives und zuweilen auch emotionales Zeugnis meiner Erlebnisse und Erfahrungen, die ich in fast neun Monaten in Kunduz als verantwortlicher Kommandeur gesammelt hatte. Es ist sicherlich auch Erlebnisverarbeitung, der Versuch, erlebte Traumata loszuwerden. Das Buch setzt sich kritisch mit dem deutschen Engagement am Hindukusch auseinander. Die Wortwahl „deutsches Engagement" ist bewusst gewählt. Fast reflexartig verengt sich die öffentliche und politische Diskussion in Deutschland ausschließlich auf das militärische Engagement. Völlig in den Hintergrund treten zivile Zielsetzungen und Leistungen, um die es sich ursprünglich doch gedreht hatte. Hierauf werde ich eingehen. Das Buch ist vor allem der Versuch, der Männer und Frauen zu gedenken, die mit mir zusammen eine in jeder Hinsicht fordernde und prägende Zeit durchlebt haben. Zwei Mann, die unter meinem Befehl standen, kamen nicht lebend zurück. Viele andere wurden zum Teil schwer verletzt. Insofern soll dieses Buch auch Patrick Behlke und Roman Schmidt gewidmet sein, die ihr Leben für einen Einsatz gaben, den mehr und mehr Menschen in Deutschland für sinnlos halten.

Das Buch ist bewusst aus der Sichtweise der Jahre 2007–2009 geschrieben, genau der Zeit, in der ich mich direkt oder indirekt mit dem Afghanistaneinsatz beschäftigen musste. Es ist ein Zeitzeugenbericht, der natürlich Entwicklungen, die sich seither in Afghanistan vollzogen haben, nicht berücksichtigt. Manches hat sich seit 2008

---

[1] ISAF = International Security Assistance Force

gebessert. Die Sicherheitsverantwortung über die Provinzen Kunduz und Takhar, für die ich einst verantwortlich war, wurde seitdem an afghanische Sicherheitskräfte übergeben. Der ISAF-Einsatz wurde im Dezember 2014 beendet, und die internationale Gemeinschaft gab sich ein neues Mandat ("Resolut Support"), das – so scheint es – einen deutlich anderen Charakter und Anstrich erfahren wird als der bisherige ISAF-Einsatz. Das deutsche (militärische) Engagement am Hindukusch wird sich voraussichtlich ausschließlich auf Ausbildungsunterstützung beschränken und kaum mehr als 800 Mann umfassen. Sicher, allesamt Erfolgsparameter, aber ich bleibe genauso skeptisch, wie ich es am Ende meines Einsatzes im November 2008 war.

"Politische Karte Afghanistan"

Karte "Regional Command North"

9

Karte Provinz Kunduz und Takhar (aus Karten.ppt)

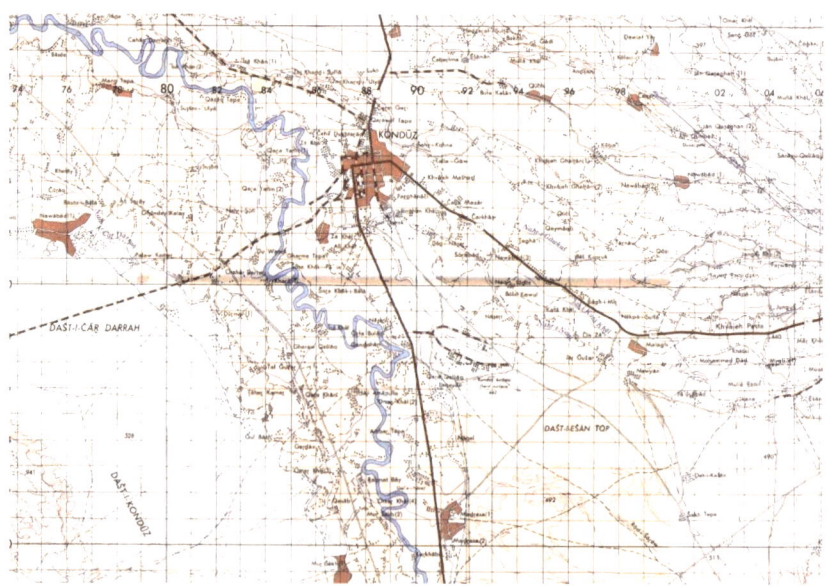

Prinzipskizze Kunduz

1. Rückblende – 11. September 2001

Wie habe ich 9/11 wahrgenommen und welche Konsequenzen hatte 9/11 aus meiner Sicht? Was hat 9/11 mit der heutigen Lage deutscher Soldaten in Afghanistan zu tun? Für mich beginnt die Geschichte genau dort, am World Trade Center, in den Ruinen, in denen mehr als 3.000 Menschen starben. Amerika erklärte der Achse des Bösen den Krieg und marschierte kurze Zeit später in den Irak ein. Es brach der zweite Irak-Krieg aus, nunmehr gefochten durch George W. Bush Junior, den viele wenig später selber als das Böse schlechthin ansahen. Wo blieb Deutschland, das sich trotz erklärter uneingeschränkter Solidarität und erklärtem Bündnisfall der NATO dem gemeinsamen Einsatz der Willigen im Irak verweigerte? Gerhard Schröder, der damalige Bundeskanzler, traf den Nerv der deutschen Bevölkerung, indem er Deutschland aus dem Irak-Krieg heraushielt. Quasi kompensatorisch entschloss man sich, am Afghanistaneinsatz teilzunehmen, dem „guten" Krieg, wie man damals glaubte. „Die Sicherheit der Bundesrepublik Deutschland wird (auch) am Hindukusch verteidigt", betonte der damalige Verteidigungsminister Dr. Peter Struck und eben nicht im Irak. So fing er an, der deutsche Afghanistaneinsatz, als Kompensation dafür, dass man nicht gewillt war, in den Irak zu ziehen.

Obendrein glaubte man, dass Deutschland den Stein des Weisen gefunden hätte. Landauf und landab wurde man nicht müde zu betonen, dass sich der deutsche Ansatz der „Vernetzten Sicherheit" in Afghanistan, neudeutsch „comprehensive approach", wohltuend vom amerikanischen Säbelrasseln im Irak unterscheiden würde. Stolz hielt man den Amerikanern (und auch den Briten) vor, dass Deutschland einen „sauberen" Einsatz führt, der vor allem und in vorderster Linie den Wiederaufbau des geschundenen und durch 30 Jahre Krieg verwüsteten Landes in Afghanistan zum Ziel hat. Brunnenbohren, Straßen bauen, Schulen errichten, Kliniken einweihen, Lehrer ausbilden, Ausbildung der Polizei und Aufbau eines effizienten Regierungsapparates mit deutscher Hilfe, vor allem und zuvorderst Entwicklungshilfe, das waren die Vorzeigeobjekte, die edlen Ziele, die man dem amerikanischen Einsatz im Irak entgegenhielt. Das deutsche Militär, die Bundeswehr, hatte hierbei nur einen einzigen und im Gesamtkonzept nahezu untergeordneten Rahmen einzunehmen, nämlich die militärische Absicherung des Wiederaufbaus. Das deutsche Kontingent war Teil einer *Assistance Force*, Unterstützung für den Wiederaufbau, aber keine Besatzungsmacht! Das war der Grund, warum die Bundeswehr im Norden von Afghanistan die Raumverantwortung des Regionalkommandos Nord (kurz: RC N) übernahm.

Der Raum schien befriedet und vergleichsweise harmlos. Wiederaufbau versprach eine einfache Sache zu werden. Also, ein Einsatz ohne großes Risiko. So stieg Deutschland aus meiner Sicht 2002 in den Einsatz ein. Man konnte in Kunduz noch als Soldat ungestört spazieren gehen, seinen Kaffee auf dem Basar trinken. Deutsche Soldaten wurden bejubelt, und deutsche Wiederaufbauhelfer als Messias empfangen. Dann kam der 19. Mai 2007, und alles war schlagartig anders. Drei deutsche Soldaten wurden auf dem Marktplatz in Kunduz in die Luft gesprengt. Ein Selbstmordattentäter brachte sie um. In Kabul war die deutsche Naivität bereits weit früher beendet worden, als ein anderer Selbstmordattentäter einen deutschen Bus mit Soldaten in die Luft jagte, die ihren Flieger zurück in die Heimat erreichen wollten. Seitdem kämpfen deutsche Soldaten einen verlorenen Kampf. Vom deutschen Wiederaufbau redet so gut wie keiner mehr. Man hat vollkommen aus den Augen verloren, warum wir seinerzeit nach Afghanistan gegangen sind. George W. Bush junior ist nicht mehr US-Präsident. Der Irak-Krieg ist zumindest offiziell vorbei, wenngleich die Folgen bis heute nachwirken. Britische Streitkräfte erlitten in Basra, im vergleichsweise weniger umkämpften Süden des Irak, 179 gefallene Soldaten. Im Süden von Afghanistan, vor allem in Helmand, starben bis Ende 2008 über 300 britische Soldaten. Zur gleichen Zeit ließen mehr als 1.000 US-Soldaten ihr Leben in Afghanistan. Deutschland hat in Afghanistan bis heute 54 gefallene Soldaten zu beklagen. Aus dem „guten" und „sauberen" Krieg war längst ein dreckiger, schmutziger Krieg geworden.

Wohin wird uns diese Lage führen? Was geschah eigentlich in Kunduz im Jahre 2008, und wie konnte es dazu kommen? Hätte man es verhindern können? Was wäre aus meiner Sicht nötig, um diesen Einsatz vielleicht doch noch zu einem „glimpflichen" Ende zu führen? Die Verteidigung der Sicherheit der Bundesrepublik Deutschland, das Motto von Peter Struck, stellte sich jedenfalls nach fast sieben Jahren Einsatz von deutschen Streitkräften am Hindukusch als fataler Irrtum heraus. Das ist die Ausgangslage, als ich erfuhr, ich hätte 2008 als Kommandeur des PRT Kunduz nach Afghanistan zu gehen.

2.   Entscheidung

Ich wurde im Sommer 2006 nach Augustdorf versetzt, einem kleinen Städtchen am Rande des Teutoburger Waldes. Gleich nebenan liegt der Truppenübungsplatz Senne Lager, der allen deutschen Heeressoldaten seit Generationen ein Begriff ist. Wer kennt ihn nicht, den Spruch: „Gott schuf in seinem Zorn, Senne Lager bei Paderborn"! Augustdorf ist zugleich die Garnisonsstadt der Panzerbrigade 21, und dort sollte ich den Dienstposten des stellvertretenden Brigadekommandeurs bekleiden. Ich konnte mein Glück kaum fassen! Ich, ein Truppenoffizier, erhalte noch einmal eine Führungsverwendung! Und das wird auch noch entlohnt mit der Beförderung zum Oberst! Ich hatte mehr erreicht, als ich mir in den kühnsten Träumen habe ausmalen können. Ich war stolz auf mich, und das wohl auch zu Recht. Ich wusste aber auch, dass diese Verwendung mit einem erneuten Auslandseinsatz verbunden war. 1999 nahm ich bereits als Kommandeur eines Bataillons am KFOR-Einsatz teil. Das war zu der Zeit kein Zuckerschlecken, zumal der Einmarsch der NATO-Truppen in den Kosovo mal gerade wenige Tage vorbei war, als ich dort eintraf. Den Kosovo verließ ich Ende 1999 einigermaßen ernüchtert und sicherlich auch traumatisiert. Ich hatte Schlimmes erlebt. Mein Körper reagierte genauso wie meine Seele. Es bedurfte der ganzen Liebe meiner Ehefrau und lange Zeit auch der therapeutischen Unterstützung, um damit fertig zu werden. Vielen geht es so. Insofern wusste ich, was auf mich zukam. Nur, diesmal hieß das Einsatzland Afghanistan.

Geheimnisvoll, fremdartig, unwirklich und irgendwie irreal. Afghanistan, das liegt so weit weg. Nie hatte ich mich damit wirklich auseinandergesetzt. Das sollte sich schlagartig ändern. Die Panzerbrigade 21 hatte alle Dienstposten für den ISAF-Einsatz ab dem Sommer 2008 für wenigstens vier Monate zu stellen, das wussten wir bereits Ende 2006. Mein Brigadekommandeur, General Jürgen Weigt, war der designierte COM RC N (Kommandeur des Regionalkommandos Nord) mit einer Stehzeit von sechs Monaten. Von Juli 2008 bis Anfang 2009 würde er im Afghanistaneinsatz stehen. Wer führt dann diejenigen Teile der Brigade, die nicht in den Einsatz verlegten und zuhause blieben? Das war natürlich meine Aufgabe als etatmäßiger Stellvertreter des Brigadekommandeurs. Daher war sofort klar, dass ich unmöglich zusammen mit General Weigt in den Einsatz gehen konnte. Wir mussten unsere Einsatzzeiten entzerren. Ich musste mit meinem Einsatz fertig sein, bevor General Weigt seinerseits in den Einsatz verlegte. So geschah es, dass ich für den Einsatz als Kommandeur des „Provincial Reconstruction Teams" in Kunduz ab Januar 2008 für sechs Monate eingeplant wurde. Danach würde ich die Führung der Brigade im Inland so lange übernehmen, bis General Weigt aus dem Einsatz zurückkehrte. Tatsächlich durfte ich auswählen. Ich hätte mich genauso gut für das deutsche PRT in Faizābād entscheiden können oder für einen Dienstposten im Stab des RC N oder sogar im Hauptquartier von ISAF in Kabul. Ich habe mich hingegen sofort für Kunduz entschieden. Zu der Zeit war Kunduz noch ein Hort der Friedfertigkeit. Der 19. Mai 2007 und der erste Selbstmordanschlag in Kunduz, die vielen Raketenangriffe und die Selbstmordattentäter, dies alles gab es noch nicht. Hätte ich mich anders entschieden, wenn ich es gewusst hätte? Ich glaube nicht. Verantwortung habe ich noch nie gescheut, und Kunduz war reizvoll, während Faizābād so abgelegen und unbedeutend auf mich wirkte wie ein Einödstandort in der Uckermark.

Damit waren die Würfel gefallen, und fortan scherte ich aus meiner eigentlichen Aufgabe als stellvertretender Brigadekommandeur und Kommandeur der Brigadeeinheiten in Augustdorf zusehends aus, um mich voll und ganz auf Afghanistan zu konzentrieren. Meine Ehefrau hielt sich tapfer, so wie sie es immer tat. Sie wusste, dass ich um einen Auslandseinsatz nicht herumkommen würde und hatte meine Zeit im Kosovo noch in guter Erinnerung. Aber sie unterstütze mich so, wie sie es immer tat. Meine Mutter starb unmittelbar, bevor die Entscheidung fiel. Mein Vater lebte sowieso nicht mehr. Es war stets einer der größten Sorgen meiner Mutter, dass ich noch einmal in einen „Kriegseinsatz" musste. Diese Erkenntnis ist ihr erspart geblieben. Wie so oft glaube ich auch hier, dass das Schicksal es so richtet, wie es notwendig ist. Wenn man so will, starb meine

Mutter zur rechten Zeit. Kaum war sie beerdigt, ging die Vorausbildung für meinen Einsatz in Kunduz los.

3. Einsatzvorbereitung

Im Juni 2007 nahm ich erstmals Verbindung auf mit meinem designierten Stellvertreter für das 15. Kontingent PRT Kunduz, Herrn Oberstleutnant Klaffus. Klaffus ist ein baumlanger Kerl, der sich kerzengerade hält, über glasklare Vorstellungen verfügt, überaus loyal ist und konstruktiv denkt. Wir mochten uns von Anfang an. Ich fuhr nach Eggesin, „ganz weit oben im Nordosten der Republik" würde Klaffus sagen, und besuchte ihn in seinem Bataillon, das er zu dieser Zeit führte, und aus dessen Reihen sich die Masse der Soldaten rekrutierte, die mit mir in den Einsatz gingen. Die Neugierde aufeinander war daher gleichermaßen auf beiden Seiten groß. Klaffus wies mich professionell in sein Bataillon, den Stand der Einsatzvorbereitungen und seine weitere Absicht ein. Wir wussten bereits zu dem Zeitpunkt, dass er noch im Herbst 2007 nach Kunduz mit seinen Männern und Frauen verlegen würde. Ich folgte im Januar 2008, so dass er zunächst einen anderen Herrn – will sagen PRT Kommandeur – zu dienen hatte. Doch dies focht uns nicht an. Er zeigte mir Ausschnitte der Ausbildung seiner 2. Kompanie, die als Schutzkompanie nach Kunduz verlegen sollte. Der Kompaniechef war nicht vor Ort. Es führte dessen Stellvertreter. Ein junger Oberfeldwebel führte eine Patrouillenausbildung durch, deren Inhalte und Durchführung wenig aussagefähig waren. Mir war klar, was sich hier abspielte: die Truppe war durch mein Erscheinen vollkommen überrascht worden und stampfte nun eine Ausbildung mit Einsatzbezug aus dem Boden, die aufgrund der knappen Zeit genauso schlecht vorbereitet wie durchgeführt wurde. Oberfeldwebel Fink, so der Name des Ausbilders, machte dennoch einen guten Eindruck auf mich. In dieser Einschätzung fühlte ich mich später in Kunduz voll und ganz bestätigt. Nur den Unsinn dieser Ausbildung hätte man bleiben lassen sollen. Im Zuge der Dienstaufsicht begleiteten Klaffus und ich die Truppe auch außerhalb der Kasernenanlage. Dabei stießen wir auf ein Gehöft, dessen Besitzer sich lautstark über unsere Präsenz erzürnte. Er verlangte ultimativ, dass wir verschwinden sollten und belegte uns mit übelsten Schimpfworten, die in Vergleiche mit der verhassten Sowjetarmee gipfelten, die noch vor guten 20 Jahren hier geübt hatte. Na, dann Prost Mahlzeit! Wir üben für einen Einsatz in Afghanistan, und dieser Mann hatte nichts Blödsinnigeres zu tun, als uns zu beschimpfen und mit Sowjets zu vergleichen. Was für ein Empfang!

Während dieser Tage trafen Klaffus und ich unseren zukünftigen Chef des Stabes des PRT Kunduz, Herrn Major Dr. Freuding. Er kam vom Stab der 14. Panzergrenadierdivision, dem er angehörte. Freuding, so sollte ich später noch feststellen, war und ist der beste Stabsoffizier, dem ich je begegnet bin. Zudem ist er ein echter Pfundskerl und hervorragender Kamerad. Ich konnte zufrieden sein, die Crew stimmte. Wir hatten dann noch einige der wichtigsten Führer, die mit uns zusammen nach Afghanistan gehen sollten, zu einem Führungsseminar zusammengezogen. Auch hier fand ich eigentlich keinen einzigen, dem ich misstrauen musste. Alle machten einen glänzenden und motivierten Eindruck. Eine kritische Personalentscheidung konnte ich per Telefon klären. Was uns noch fehlte, war ein leistungsstarker J 2-Stabsoffizier, der für die Beurteilung der Feindlage und für das militärische Nachrichtenwesen zuständig war. Dies ist ein Schlüsseldienstposten, an dem das Wohl und Wehe des PRT hängen sollte. Oberstleutnant Schröder wurde uns avisiert. Wie sich herausstellen sollte, ein absoluter Volltreffer! Beendet wurde diese erste Zusammenziehung des PRT mit Vorgaben, die ich der Truppe von Anfang an machte. Das fängt bei eher banalen Dingen wie der Anzugsordnung an und endete bei Vorgaben zum Umgang mit Alkohol. So wusste ein jeder, wo „der Hammer hing“, und alle waren zufrieden.

Ich konnte dann in der Folge der Abschlussübung der Einsatzvorbereitung des 15. Kontingentes im Gefechtsübungszentrum (GÜZ) in Magdeburg beiwohnen. Das GÜZ geht dabei sehr professionell vor, es verfügt mittlerweile über einen hervorragenden Ruf, dies vollkommen zu Recht. In zwei Wochen wurde die Truppe bei Tag und Nacht gedrillt. Alles, was in Afghanistan auf die Truppe zukommen sollte, wurde geübt. Patrouillentätigkeit, Umgang mit der Bevölkerung, Selbst- und Kameradenhilfe, Verhalten in einem Hinterhalt und bei einem Sprengstoffanschlag sowie vieles anderes mehr wurde akribisch einstudiert. Für mich bot das GÜZ einmal mehr die Möglichkeit, die Truppe kennen zu lernen. Ebenso sah die Truppe,

16

wer ihr Kommandeur sein sollte und wie der agiert. Allerdings fing das Unternehmen GÜZ für mich unglücklich an. Ich stürzte bei Nacht über einen großen Stein und hatte mir das Nasenbein gebrochen. Meine Brille war verbogen und mein Gesicht blutig geschlagen. Sie können sich sicherlich vorstellen, wie sehr die Truppe sich hierüber amüsiert hat. Ausgerechnet der Kommandeur, na, das kann ja was werden! In dieser Aufmachung bin ich am nächsten Tag dem damaligen Inspekteur des Heeres, Herrn Generalleutnant Budde, unter die Augen getreten, der mich mit den Worten: „Wer sind Sie denn?" entgeistert anstarrte. Es gibt sicherlich bessere Wege, um sich bei hohen Generälen bekannt zu machen.

Klaffus und ich hatten darauf bestanden, den Gefechtsstand des PRT (oder zumindest die Teile, die uns damals zur Verfügung standen) bereits in die Übung einzubinden und selber zu beüben. Major Freuding wuchs hier sehr schnell in seine Rolle hinein, und alles nahm einen für mich zufriedenstellenden Rahmen ein. Die Tage im GÜZ verliefen wie im Fluge. Lediglich mein Kraftfahrer, der Stabsgefreite Reese, fiel mal wieder mit Grippe aus. Es ist schon beachtlich, wie sehr irgendein Grippevirus diesen armen Kerl heimsuchte, wenn er nur das Wort „Truppenübungsplatz" hörte. Reese war ein feiner Kerl, sehr redselig und in mancher Hinsicht ein Filou. Er hatte nur das Pech, in mir einen Vorgesetzten zu haben, der eigentlich nichts lieber tat, als auf Truppenübungsplätze zu fahren, in Zelten zu schlafen und bei Wind und Wetter bei der Truppe zu sein. Wirklich leid hat er mir nicht getan.

Die Truppe hatte ihre Einsatzvorbereitung somit abgeschlossen, doch das traf nicht auf mich zu. Auch ich durchlief die notwendigen Stationen, von denen ich eine ganz besonders hervorheben möchte. Die Station „Geiselhaft" ist schon etwas Einzigartiges. Hierzu erlaube ich mir einen kurzen Vorgriff auf das, was ich später erleben sollte. In Kunduz wurde der örtliche Leiter der NGO (Non-Governmental Organisation) „Kinderhilfe e.V." entführt. 19 Tage verbrachte er in Geiselhaft, fast durchgehend geknebelt, mit verbundenen Augen. Jeden Tag fürchtete er um sein Leben. Nach seiner Freilassung traf ich ihn. Seine Erzählungen über die Geiselhaft führen bei mir heute noch dazu, dass sich die Haare auf meinen Unterarmen wie elektrisiert aufrichten. Was hat der Mann gelitten und welche

Ängste und Qualen erlebt? Für mich zählt „Geiselhaft" zu dem Schlimmsten, was ich erleben könnte. Ich hatte eigentlich nie so wirklich Angst davor, dass ich bei Kämpfen oder Anschlägen ums Leben kommen würde. Die Vorstellung aber, 19 Tage in absoluter Hilflosigkeit der Willkür meiner Kidnapper ausgesetzt zu sein, 19 Tage Dunkelheit, 19 Tage Todesangst und Angst um die eigene Familie, das zählt für mich zu dem Grässlichsten überhaupt. Das konnte ich natürlich noch nicht ahnen, als ich an der Station „Geiselhaft" im GÜZ teilnahm. Nach einer theoretischen Einweisung wurden wir alle in Busse verladen und fuhren los. Nach vielleicht fünf Minuten wurde der Bus jäh durch „Taleban" gestoppt, die durch Rollenspieler dargestellt wurden. Mit Geschrei und martialisch auftretend stürmten die „Taleban" den Bus und riefen nach dem Führer, dem höchsten Dienstgrad im Bus. Das war ich. Fortan genoss ich eine Sonderbehandlung. Uns allen wurden die Augen verbunden. Man führte uns im Gänsemarsch durch unwegsames Gelände. Es ist schon erstaunlich, wie schnell man mit verbundenen Augen jede Orientierung und wenig später jedes Zeitgefühl verliert. Man versucht, auf Details zu achten. Was sagen die Kidnapper untereinander, welche Sprache sprechen sie, welche Geräusche erkennt man? Doch eigentlich ist man nur eins: hilflos. Zunächst drangsalierten uns die Kidnapper. Wir mussten schwere Hölzer in gebückter Haltung minutenlang mit ausgestreckten Armen vor uns halten. Dann galt es, Liegestütze zu machen. Ziel war es, uns in die Erschöpfung – auch mental – zu treiben. Mich steckte man dann in eine Betonröhre, die gerade mal so breit wie meine Schultern war. So ca. 20 Minuten stand ich in dieser Röhre, aus der ich ohne fremde Hilfe nie rausgekommen wäre. Man tröstet sich, dass dies ja nur eine Übung sei, die früher oder später enden würde. Insofern war die psychische Belastung vergleichsweise gering. Ob dieser Ausbildungsabschnitt geeignet gewesen wäre, mir im Falle meiner Entführung durch echte Taleban das Überleben zu erleichtern, wer weiß das schon? Gott Lob ist es dazu nie gekommen.

Als zukünftiger Kommandeur eines PRT hatte ich natürlich eine Reihe von Ausbildungsabschnitten zu absolvieren, die der gemeine Soldat so nie erlebt. Ich erhielt eine Vielzahl von Einweisungen auch nachrichtendienstlicher Art, die mich auf meine Aufgabe vorbereiten sollten. Ich lernte Menschen im Verteidigungsministerium und seiner unmittelbar nachgeschalteten Kommandobehörden kennen, die für mich später lebenswichtig waren. Hierzu gehören ganz besonders das Einsatzführungskommando in Potsdam, das alle deutschen Auslandseinsätze führt und koordiniert, sowie der Einsatzführungsstab in Berlin, der unmittelbar dem Verteidigungsminister und dem Generalinspekteur zuarbeitet[2]. Das waren zu der Zeit Franz Josef Jung als Verteidigungsminister und Herr General Schneiderhan als Generalinspekteur. Ich durchlief ein Medientraining, das mich innerhalb von drei Tagen auf die unvermeidliche Pressearbeit vorbereitete. In der Rückschau kann ich nur sagen, ein absolutes Muss für jeden Kommandeur im Einsatz! Beim Zentrum Innere Führung erhielt ich Unterrichtungen in Wehrrecht, in Verwaltungsbestimmungen, in den sogenannten „Rules of Engagement" (ROE), die vor allem den Schusswaffengebrauch im Einsatz regulieren. Wir erhielten landeskundliche Hinweise, dabei auch durchaus kritische Bemerkungen von Referenten und Reportern, die Afghanistan aus einer Vielzahl von Erlebnissen persönlich gänzlich anders wahrgenommen hatten, als man selber es sich subjektiv eingestehen wollte.

Am nachhaltigsten und aus meiner Sicht am wichtigsten war jedoch die Erkundung im Einsatzland. Für ca. drei Tage netto (ohne Hin-/Rückflug) flog ich mit ausgewählten Stabsoffizieren nach Kunduz, um mich von meinem Vorgänger, Oberst Setzer, der das 15. Kontingent führte, vor Ort einweisen zu lassen. Es war dies das erste und einzige Mal vor dem eigentlichen Einsatz, dass ich Afghanistan und Kunduz persönlich erleben durfte. Zwar gab es in der Panzerbrigade 21 einen kurzen Videofilm über eine Führerreise nach Afghanistan, an der auch mein Brigadekommandeur, Herr General Weigt, im April 2007 teilgenommen hatte, doch konnte dies natürlich nicht den Eindruck ersetzen, den ich selber vor Ort gewinnen würde. Im September 2007 fuhr ich daher nach Köln Porz/Wahn, traf dort nicht nur General Weigt, der an der Erkundung ebenso teilnahm, sondern auch Herrn General D., der mein Kommandeur im Einsatz als Kommandeur des Regionalkommandos Nord im ersten Halbjahr 2008 werden sollte. General D. ist ein Luftwaffengeneral. Ein Luft-

---

[2] Den Einsatzführungsstab gibt es in der derzeitigen Struktur der Bundeswehr nicht mehr.

waffengeneral führt eine Heeresmission im Auslandseinsatz! Es war dies ein vollkommenes Novum in der deutschen Nachkriegsgeschichte. Die deutsche Luftwaffe stellte mittlerweile nicht nur Transportfliegerkräfte, sondern mit sechs Tornados auch Flugzeuge bereit, die Aufklärung flogen. Mithin forderte die deutsche Luftwaffe ihren Proporz ein in der Besetzung von Spitzendienstposten im Auslandseinsatz in Afghanistan. Bei allem Respekt für General D., ich halte das für unangemessen. Ich persönlich glaube von mir sagen zu können, dass ich nach nunmehr weit über 30 Dienstjahren im Heer eine Landoperation durchaus führen kann. Dafür wurde ich ausgebildet. Dagegen würde ich wohl versagen, wenn ich eine Luftwaffenoperation führen müsste. Afghanistan, und das sollten wir alle noch hautnah spüren, ist überwiegend eine Landoperation. Hierfür sollten die besten Fachleute als Führer ausgewählt werden, denen Landoperationen in Fleisch und Blut eingegangen sind. Und die gibt es nun einmal überwiegend beim Heer. General D. und ich kannten uns oberflächlich aus einer früheren Verwendung. Er war ein ruhiger und überlegter Vertreter. Er verkörperte sicherlich nicht den Typus des charismatischen Heerführers. Er verfügte über die Fähigkeit, zuhören zu können. Hatte er sich hingegen seine Meinung gebildet, dann stand diese in Stein gemeißelt fest. Das sollte in der einen oder anderen Detailfrage noch zu Verwerfungen zwischen ihm und mir führen. Wir flogen los, und ich landete abends spät zum ersten Male in Termez, dem deutschen Luftwaffenstützpunkt in Usbekistan, kaum einen Steinwurf von der afghanischen Grenze entfernt.

Termez ist trostlos. Der Flugplatz liegt in unmittelbarer Nähe einer usbekischen Kaserne, deren Zustand vielleicht für usbekische Verhältnisse annehmbar war, mir aber wie eine Bruchbude vorkam. Der deutsche Kommandeur in Termez empfing uns so stilvoll, wie es in so einer Umgebung eben geht. Sein Stabsgebäude war baufällig. Improvisationsvermögen und Kompromissfähigkeit waren gefordert, um aus diesem „Hauptquartier" etwas Sinnvolles zu machen. Was mir vor allem auffiel, war der Frisiersalon, den ein Usbeke im deutschen Stabsgebäude unterhielt. Der Salon war de facto im Herrenklo eingebaut und stank sicherlich nicht nur nach Haarwaschmittel. Die Liegenschaft war vollgestopft mit Unterkunfts- und Arbeitscontainern. Termez drohte aus den Nähten zu platzen. Die Anlage durfte man aufgrund der Visa-Bestimmungen nicht verlassen. Alles war auf einem kleinen Areal zusammengepfercht, Mensch und Material. Der Stützpunkt verfügte über eine Betreuungseinrichtung, so etwas wie eine deutsche Kneipe mit usbekischer Bedienung. Es war bereits 23:00 Uhr Ortszeit, und in der „Kneipe" ging es hoch her. Die weiblichen usbekischen Bedienungen zeigten alles, was sie hatten – im wahrsten Sinne des Wortes. Ich möchte nicht wissen, was sich hinter den Türen so nachts alles abspielte. Wir wurden in Kontingente eingeteilt, die am nächsten Morgen zu ihren verschiedenen Zielorten in Afghanistan weiterfliegen sollten. Für mich hieß das Kunduz, Abflug ca. 07:00 Uhr früh. Man verfrachtete mich in ein usbekisches Hotel auf der Kasernenanlage der usbekischen Armee, wo ich nächtigen sollte. „Hotel" ist für dieses Haus ein anspruchsvoller Titel. Die Sanitäranlagen waren schrottreif. Ich verkniff mir den Gang aufs Klo und wartete auf Kunduz und deutsche Toiletten. Zähneputzen wagte man nur mit Selterswasser aus der Flasche. Usbekisches Wasser – davor warnte man uns sofort. Das Frühstück nahmen wir in der Feldküche des deutschen Luftwaffenstützpunktes ein. Es gab Essen im Überfluss und in Vielfalt. Um die Ernährung musste man sich offenbar keine Sorgen machen, eher schon um das unvermeidliche Übergewicht, das sich einstellen musste, wenn man dem Überangebot an leckerer Nahrung zu sehr nachgab. Am Eingang der Truppenküche hingen Desinfektionsflaschen. Sehr schnell lernte ich den Sinn und Zweck in diesem Teil der Erde kennen, mir vor dem Essen nicht nur die Hände zu waschen, sondern diese auch noch zu desinfizieren. Immerhin, in neun Monaten Einsatzzeit hat mich der gefürchtete Durchfall nur einmal erwischt. Das ist fast schon rekordverdächtig.

Mit einer Transportmaschine flogen wir dann nach Kunduz und landeten nach kaum mehr als vierzig Minuten auf dem Kunduz Airfield. Die Heckklappe ging auf, und ich nahm mein erstes Bild und den ersten Eindruck derjenigen Stätte auf, die mein Schicksal werden sollte. Der Flughafen von Kunduz und das PRT Kunduz liegen auf einem Hochplateau außerhalb der eigentlichen Stadt Kunduz. Im Krieg der Sowjets gegen die Taleban spielte Kunduz eine entscheidende Rolle. Der Flugplatz war auch damals bereits der Grund für den Bau von Feldlagern, in denen die Russen damals lebten. Zugleich war der Flugplatz besonders heiß umkämpft. In Kunduz lagen ca.

15.000 russische Soldaten, eine komplette Division. Steigt man zum ersten Male in Kunduz aus, dann kann man gar nicht anders, als mit Staunen den schier endlosen Schrott zu bewundern, der dort liegt. Unterkunftsruinen der Russen, Panzerschrott ihrer Fahrzeuge, zerstörte Hubschrauber, es war unglaublich. Wenn man denn nicht gewusst hätte, dass der Krieg gegen die Russen bereits lange zurücklag, dann hätte man den Eindruck gewinnen müssen, dass den Russen wenige Tage vorher der Garaus gemacht worden war. Und knapp dahinter erhob sich die Außenmauer der deutschen Einsatzliegenschaft, in der das PRT Kunduz lag, direkter Blick auf den Flughafen, die Trümmerlandschaft inklusive.

Zwei weitere Dinge springen einem sofort ins Auge. Es gibt dort keine Vegetation, keinen Baum, keinen Strauch, keine Grünflächen, nichts dergleichen. Die Landschaft versprüht einen spröden Reiz. Am Horizont, nach Westen blickend, erhoben sich mächtige Berge, die eine natürliche Grenze zwischen der Tiefebene von Kunduz zum Raum um Mazar-e-Sharif bildeten, dem Sitz des Regionalkommandos Nord in Afghanistan. Oberst Setzer holte mich ab. Zusammen fuhren wir in das PRT Kunduz. Afghanische Lagerwachen schauten missmutig und gelangweilt hinter uns her. Innerhalb des Lagers war ich überrascht von der Ordnung und Sauberkeit, deutsche Gründlichkeit eben. Das Stabsgebäude wie auch die Masse der Unterkunftsgebäude waren in der Form von Atrien gebaut, Flachbauten im Karree mit einem Innenhof, der bepflanzt war. Es gab ein hoch modernes Rettungszentrum betrieben von deutschen Sanitätern. Die Feldküche entsprach besten deutschem Standard. Hier allerdings wurde man als allererstes mit der Einsatzwirklichkeit vertraut gemacht. Oberst Setzer zeigte auf ein Loch in der Decke und mehrere Schleif- und Schmauchspuren an der Wand der Feldküche. Eine Rakete war dort vor kurzem eingeschlagen. Sie detonierte nicht. Glück gehabt, sonst hätte Kunduz bereits im Herbst 2007 viel mehr Tote zu beklagen gehabt.

Raketenangriffe waren zu der Zeit noch relativ neu, stellten aber bereits eine ernste Qualität der Bedrohung dar. Ich konnte mich des Eindrucks nicht erwehren, dass man im PRT Kunduz drauf und dran war, aufgrund der Raketenangriffe zu einer Art Wagenburgmentalität überzugehen. Alles war auf die Abwehr von Raketenangriffen fixiert, und die fanden meist nachts statt. Zu der Zeit erlebte ich persönlich noch keinen dieser Anschläge. Nach meinen neun Monaten in Afghanistan sollte ich siebzig solcher Raketenangriffe erlebt haben. Für mich war die Gewinnung von Eindrücken insbesondere über die Größe und den Charakter des Raumes, für den ich verantwortlich war, entscheidend und Kern meiner Erkundung. Oberst Setzer fuhr mit mir das Hochplateau, die sogenannte Platte, in alle Himmelsrichtungen ab. Am Rand der Platte hat man einen ausgezeichneten Überblick über die Flussniederungen, die sowohl im Westen wie im Nordosten die Platte umschließen. In der Ferne erkannte man das Eshkamesh-Gebirge, das als Ausläufer des Hindukusch die Platte im Osten begrenzt. Man muss kein gewiefter Taktiker sein, um zu begreifen, dass der Raum riesig war, für den ich Verantwortung zu übernehmen hatte. Ich sollte für zwei Provinzen verantwortlich sein, Kunduz und Takhar, eine Fläche so groß wie Rheinland-Pfalz und das Saarland zusammen. Für diesen Raum standen Oberst Setzer 420 Mann zur Verfügung. Es war eine Herkulesarbeit, die nur gelingen konnte, wenn die Lage ruhig und sicher blieb. Nur und ausschließlich dann konnte es gelingen, Wiederaufbauarbeiten mit den begrenzten militärischen Mitteln in der Weite des Raumes abzusichern. Genau das war unser Auftrag. Sowohl mir als auch Oberst Setzer war sonnenklar, dass angesichts der ersten Selbstmordattentate und der stetig steigenden Raketengefahr von einer ruhigen und sicheren Lage nun wirklich nicht mehr ausgegangen werden konnte. Und genau hier liegt mein erster Vorwurf. Bereits im Herbst 2007 wusste die Führung des Verteidigungsministeriums, dass die Lage kritisch wurde, so kritisch, dass der eigentliche Auftrag und dessen Durchführbarkeit zusehends in Frage gestellt wurden. Daran hat sich bis weit nach Beendigung meines Einsatzes nichts Wesentliches geändert.

Wir fuhren in einem endlosen Konvoi nach Taloqan, der Provinzhauptstadt von Takhar. Aufgrund von Anschlagswarnungen fuhren wir nicht über die asphaltierte Straße von Kunduz nach Taloqan, der sogenannten LOC (Lines of Communication) TAURUS, sondern über das Hochplateau, auf unmöglichen Pfaden und zerschlissenen Sandstraßen, die den geländegängigen Fahrzeugen so ziemlich alles abverlangten. Es dauerte Stunden, bis wir in Taloqan ankamen. Die Charakteristik des Raumes änderte sich wenig. Das Gelände nahm zwar zusehends gebirgigere Formen an, es blieb aber trostlos. Mit Ausnahme der Flussniederungen, die sich parallel zur TAURUS entlang zogen, wuchs kein Strauch, kein Grün, nichts. Bauern arbeiteten auf den Feldern, um Reis oder Getreide anzubauen. Kamen wir an einer Ortschaft vorbei, dann strömte eine unvorstellbare Anzahl von Kindern aus den schäbigen Lehmhütten. Armut, wohin das Auge blickte. Moderne Landwirtschaftsgeräte gab es keine. Ich kam mir vor, als ob mich eine Zeitmaschine ins Mittelalter zurückgeschleudert hätte. Frauen, wenn man sie überhaupt sah, liefen tief verschleiert herum. Viele trugen die Burkha, die der Frau jedes Antlitz und jede Individualität nimmt. Es war und ist für uns Mitteleuropäer eine fremde Kultur, deren Fremdartigkeit eigentlich kaum noch steigerungsfähig ist. Am Wegesrand lag das zerfetzte Wrack eines russischen Panzers, der seine unnütze Kanone in den Himmel richtete. Alles, was man vom Panzer theoretisch abbauen und noch verwenden konnte, war demontiert und weggeschleppt worden. Zurück blieb die nackte Hülle eines Stahlkolosses, der in dieser Gegend genauso zweckentfremdet wirkte wie wir Deutschen, die in ihren gepanzerten Transportfahrzeugen durch die Gegend rumpelten. Das war mein erster Eindruck von Afghanistan.

Taktisch blieben mir mehr Fragen als Antworten, als sich die Erkundung dem Ende zuneigte. Wie soll man diesen schier unendlich großen Raum je wirksam beherrschen? Wie kann man die sich abzeichnende einseitige Fixierung auf die Abwehr der Raketenangriffe aufbrechen und mehr Präsenz im Raum aufbauen? Wie kann man Taloqan im Notfall verstärken, wenn deutsche Kräfte dort angegriffen werden? Eines wurde mir sofort klar: ich war erzogen und ausgebildet, um in der norddeutschen Tiefebene russische Panzerangriffe abzuwehren. Diese Kenntnisse halfen mir in Afghanistan nun wirklich nicht weiter. Ich musste umdenken. Im Nachhinein bin ich dankbar, genau diese Erfahrung während der Erkundung gewonnen zu haben. Als ich später nach Kunduz verlegte, hatte ich zwar keinen exakten Plan im Kopf, immerhin aber doch eine ziemlich gute Vorstellung von dem, was mich ereilen sollte. Ich wusste nur so viel: Erstens, ich würde mir bei Übernahme des Kommandos erst einmal ganz genau anschauen, wie die Lage tatsächlich ist und mich so umfangreich wie nur möglich mit all meinen Mitarbeitern beraten und ab-

24

stimmen. Zweitens, ich würde das Ding schon schaukeln. Gezweifelt hatte ich eigentlich nie.

Kurz vor Verlegung galt es dann noch, Soldaten des 16. Kontingentes kennen zu lernen, die ab März 2008 nach Kunduz verlegen sollten, dann ebenfalls unter meiner Führung. Tatsächlich habe ich in den ersten sechs Monaten meiner Einsatzzeit 1 ½ Kontingente geführt. Der Grund liegt in den unterschiedlichen Stehzeiten. Alle Soldaten verlegten für vier Monate in den Einsatz. Nur ich als Kommandeur blieb sechs Monate. So sollte ich also das 15. Kontingent in seiner zweiten Hälfte der Stehzeit von Oberst Setzer übernehmen, während ich das 16. Kontingent vom Anfang bis Ende führen sollte. Leitverband des 16. Kontingents war das Panzerbataillon 104 aus Pfreimd in der Oberpfalz. Deren Kommandeur sollte sein Kommando in Bälde an Oberstleutnant Abed übergeben, der später in Kunduz mein Stellvertreter wurde. Ich lernte Oberstleutnant Abed erst viel später im Zuge seiner Erkundung im Einsatzland näher kennen. In Pfreimd traf ich aber auf den harten Kern desjenigen Führerkorps, das mit mir von März bis Juli 2008 in Kunduz kämpfen sollte. Auch hier machte die Truppe auf mich einen sehr guten Eindruck. Manchmal wiederholt sich die Geschichte. Noch in Pfreimd weilend gelang es mir, für Oberstleutnant Schröder als Nachrichtenwesenstabsoffizier des 15. Kontingentes mit Herrn Major Esdar einen erstklassigen Nachfolger für diesen Fachbereich zu gewinnen. Ich konnte von Glück sagen, derart professionelle und – wie sich herausstellen sollte – erstklassige Kameraden an meiner Seite zu haben. Meinem Einsatz als PRT Kommandeur stand somit nichts mehr im Wege. An dieser Stelle möchte ich jedoch auf zwei Personen noch genauer eingehen. Das ist zum einen mein S3 Feldwebel und dann mein Adjutant.

Oberleutnant Reinke, genannt „Ümet", war mein Adjutant, neudeutsch auch „Military Assistant" oder kurz „MA" genannt. Woher er diesen dusseligen Spitznamen hatte, weiß eigentlich keiner so genau. Er vollführte seinen nicht immer leichten Part an meiner Seite mit großem Geschick und Einfühlungsvermögen. Auch begleitete er mich fast immer, wenn ich mit meinen Bodyguards, dem Close Protection Team, rausfuhr. Die Schar der Getreuen rundete mein S3 Feldwebel ab, Hauptfeldwebel Heibel, der mein Vorzimmer führte und den Terminkalender akribisch überwachte. Zudem sorgte er sich schon fast wie eine Amme um mein leibliches Wohl, was im Regelfall hieß, mir auf Anfrage stets ein alkoholfreies Weizenbier genauso zur Verfügung zu stellen wie einen Espresso und ein kleines Eis aus der Küche. Später wurde er dann noch der Leader der sagenhaften Rockband „Die Kunduz Rocketeers", mit ihm selber am Keyboard und mit mir an der Gitarre. Doch davon später mehr.

4. Verlegung

Vor der Verlegung in den Einsatz genießen Soldaten im Allgemeinen noch die „Kuschelwoche", d.h. einige Tage Sonderurlaub bei Haus und Familie. Meine „Kuschelwoche" beschränkte sich auf die Weihnachtstage. Mein Dienst in Augustdorf ließ zu der damaligen Zeit kaum mehr zu. Ich habe später Oberste kennengelernt, die von ihrem eigentlichen Dienstposten zwecks Vorbereitung auf den Einsatz sage und schreibe drei Monate entbunden wurden. Was für ein Luxus! Im Falle meines Nachfolgers in Kunduz, Herrn Oberst M., sollte der Schuss allerdings nach hinten losgehen. Zuviel Vorbereitungszeit verführt dazu, alles im Vorwege regeln zu wollen, ohne wirklich Ahnung von den Gegebenheiten zu haben. Doch auch davon später mehr. Ich wurde wie alle Soldaten eingekleidet und geimpft. Der Impfstatus ist ein ganz wesentlicher Faktor. Ich erhielt bis zu zwanzig Impfungen und fühlte mich wie ein Chemielabor auf zwei Beinen. Im Nachhinein hatte ich so meine Sorgen ob irgendwelcher Nebenwirkungen. Gott Lob empfand ich keine. Die Masse meines Gepäcks hatte ich rechtzeitig bereits aufgegeben. So blieb mir eigentlich nur noch mein Rucksack und eine Tasche Handgepäck, mit denen ich dann in Begleitung meiner Frau am zweiten Weihnachtstag 2007 nach Brühl fuhr. Dort übernachteten wir das letzte Mal gemeinsam bei Verwandten, bevor ich dann am 27.12.2007 die Bundeswehrmaschine nach Termez bestieg. Mit mir flog Oberleutnant Reinke, Ümet, dessen Eltern am Flughafen Köln Porz/Wahn mit den Tränen kämpften. Ich versprach ihnen, ihren Sohn heil wieder nach Hause zu bringen. Mein Brigadekommandeur, Herr General Weigt, ließ es sich nicht nehmen und schaute kurz vorbei. Wir tranken zum Abschied noch einen Kaffee, und dann nahm ich meine Frau in den Arm, schluckte dreimal schwer und ging durch die Sicherheitskontrolle. Meine Ehefrau blieb alleine zurück.

Fortan ist alles anders. Die Zivilisation beginnt von einem abzufallen. Man beschäftigt sich gedanklich eigentlich nur noch mit dem Einsatz. Die „Wartehalle" bestand aus einem öden, schmutzigen und wenig einladenden Zelt, in dem man sicherlich gute 90 Minuten totschlagen musste, bevor man in das Flugzeug stieg. Im Flugzeug saßen Ümet und ich zusammen in einer Reihe und versuchten, den gut sechs Stunden langen Flug so einigermaßen rumzukriegen. Nebenan saß ein deutscher Oberst, der als Verbindungsoffizier nach Kabul ging. Er lernte während des Fluges wie ein Besessener Dari und Paschtu, die Sprachen Afghanistans. Er bestürmte mich mit Bekenntnissen, wie sehr er sich doch auf diesen Einsatz freuen würde. Ganz stolz wäre er und unsagbar glücklich. Ümet und ich verstanden die Welt nicht mehr. Auf den Einsatz freuen, ja sogar glücklich sein, nein, das vermochten wir sicherlich nicht. Wir ahnten, was auf uns zukommen sollte. Erpicht war keiner von uns beiden darauf. Ich fragte mich während des Fluges: „Bist Du der Sache tatsächlich gewachsen?" Die Frage konnte ich mit gutem Gewissen mit „Ja" beantworten. In jedem anderen Fall hätte ich die Verwendung sowieso nie antreten dürfen. Ich verspürte Respekt vor der Verantwortung, aber auch eine gewisse Gelassenheit. Wir würden das Ding schon schaukeln, komme was da wolle. Und so landete ich am 27.12.2007 abends spät erneut in Termez, bezog das gleiche „Hotel" wie im September davor und ging in die gleiche Betreuungseinrichtung. Dort zeigte man neugierig mit dem Finger auf mich. „Das ist der neue Kommandeur in Kunduz. Mann, da ist ja die Hölle los. Die schnelle Eingreifreserve des Regionalkommandos Nord ist bereits seit Wochen in Kunduz eingesetzt. Wenn das man gut geht?" Das waren die Gesprächsfetzen, die ich beim Bier so wahrnahm. Bange machen gilt nicht. Ob die Hölle tatsächlich in Kunduz los war oder nicht, das würde ich sicherlich bereits am nächsten Tage erfahren. Ich flog am 28.12.2007 früh morgens weiter nach Kunduz, wo mich Oberst Setzer empfing. Der erste Tag meiner zunächst sechs und später dann insgesamt neun Monate in Kunduz sollte beginnen. Der Einsatz konnte losgehen.

5. Die Übernahme der Dienstgeschäfte

Für die Übergabe hatten Oberst Setzer und ich ca. eine Woche Zeit. Ich hasse derartige Zeiträume, und zwar sowohl als Übernehmender als auch als Übergebender. Als neuer, aber noch nicht im Amt befindlicher PRT-Kommandeur wartet man auf nichts Sehnlicheres, als dass der Vorgänger endlich verschwindet. Als alter und noch im Amt befindlicher PRT-Kommandeur versucht man, die einem noch zur Verfügung stehende Zeit möglichst auszudehnen. Der Eine drängt ins Amt, und der Andere lässt nicht los. So verhält es sich immer, auch zwischen Oberst Setzer und mir. Das hat mit persönlichen Animositäten nichts zu tun. Setzer und ich kamen miteinander im Großen und Ganzen gut klar. Natürlich bleibt es nicht aus, dass ich als Neuer Manches anders beurteilte und vielleicht auch andere Schwerpunkte glaubte zu erkennen, als Setzer es sah. Das ist vollkommen normal. Ich nahm mich so gut es ging zurück und beobachtete aus dem Hintergrund, derweil Setzer noch mit aller Energie sein PRT führte.

Er hatte allen Anlass dafür, denn die Raketenangriffe nahmen stetig zu. Setzer operierte mit den ihm zur Verfügung stehenden Mitteln, um die Angriffe zu unterbinden. Die fanden fast immer in relativer Nähe zum Feldlager statt, weil die Reichweite der Raketen eben begrenzt war. Das Bild, was sich mir bot, war nahezu identisch mit dem Eindruck, den ich bereits im September gewonnen hatte. Die verfügbaren Kräfte wurden nahezu allesamt eingesetzt, um im Nahbereich zum Feldlager Raketenschützen aufzuspüren, diese abzuschrecken und, wenn möglich, dingfest zu machen. In der Fläche des Verantwortungsbereiches von zwei Provinzen bewegte sich hingegen kaum noch was, dafür reichten die Kräfte nicht. Ich nahm mir daher vor, nach Wegen zu suchen, um die Präsenz deutscher Truppe in der Fläche unter allen Umständen zu erhöhen. Anderenfalls sah ich meinen Auftrag als gefährdet an. Und wenn wir denn ganz ehrlich zu uns sind, hat sich seitdem an dieser grundsätzlichen Problematik nie etwas Entscheidendes geändert. Das PRT Kunduz und seine Soldaten waren fixiert auf den Eigenschutz im Nahbereich.

Am 03.01.2008 wurde ich erstmals Zeuge, wie hoch es im Gefechtsstand des PRT hergehen kann, wenn Anschläge stattfinden. Erneut feuerte der Gegner Raketen auf das Feldlager ab, die ihr Ziel verfehlten. Da ich noch nicht in der Verantwortung stand, setzte ich mich still und leise in die letzte Sitzreihe des Gefechtsstandes und beobachtete das Treiben. Es waren mir viel zu viele Menschen in dieser Schaltzentrale, die in der Masse nichts Produktives beizusteuern hatten. Erschreckend war das Lagebild oder besser, das Fehlen eines vernünftigen Lagebildes. Hektisch riefen alle möglichen Offiziere durcheinander. Oberst Setzer musste energisch einschreiten, um die nötige Ruhe zu veranlassen. Er führte fast selbständig und ließ sich von seinen engsten Mitarbeitern kaum beraten. Sein Stellvertreter, Oberstleutnant Klaffus, war zur Teilnahmslosigkeit verurteilt. Das alles machte auf mich schon einen zuweilen bizarren Eindruck. Oberst Setzer hatte Luftunterstützung angefordert, die in Form von mehreren amerikanischen Jets sehr schnell eintraf. Die Flugzeuge verfügten über Nachtsichtgeräte, die es ermöglichten, über einen kleinen Bildschirm des Fliegerleitoffiziers des PRT in Echtzeit die Raketenschützen zu verfolgen, die kurz zuvor die Raketen abgeschossen hatten. Die Situation und Gelegenheit, die Raketenschützen aus der Luft anzugreifen, war einmalig, doch die Einsatzregeln verboten zu der Zeit den Angriff. Die Raketenschützen stellten keine unmittelbare Gefahr mehr dar, daher verboten die sogenannten „Rules of Engagement" den Einsatz von Waffengewalt.[3] Oberst Setzer rang mit sich und fragte mich persönlich das erste und einzige Mal, ob er denn die Raketenschützen aus der Luft angreifen sollte, was nach Lage der Dinge nur darin enden konnte, dass die Raketenschützen durch den Abwurf von Bomben getötet wurden. Ich verneinte mit Hinweis auf die Einsatzregeln. Oberst Setzer entschloss sich schließlich, seine Reserve bei Nacht und obendrein in unbekanntem Gelände über einen Fluss zu werfen. Ziel war es, die Raketenschützen abzufangen oder in einer Gehöftegruppe dingfest zu machen, in der sie sich augenscheinlich nach Beobachtung der amerikanischen Flieger verkrochen hatten. Das Unternehmen scheiterte, weil sich die Reserve bei Nacht um 100 Meter verorientierte. Die einmalige Chance war vertan. Mir stand keine Kritik zu, denn ich war nicht in der Verantwortung. Ich erhielt aber einen Erste-Klasse-Einblick in die Einsatzrealitäten, denen ich in der Folge fast täglich ausgesetzt sein sollte.

---

[3] Die Rules of Engagements wurden nach meiner Kenntnis später dann geändert und hätten den Einsatz von Waffengewalt in dieser Lage zugelassen.

Bemerkenswert war für mich der Jahreswechsel fernab von der Heimat. Ich schlenderte gegen Mitternacht durch das Feldlager und bestaunte nicht zum ersten Mal den afghanischen Nachthimmel, der bei Vollmond von einer unglaublichen Helligkeit war. Das Firmament erstrahlte in einer Intensität und Reichhaltigkeit an Himmelskörpern, die ich aus Europa nie vorher gesehen hatte. Und dennoch richteten sich bereits nach derart wenigen Einsatztagen alle Sinne auf das Geräusch von anfliegenden Raketen. Man muss dafür gar nicht ausgebildet sein. Das Geräusch ist so einzigartig, man erkennt es sofort. Unbewusst sucht das Auge jedes Soldaten in Kunduz automatisch das Gelände nach Deckungen ab, in die man springen kann, wenn man das Geräusch hört. Es verbleiben dann nur noch 2–3 Sekunden bis zum Einschlag. Ich gesellte mich zu der Masse an feiernden Soldaten in der Betreuungseinrichtung, dem „Lummerland". Dort ging es wenige Minuten vor Mitternacht hoch her. Die Männer und Frauen waren betrunken, und ich fragte mich nicht zum ersten Mal, ob man sich das im Einsatz trotz der Besonderheiten einer Silvesternacht erlauben darf. Gott Lob hat sich der Gegner nicht gerührt. Glück gehabt.

Am 07.01.2008 war es dann soweit. Das PRT sollte im Zuge eines feierlichen Appells durch den damaligen Kommandeur des Regionalkommandos Nord, Herrn General Warnecke (von dem wenige Tage später General D. übernehmen sollte), von Oberst Setzer an mich übergeben werden. Doch General Warnecke kam nicht. Die Truppe stand schon auf dem Appellplatz, als ein Blizzard über das Feldlager einfiel. Die Temperaturen fielen im Minutentakt ins Bodenlose. General Warnecke konnte aufgrund des schlechten Wetters nicht nach Kunduz fliegen. So befahl er daher mir und Oberst Setzer, sich mit ihm telefonisch in Verbindung zu setzen und an einer Videokonferenz teilzunehmen. So habe ich also das PRT Kunduz sitzend vor der Videokamera übernommen, derweil die Truppe tapfer den Gefrierschranktemperaturen auf dem Antreteplatz trotzte. Setzer und ich haben dann fleißig improvisiert und de facto das PRT nach der Videokonferenz an uns selber übergeben. So etwas hatte ich allerdings auch noch nie erlebt. Mir war es wurscht. Ich war in Amt und Würden und sah meiner Einsatzzeit mit Zuversicht entgegen.

6.   Erste Fahrt nach Mazar-e-Sharif

Oberst Setzer plante zunächst, noch am Tage der Übergabe aus Kunduz abzufliegen, um drei Tage später an der Übergabe des Regionalkommandos Nord teilzunehmen. Da aufgrund des Wetters kein Flieger nach Kunduz reinkam, flog auch keiner mehr aus Kunduz ab. Setzer war das unangenehm, und ich verstand ihn. Hat der scheidende Kommandeur übergeben, so hat er im PRT nichts mehr zu suchen. Er stört nur noch und kommt sich persönlich vollkommen deplatziert vor. Selbst für die Soldaten des PRT ist diese Situation unangenehm. Der Mann, den sie alle kannten und an den sie glaubten, war zwar noch anwesend, hatte jedoch nichts mehr zu sagen. Der Neue, also ich, den kannte noch keiner. Ich musste mir meine Lorbeeren erst noch erarbeiten. Setzer und ich einigten uns jedoch vollkommen pragmatisch. Selbstverständlich blieb er in seiner Unterkunft, die nun eigentlich mir zustand (die einzige Einzelstube im gesamten PRT!!), so lange wohnen, wie er noch vor Ort war. Er mied den Gefechtsstand und mein Büro, das noch vor kurzem seines gewesen war. Mit ihm sollten sein CPT-Team[4] und sein Adjutant ausfliegen. Ich hatte meine Truppe längst vor Ort. Zur Übergabe des Regionalkommandos Nord musste und wollte ich natürlich auch fahren. Fliegen fiel aufgrund des unverändert miserablen Wetters aus. Wir fuhren also mit unseren drei Jeeps, mein CPT-Team und Oberst Setzer, der natürlich auch deswegen nach Mazar-e-Sharif musste, um seinen Flieger nach Deutschland zu erreichen. Die Übergabe von General Warnecke an General D. verlief dem Grunde nach so, wie Übergaben beim Militär immer ablaufen.

Ich bekam zudem aus erster Hand einen ersten Eindruck von Mazar-e-Sharif, das ich später meiden sollte, wann immer ich es konnte. Mazar-e-Sharif war Etappe, Kunduz hingegen die Front. Mazar-e-Sharif platzte aus allen Nähten, war im Vergleich zu Kunduz riesengroß und vollkommen unübersichtlich. Es gab gleich drei Betreuungseinrichtungen, die allesamt ab 18.00 Uhr zur Öffnungszeit rappelvoll waren. Von 20:00–22:00 Uhr wurde Alkohol ausgeschenkt. Limitierungen gab es wohl keine, bzw. wenn doch, dann hat sich kaum jemand daran gehalten. Hemmungslos wurde gelärmt und ge-

---

[4] CPT-Team = Close Protection Team, sinngemäß "Bodyguards"

31

trunken. Mazar-e-Sharif ist multinational. Hier Ordnung rein zu bekommen, erschien aussichtslos. Eine klare Anzugsordnung gab es nicht. Man trug Ausrüstungs- und Bekleidungsgegenstände, wie man es eben wollte. Grußpflicht gab es keine. Kurzum, das Feldlager Mazar-e-Sharif war so ziemlich das genaue Gegenteil zu Kunduz. Es fehlte den Soldaten in Mazar-e-Sharif jedes Gefühl der Bedrohung und mithin verkümmerte das Lagerleben zu einem Routinebetrieb, der für viele ab 18:00 Uhr Dienstschluss und Frohsinn verhieß. In Kunduz gab es schon deswegen keinen geregelten Dienstschluss, weil wir täglich bis tief in die Nacht mit Raketenangriffen rechnen mussten und nur zu oft in Schutzbauten saßen, weil einmal mehr Raketen aufs Feldlager abgefeuert wurden. Ich fühlte mich in Mazar-e-Sharif immer unwohl und war jedes Mal froh, wenn ich wieder verschwinden konnte. Eines jedoch hatte Mazar-e-Sharif uns in Kunduz voraus. In der Betreuungseinrichtung wurde pünktlich zum „Last Call" gegen 22:00 Uhr ein Video der französischen Sängerin Alizée gezeigt. Die konnte zwar nicht singen, dafür konnte sie aber in einer Art und Weise ihre spärlich bekleideten Hüften kreisen lassen, dass selbst dem treuesten Ehemann Zweifel ob seiner Treuefähigkeit kamen. Alizée war ein optischer Hammer erster Güte, und auch ich war ihr verfallen. Ihr Markenzeichen war ein stilisierter Fisch aufgenäht auf die Hot-Pants genau dort, wo die rechte Pobacke saß. Man konnte den „Fisch" überall kaufen. Auch ich hatte einen.

Die Hin- und Rückfahrt nach Mazar-e-Sharif so früh in meiner noch jungen Einsatzzeit hatte noch etwas Gutes zu bieten. Aufmerksam studierte ich während der Fahrt das Gelände und den Raum. Ich kümmerte mich eigentlich nie darum, wie das CPT-Team fuhr und orientierte. Das machten die Burschen wirklich professionell und mit großer Gelassenheit. Ich hatte nie das Gefühl, gefährdet zu sein, auf Sprengfallen zu fahren oder angegriffen zu werden. Wenn ich denn nicht schlief (und das konnte ich damals wie heute als Beifahrer sehr gut), dann hörte ich Musik aus dem MP 3-Player und beobachtete die Gegend. Die wiederum war genauso trostlos wie der Raum um Kunduz. Die Fahrt nach Mazar-e-Sharif dauerte bis zu vier Stunden, viel Zeit, die es galt, totzuschlagen. Ich verfüge leider nur eingeschränkt über die Fähigkeit, während der Fahrt Akten zu studieren, weil mir dabei stets übel wird. Willkommene Unterbrechung war daher immer die Pause, die wir in Pol-e-Khomri machten, eine afghanische Stadt fast halben Weges nach Kunduz. Pol-e-Khomri gehörte zum ungarischen Sektor, und dort hatte das ungarische PRT sein Feldlager, das im Vergleich zu dem in Kunduz wirklich dürftig war. Wir konnten uns aber die Beine vertreten, etwas essen und trinken und einen Zigarillo rauchen. Obwohl Nichtraucher, bin ich den Zigarillos während meiner Einsatzzeit verfallen gewesen. Ich habe viel zu viele davon geraucht, es aber genossen. Eines war jedoch sonnenklar: Noch vor Rückkehr nach Hause musste ich dieses Laster schleunigst wieder loswerden. Diesen Ärger mit meiner Ehefrau wollte ich mir ersparen. Bis zu meinem 35. Lebensjahr hatte ich alles geraucht, was qualmte. 50–60 Zigaretten am Tag waren damals keine Seltenheit. Seitdem bin ich Nichtraucher. Und nun fing ich Idiot damit wieder an!! Nichtraucher werden das nie verstehen, aber ich habe es genossen und mir eingebildet, es auch zu brauchen. Drei Tage vor Rückflug nach Deutschland habe ich mit dem Blödsinn aufgehört.

7. Leben und Lebensbedingungen in Kunduz

Kunduz, das Feldlager, liegt auf einem Hochplateau, nur einen Steinwurf vom Flughafen entfernt, den alle Soldaten nutzen, um nach Kunduz rein- oder wieder wegzukommen. Das Feldlager besteht aus einer Reihe von Atrien, Rundbauten im Bungalowstil, mit einem unbebauten Innenhof, der mit Pflanzen hübsch verziert ist. Jedes Atrium verfügt über eine Vielzahl von Zwei- oder Mehrbettzimmern, Gemeinschaftssanitäreinrichtungen wie Klo, Waschsaal und Dusche. Frauen bewohnen im Regelfall ein eigenes Atrium, getrennt von der Vielzahl der Männer, die zuweilen eine derartige Geschlechtertrennung als Makel empfanden. Die Atriumbauweise hatte dem Feldlager vor der Zeit der Raketenangriffe den fragwürdigen Beinamen „Bad Kunduz" verliehen, eine Bezeichnung, die man angesichts der allgegenwärtigen Gefahren heute besser nicht mehr benutzt. Die Atrien sind auch deswegen gebaut worden, um sie später, nach Abzug der Bundeswehr, an die Afghanen als Grundstock einer möglichen Universität zu übergeben, d.h. zu schenken. Davon waren wir in 2008 noch weit entfernt.

Ich verfügte als Einziger, zusammen mit dem zivilen Leiter des PRT, über ein Einzelzimmer, mit einem hübschen Teppich ausgelegt, einem Feldbett, einem Holzspind, einem Schreibtisch nebst Stuhl sowie einem Kühlschrank. Letzteren habe ich eigentlich nie benötigt, aber man glaubte wohl, es dem PRT-Kommandeur so angenehm wie möglich gestalten zu müssen. Zudem verfügte ich über ein Telefon, mittels dessen mich der Gefechtsstand jederzeit erreichen konnte, selbst wenn ich mich spät in der Nacht zum Schlafen hinlegte. Das kam leider nur zu oft vor. Jedes Zimmer verfügte über ein Fenster, das wir tunlichst bei Tage geschlossen hielten, weil die unvermeidbaren Sandstürme Afghanistans sonst aus dem Bettlaken eine Wüstendüne gemacht hätten. Mit zunehmendem Aufwuchs des PRT musste die Masse der Soldaten allerdings in Zeltunterkünften leben. Jede Kompanie hatte sein Areal an Zelten, die wir mit Schutzwällen umbauten, damit Einschläge von Raketen und deren Splitter keine tödliche Wirkung entfalten konnten. Die Zelte waren zwar klimatisiert, was angesichts der bis zu −25° C im Winter und bis zu + 50° C im Sommer lebensnotwendig war, doch herrschte hier notwendiger Weise bei voller Belegung mit 10 Mann samt deren Ausrüstung eine unvorstellbare Enge. Ein Privatleben existierte eigentlich überhaupt nicht mehr. Man konnte sich nie zurückziehen, sondern blieb immer präsent. Hieran muss man sich erst einmal gewöhnen, und so manche Streitigkeit, die eigentlich lächerlicher Natur war, flammte unter diesen Bedingungen schnell auf. Kameradschaft und Rücksichtnahme waren daher lebensnotwendig.

Von „Bad Kunduz" konnte nun wirklich keine Rede sein. Ich stand im Regelfall so gegen 06:00h auf, ging Duschen und mich Rasieren inklusive des obligaten Abstechers aufs Klo, zog mich an und marschierte zur Truppenküche. Hierunter stellt man sich am besten eine Großraumküche vor, die ehemals für ca. 400 Mann ausgelegt war, nun aber bis zu 800 Mäuler stopfen musste. Gelobt seien die Feldküchentrupps und ihr Personal, denn sie kochten meisterhaft. Miserable Verpflegung ist einer der größten Motivationskiller im Einsatz! Am Eingang des Speisesaals musste man sich die Hände desinfizieren, danach nahm man sich sein Tablett und marschierte schnurstracks ans Frühstücksbuffet. Es war schon unglaublich, was alles serviert wurde. Es fehlte an nichts, und so manch einer musste gewaltig aufpassen, sich nicht eine Wampe anzufuttern. Vor allem am Abend wurden Süßigkeiten, Kuchen und Pudding als Nachspeise serviert, um die ich leider nicht oft genug einen Bogen machen konnte.

Solcherart gestärkt ging ich dann meist noch kurz bei der Firma ECOLOG vorbei, die in einem Container hauste und Schmutzwäsche annahm. Das Verfahren ist genial einfach und funktioniert reibungslos. In einem Wäschesack gibt man seine Wäsche morgens zum Waschen ab. Der Wäschesack verfügt über eine Kordel, in der eine Plastikmarke mit Nummer eingewoben ist. Anhand dieser Nummer lässt sich einfach verfolgen, wem die Wäsche gehört. Meistens konnte man noch am gleichen Abend, spätestens am nächsten Morgen, seine gereinigte Wäsche wieder abholen. Bei den unglaublichen Temperaturen in Kunduz schwitzte man pro Tag eine Garnitur durch. Hiervon brauchte man eigentlich nur drei Stück. Eine hat man an, eine ist zum Wechseln da und eine ist in der Wäsche. Das reicht vollkommen aus. Dann noch ein paar Sportklamotten, Privatzeug wird sowieso nicht getragen, und mehr muss nicht in den Seesack. Ich hatte – wie alle anderen eigentlich auch – viel zu viel mitgenommen, alles Ballast, wie sich herausstellen sollte. Der örtliche Repräsentant von ECOLOG war ein Albaner, der mich jedes Mal überschwänglich begrüßte und zu Tränen gerührt war, als ich ihm später zum Abschied ein Barett der deutschen Panzergrenadiertruppe schenkte.

Nach meinem Kurzbesuch bei ECOLOG ging ich schnurstracks zum Gefechtsstand und ließ mich dort in die wesentlichen Ereignisse der abgelaufenen Nacht einweisen. Danach verschwand ich in mein Büro, schaltete meinen Computer ein und checkte meinen E-Mail Account. Zusätzlich nahm ich via Internet Verbindung mit meiner Ehefrau auf, ein Ritual, das mir unendlich wichtig war. Diese fünf Minuten am Morgen gehörten nur mir, und das ließ ich mir nicht nehmen. Mein Vorzimmerfeldwebel hatte bereits Vorlagemappen für mich bereitgelegt, die ich schnell durchsah, und schon war es 07:30h, Zeit für meine erste Besprechung. Es trat zunächst der kleine Führungskreis zusammen. Das sind der Zivile Leiter, mein Stellvertreter und mein Chef des Stabes. In dieser kleinen Runde besprachen wir den vor uns liegenden Tag in groben Zügen. Dann gesellten sich weitere Abteilungsleiter dazu, die sich in diesen Meinungsaustausch mit einbrachten. Kurz darauf ging es zur Morgenlage, an der alle Abteilungsleiter und alle Kompaniechefs bzw. Führer von Dienststellen, die im Feldlager ihre Heimat gefunden hatten, teilnahmen. Eine Morgenlage kann man sich am besten als Abteilungsleiterbesprechung vorstellen. Immer fingen wir mit einer aktuellen Presseauswertung durch den Pressestabsoffizier an. Nachrichten aus Deutschland sind ungeheuer wichtig, auch wenn sie noch so banal sind.

Fußballergebnisse nach dem Spieltag der Bundesliga am Wochenende waren je nach Geschmack und Vorliebe für einen spezifischen Verein immer ein Quell der Freude, vor allem, wenn mein Lieblingsverein Bayern München gewann oder auch verlor, zur größten Schadenfreude aller anderen! Ich nutzte die Morgenlage außerdem, um entweder zu loben oder kritische Punkte anzusprechen. Die unterschiedlichsten Führer von Kompanien und Abteilungen sollten meine klaren Vorstellungen erfahren und diese kommunizieren, sonst braucht man gar nicht erst zusammen zu kommen. Der unvermeidlichen Gerüchteküche konnte so am besten vorgebeugt werden (man glaubt ja gar nicht, auf welche unglaublichen Ideen Soldaten in derartigen Lagen kommen und wie schnell sich ein noch so albernes Gerücht verbreitet!). Wir beendeten die Lagebesprechung mit einem Terminabgleich des aktuellen Tages und einem Ausblick auf die anstehende Woche. Ich verließ dann diese Runde, und mein Chef des Stabes behielt noch die Abteilungsleiter zurück, die ihrerseits nun ihre Detailaufträge für die anstehende Stabsarbeit erhielten.

Im Regelfall war ich dann so gegen 09:00 Uhr frei, um Außentermine wahrzunehmen. Hierbei wurde ich – so gut wie immer – vom Zivilen Leiter begleitet. Wir hatten Routinetermine wahrzunehmen wie die Sicherheitsbesprechungen („Security Meetings") unter Leitung der jeweiligen Gouverneure der Provinzen Kunduz oder Takhar. Dann trafen wir in schöner Regelmäßigkeit alle möglichen Repräsentanten des öffentlichen Lebens in Afghanistan. Ethnische Führer, geistliche Führer, Mullahs, Maliks, Bürgermeister, Dorfälteste, Schulleiter, Distriktmanager, Polizeiführer, Vertreter der afghanischen Armee (ANA) oder Polizei (ANP), des afghanischen Geheimdienstes (NDS), die Vertreterin der Vereinten Nationen (UNAMA) in Kunduz und viele andere mehr. Wir fuhren entweder zu ihnen hin oder luden sie ins Deutsche Haus ein, den Sitz von Vertretern der Durchführungsorganisationen des Bundesministeriums für wirtschaftliche Zusammenarbeit und Entwicklung wie der GTZ, dem DED oder EON in Kunduz und zugleich Zweitamtssitz des Zivilen Leiters. Hier war er Hausherr, und das war auch gut so. Seltener lud ich afghanische Vertreter direkt ins PRT ein. Diese Ehre verwaltete ich doch restriktiv. Wenn größere militärische Operationen durchgeführt wurden, blieb ich natürlich bei der Truppe. Stets fuhr ich mit meinem „Close Protection Team", meinen Personenschützern, durch die Gegend. Dieses waren sechs speziell ausgesuchte Feldjäger, die mit drei gepanzerten Jeeps gleicher Bauart unterwegs waren. Diese Männer arbeiteten aufopferungsvoll für mein Wohlbefinden und meine Sicherheit. Der Zivile Leiter saß grundsätzlich neben mir in meinem Jeep. Er genoss den gleichen Status. De facto waren wir Schutzbefohlene meiner Bodyguards. Wir waren ein eingeschworener Haufen und bestens aufeinander eingespielt. Spät am Nachmittag war ich dann meistens wieder im Feldlager und bearbeitete die Post. Als Mittag nahm ich unterwegs eigentlich nur eine Kleinigkeit ein, oftmals geschmierte Brote vom Frühstück, das reichte. Denn abends, und das ließ ich mir nur ungern nehmen, stand ein opulentes Abendessen an, das unsere Feldküche mal wieder gezaubert hatte.

Ich nahm dann in der Regel noch an einer Besprechung teil, wo es sich um taktische Dinge drehte. Jede Nacht versuchten unsere Fallschirmjäger, und mit ihnen die Masse meiner Aufklärungskräfte, Raketenangriffe zu unterbinden, indem sie überwiegend abgesessen, d.h. zu Fuß, in den Räumen operierten, von denen wir annehmen mussten, dass erneut Raketen aufs Feldlager abgeschossen wurden. Der Einsatz dieser Kräfte wurde jeden Abend aufs Neue koordiniert. Zusätzlich galt es natürlich, mit anderen verfügbaren Kräften im Raum präsent zu bleiben. So wurden Patrouillen zusammengestellt und abgestimmt, die in der Nacht oder früh am nächsten Tag raus sollten. Hierbei stellte sich meist heraus, dass Sanitätskräfte, Schutzkräfte, Kräfte der elektronischen Abwehr (zur Unterdrückung von ferngesteuerter Zündauslösung der vielfachen Sprengfallen, sogenannte „Jammer"), aber auch CIMIC-Kräfte, Feldjäger und andere die Zusammensetzung einer Patrouille bestimmten. All das wollte koordiniert werden. Ich bin dann am Abend sehr oft noch rausgefahren und habe meine Patrouillen besucht oder bin auch abgesessen nachts mit ihnen mitgelaufen (zum Leidwesen meines Close Protection Teams). Gegen 23:00h war ich dann meist wieder im Lager. So denn keine Anschläge passierten, habe ich mich nach einem alkoholfreien Bier und einem Zigarillo endlich ins Bett gelegt. Dieser Routineablauf erfolgte tagtäglich, sieben Tage die Woche.

Wir erlaubten uns einen sogenannten „Baseday". Da die Afghanen kein Wochenende kennen, stattdessen Freitag ihren „Sonntag" haben, gönnten wir uns den Luxus, freitags Vormittag bis 12:00h bis auf Routinedienste frei zu machen. Man konnte ausschlafen (was für ein Luxus!!) und den Vormittag so verbringen, wie man wollte. Die Küche war geschlossen, und man verpflegte sich mit Überlebensrationen. Es blieb Zeit für Sport, ein Buch lesen, einen Brief schreiben oder gar nichts tun. Wir genossen diese wenigen Stunden der Freizeit in vollen Zügen, es sei denn, es passierte ein Anschlag oder es kamen Besucher. Gerade Letztere haben mich zur Verzweiflung getrieben. In schöner Regelmäßigkeit schickte uns das Regionalkommando Nord irgendwelche Besuchergruppen, und vorbei war der Baseday. Es war zum Heulen. Mit der Zeit wird man müde und ist erschöpft. Da die Masse aller Anschläge oder Anschlagswarnungen nachts stattfanden, wurde dieser prinzipiell schon stramme Tagesablauf ein um das andere Mal gestört. Eigene Operationen, die wir natürlich im großen Stil durchführten, starteten meist morgens um 03:00h. Schlafentzug ist daher eine der größten Belastungen im Einsatz. Wenn ich mal 6 Stunden am Stück schlafen konnte (und auch tatsächlich Schlaf fand), dann war ich ein glücklicher Mensch. Die Belastung ist für alle ungeheuer groß. Nach sechs Monaten war ich ziemlich kaputt und sehnte mich nach Ruhe.

8.   Winter in Kunduz

Kunduz im Winter kann man sich als Norddeutscher kaum vorstellen. Es fallen bis zu 60 cm Schnee in wenigen Tagen. Die Temperaturen erreichen oftmals – 25 ° C und es weht ein eisiger Wind. Das Gute an derartigen Temperaturen ist, dass die Taleban in der Regel noch mehr frieren als wir deutsche Soldaten. Ergo verspüren sie wenig Lust, ihrerseits aktiv zu werden. Im Winter ist die Gefechtstätigkeit daher meist sehr gering. Man darf sich davon nicht täuschen lassen. Sobald die Schneeschmelze kommt, so in etwa ab März eines Jahres, flammen die Anschläge wieder auf. Das ist so sicher wie das Amen in der Kirche, und alle Kontingente vor mir und alle nach mir haben die gleiche Erfahrung gemacht. Der Schnee deckt alles mit einer weißen Decke zu. Tracks und Feldwege, die schon unter guten Bedingungen zwar gut zu sehen, aber nur schwer zu befahren sind, verschwinden ebenso wie so manche Entwässerungsgräben, die sich allgegenwärtig durchs Gelände ziehen. Jede Bewegung mit Fahrzeugen wird zum Abenteuer. So endete der Truppenbesuch des damaligen Inspekteurs des Heeres, Generalleutnant Budde, fast in einem Fiasko. Ich hatte meine Soldaten gewarnt und ermahnt, alle Wege, die wir mit General Budde fahren wollten, genauestens zu markieren, damit wir sie im Schnee wiederfinden konnten. Dieser Rat ging offenbar links in das Ohr des zuständigen Offiziers rein und ungefiltert rechts wieder raus. General Budde fuhr mit mir in meinem Jeep. Wir hatten uns fast augenblicklich verfahren. Um wieder auf die richtige Strecke zu gelangen, mussten wir einen Steilhang herunter und später wieder hinauffahren. Bei diesem Unterfangen wäre der schwere – weil gepanzerte – Jeep beinahe umgekippt. Budde schaute mich misstrauisch an. Dann fuhren wir entlang eines Tracks, den wir meinten zu kennen. Die Wasserlöcher waren vereist. Die Tragfähigkeit des Eises reichte aus, einen normalen Jeep zu tragen, nicht aber unseren schweren, gepanzerten Jeep. Es krachte, und wir versanken bis zu den Achsen im Morast. General Budde bewies Haltung und Format. Ein anderer hätte mich wahrscheinlich augenblicklich niedergemacht. Wir haben unsere Tour im Gelände dann aufgegeben. Man sollte das Schicksal nicht unnötig herausfordern.

Ich selber hatte es mir zum Ziel gesetzt, zumindest einmal bei Nacht mit einer Patrouille unter diesen Bedingungen raus zu fahren. Ich wollte bewusst mit der Truppe in deren Fahrzeugen mitfahren, in ungepanzerten leichten Jeeps, in denen die Männer trotz der eisigen Temperaturen damals noch abgeplant und schutzlos der Witterung preisgegeben tagein tagaus ihren Auftrag erfüllten.[5] Der Patrouillenführer, der bereits bekannte Oberfeldwebel Fink, nahm mich in sei-

---

[5] Später erhielten wir ausreichend geschützte Fahrzeuge, so dass Bewegungen in ungeschützten Fahrzeugen nahezu unterblieben. Das sollte allerdings erst ab September 2008 realisiert werden.

nem Jeep mit. Meinem CPT-Führer, Hauptfeldwebel Heinze, blieb nichts Anderes übrig, als sich ebenso in den abgeplanten Jeep zu setzen. Er mag mich an diesem Abend verflucht haben. Es wird sicherlich nicht das einzige Mal gewesen sein. Ich setzte mir eine Nachtsichtbrille auf, eine sogenannte „Lucie", mit der man bei guten Bedingungen wie in dieser Winternacht durchaus so seine 100–200 m weit klar sehen konnte. Nach ca. 20 Minuten war ich vollkommen durchgefroren und bibberte so leise vor mich hin. Fink fuhr immer weiter. Er zeigte mir unverdrossen einen Beobachtungspunkt nach dem anderen und war wild entschlossen, mich in Eis zu verwandeln. Es war ihm gelungen. Ich war jedoch dankbar ob der Eindrücke, die ich gewann. Mir wurde klar, wie langsam Bewegungen in einem derartigen Umfeld ablaufen, und das selbst dann, wenn man wie wir auf geländegängige Jeeps vertraute. Abgesessen, d.h. zu Fuß und mit vielleicht bis zu 30 kg an Gepäck und Ausrüstung, musste es noch weit schwieriger sein, einen leichtfüßigen Gegner wie die Taleban aufzuspüren und dingfest zu machen. Komplett durchgefroren kehrte ich gegen Mitternacht in das PRT zurück, wo mich mein S3-Feldwebel versuchte, wieder aufzutauen. Ich habe größte Hochachtung vor der Truppe, die sich diesen körperlichen Anforderungen täglich klaglos stellte. Im Sommer war es nicht viel besser. Bei Außentemperaturen von bis zu 50 ° C im Schatten (den es fast nirgendwo gibt) und der unendlichen Staubentwicklung in der Steppe war es zuweilen schwierig zu entscheiden, was schlimmer war – Winter oder Sommer? Beides hatte seine „Reize".

Im anbrechenden Frühling bin ich dann mal bei Nacht mit einer Fußpatrouille mitgelaufen. Mein Chef des Stabes, Oberstleutnant Freuding, begleitete mich genauso wie das treue CPT-Team, die mich wohl an diesem Abend genauso verfluchten wie der Patrouillenführer (ein junger Hauptfeldwebel), der schon genug Schwierigkeiten mit sich selber hatte und nun auch noch seinen Oberst und unmittelbare Dienstaufsicht genießen durfte. Wir stapften brav los, Hauptfeldwebel Heinze und seine Mannen des CPT-Teams wie immer in unmittelbarer Nähe zu mir. Der Patrouillenführer hielt immer öfter an und orientierte sich. Er hatte die Orientierung verloren, wagte es aber nicht, dieses seinem Boss gegenüber zuzugeben. So waren wir sehr schnell gezwungen, mehrere Wassergräben zu überqueren. Ich selber kam mit einem entschlossenen Sprung noch gut rüber, Oberstleutnant Freuding und mein Hauptfeldwebel Heinze versanken aber bis zu den Knien im Modder. Ich hörte Heinze leise fluchen. Dann standen wir auf einmal vor einem Biotop. Der Patrouillenführer, einmal mehr ohne jede Orientierung, gab mir zwei Alternativen zur Auswahl: langwieriger Rückmarsch entlang der Strecke, die wir gegangen waren oder mitten durchs Wasser weiter voran. Ich wählte das Wasser. Fortan hatte ich mir den vollkommenen Unmut meines CPT-Teams zugezogen, dem nichts anderes übrig blieb, als mit mir durchs Wasser zu waten. Sie haben geflucht wie die Kümmeltürken, nur geholfen hat es ihnen nichts. Ich habe den Abend wirklich genossen. Einmal mehr bekam ich einen exzellenten Eindruck darüber, welchen Problemen sich meine Soldaten ausgesetzt sahen, wenn sie ihren Auftrag erfüllten. Ich habe fortan großen Wert darauf gelegt, dass die Masse aller Besucher, die wir in der Zeit so erhielten, ähnliche Erfahrungen machten. Es war mir wichtig, dass vor allem die Generäle aus den Führungsstäben in Deutschland oder auch ausgesuchte Politiker zumindest einen ungefähren Eindruck davon erhielten, was die Soldaten in Kunduz wirklich zu leisten hatten. Dazu gehörte Kälte und Schnee im Winter genauso wie Hitze und Staub im Sommer. Manch einer zeigte sich hinterher tief beeindruckt von der Leistungs- und Leidensfähigkeit deutscher Soldaten, und das vollkommen zu Recht.

9. Die Folgen der Raketenangriffe

Die taktische Lage stellte sich dagegen relativ übersichtlich dar. Wie gesagt, es herrschte tiefster Winter, und bis Anfang Februar hatten wir Ruhe. Das änderte sich am 19.02.2008. Die Taleban schossen eine Salve von fünf Raketen auf das Feldlager ab, von denen zwei Raketen im Feldlager einschlugen. Zwar kam kein Soldat deswegen zu Schaden, dennoch wurde das Gästehaus des PRT zerstört und ein Jeep der Amerikaner durchsiebt. Es sollte dies der Aufgalopp für weitere Angriffe dieser Art sein. Raketenangriffe gehörten seitdem quasi zur Tagesordnung. Wenn der Muezzin gegen 18:00 Uhr zum Abendgebet rief, wussten wir, dass unmittelbar danach irgendwelche Terroristen ihre Raketen aufnahmen und diese gegen das Feldlager verschossen. In schöner Regelmäßigkeit durchlebten wir daher zwischen 19:00 Uhr und Mitternacht einen Angriff nach dem anderen. Danach neigten selbst Terroristen dazu, sich schlafen zu legen. Die Truppe bezog ihre Schutzbauten und harrte aus, bis ich Entwarnung gab. Im Gefechtsstand war daher selten vor Mitternacht Ruhe, oftmals weit später. Die psychische Belastung und der Schlafentzug zehrten an unseren Kräften. Oftmals heuerten Taleban einfache Farmer für wenig Geld an, Raketen zu verschießen. Tagsüber arbeiteten die Farmer brav auf ihren Feldern. Nachts gingen sie im Auftrag der Taleban los, gruben die Raketen aus den Verstecken und Depots, zündeten sie und gingen nach Hause. Solche Farmer waren keine Taleban. Sie sympathisierten auch nicht notwendiger Weise mit ihnen. Sie brauchten schlichtweg das Geld für ihren Lebensunterhalt. Dennoch stellten die Raketenangriffe eine immer größere Bedrohung dar. Es war eigentlich nur noch eine Frage der Zeit, bis eine Rakete im Feldlager deutsche Soldaten in den Tod riss. Wir hatten bisher unverschämtes Glück gehabt. Einmal war eine Kompanie auf dem Antreteplatz angetreten. Nur 10 Minuten, nachdem die Soldaten den Platz verlassen hatten, schlug eine Rakete genau dort ein, wo sie eben noch standen. Ein Volltreffer in einem Wohnbereich musste verheerende Folgen haben, vor allem bei Zeltunterkünften. Daher befahl ich, den passiven Schutz im Feldlager drastisch auszubauen. Alle Unterkünfte wurden gehärtet, zumindest aber mit Schutzwällen umbaut. Bunker wurden errichtet, die selbst einem direkten Treffer widerstanden hätten. Truppe, die in Zeltunterkünften lag, bezog die Schutzbauten bei Raketenwarnungen (die wir fast täglich hatten) oder selbständig bei jedem Angriff. Selbst in den gehärteten Unterkünften, den sogenannten Atrien, bauten wir Schutzwälle außen herum als auch innerhalb der Innenhöfe. Das Feldlager nahm zusehends den Charakter einer Festung an. Zur aktiven Bekämpfung der Raketenschützen fehlten hingegen die Mittel. Mit den damals gerade 420 Soldaten des PRT, davon die Masse nicht für den infanteristischen Außeneinsatz vorgesehen, war die zu beherrschende Fläche einfach nicht zu handhaben.

Mein Vorgänger, Oberst Setzer, hatte daher bereits frühzeitig nationale Verstärkungen angefordert, die Ende Februar 2008 dann auch in Form einer Fallschirmjägerkompanie eintrafen. Das waren schlagartig 216 Mann mehr, bestens ausgebildete Soldaten! Um nachts in einem derart schwierigen Gelände erfolgreich zu sein, mussten wir unsere Stärken ausspielen. Diese lagen in der technologischen Überlegenheit unserer Nachtsichtmittel und Aufklärungssysteme und vor allem in der infanteristischen Befähigung der Fallschirmjäger. Damit wich ich diametral vom Vorgehen unter Oberst Setzer ab, der überwiegend aufgesessen, d.h. von den Fahrzeugen aus operierte. Diese neue Taktik versprach Erfolg, vergrößerte aber auch das damit einhergehende Risiko. Ich nutzte den Besuch des damaligen Verteidigungsministers Dr. Jung und bat um ein Gespräch unter vier Augen. Er gewährte mir diese Chance, und ich fragte ihn auf den Kopf zu, ob er mir freie Hand lassen würde und bereit sei, das gesteigerte Risiko mitzutragen. Er stärkte mir den Rücken und ermunterte mich, meine Absicht direkt umzusetzen. Wie man auch immer über Dr. Jung denken mag, ich habe ihn vor Ort als entscheidungsfreudigen und entschlossenen Mann kennengelernt, der mir keine Antwort auf die vielen Fragen schuldig blieb. Er ähnelte dabei frappierend Rudolf Scharping, der mich im Kosovo in gleicher Funktion aufsuchte. Beiden ist ebenso gemeinsam, dass sie in der Öffentlichkeit und vor allem in den Medien, bei laufender Kamera, einen ungeschickten und zuweilen unbeholfenen Eindruck hinterließen. Charismatiker waren beide nicht.

Bei dem Gespräch mit Dr. Jung sprach ich ein unausrottbares Gerücht an, das mir seit Ankunft im Einsatzland immer wieder entgegengehalten wurde. Selbst Oberst Setzer betonte immer wieder, dass der Verteidigungsminister persönlich alle abgesessenen Bewegungen aus Angst vor Verlusten schlichtweg untersagt hätte. Er, Setzer, operierte daher nur aufgesessen, d.h. vom Fahrzeug aus. Darauf angesprochen wurde Dr. Jung unwirsch und fragte, wer denn solchen Unfug je befohlen hätte, er jedenfalls war es nicht. Mehr wollte ich nicht von ihm hören, und fortan operierten wir abgesessen. Im Nachhinein bin ich mir sicher, dass es einen derartigen persönlichen Befehl des Verteidigungsministers tatsächlich nie gegeben hatte. Schriftlich lag ein derartiger Befehl jedenfalls nicht vor, und mündlich hatte mir niemand diesen Befehl gegeben. Sehr wohl aber werden Zwischenvorgesetzte aus Sorge oder im vorauseilenden Gehorsam derartige "Empfehlungen" abgegeben haben. Als Kommandeur vor Ort muss man selber abwägen und entscheiden. Dafür wird man bezahlt, Verantwortung für die getroffene Entscheidung inklusive!

Fortan operierten meine Fallschirmjäger tagein und tagaus im Nahbereich von ca. acht km um das Feldlager herum. Sie taten dies überwiegend abgesessen, zu Fuß. Sie trotzten der Witterung, dem Schnee, dem Regen und vor allem der Hitze des Sommers. Die körperliche Leistung dieser Männer ist wahrlich bewundernswert. Es sprach sich sehr schnell in den Dörfern herum, dass die Deutschen vor allem nachts draußen waren. Die Einheimischen wussten genauso wie die Taleban, dass das Ziel dieser Aktivitäten die Unterbindung der Raketenangriffe war. Zusätzlich setzte ich alle mir zur Verfügung stehenden Aufklärungsmittel ein. Zeitweise erhielt ich sogar Unterstützung durch die Aufklärungskompanie aus Mazar-e-Sharif. Mein PRT wuchs auf gute 800 Mann auf, eine Verdoppelung gegenüber den Kräften, die Oberst Setzer noch führte. Es gelang tatsächlich, die Anzahl der Raketenangriffe wenn auch nicht gänzlich zu vermeiden, so doch wesentlich zu unterdrücken. Der Gegner war unruhig geworden. Leider gelang es uns unverändert nicht, einzelne Raketenschützen tatsächlich auszuschalten. Wir waren mit diesen Kräften nun erstmals auch in der Lage, offensiv gegen vermutete Waffenlager vorzugehen oder Gehöfte zu durchsuchen. Dies geschah im großen Stil und mit Erfolg. Innerhalb von fünf Monaten haben wir sieben Tonnen Munition aus dem Boden gehoben. Wir haben mitgeholfen, den einen oder anderen Terroristen durch den afghanischen Geheimdienst NDS verhaften zu lassen. Andere sind vor dem Verfolgungsdruck ausgewichen oder tauchten ab. Wir schafften es eine Zeitlang nahezu, in der Fläche in einer Weise Präsenz zu zeigen, wie es bislang nicht möglich war. Es gelang, eine Vielzahl von Wiederaufbauprojekten anzuschieben, und dies in enger Abstimmung mit den Vertretern des Auswärtigen Amtes und des Bundesministeriums für wirtschaftliche Entwicklung und Zusammenarbeit. Kurzum, wir waren auf dem besten Wege, unseren Auftrag endlich zu erfüllen. Dann setzte das Tauwetter ein, es kam der März 2008, und mit ihm zerplatzten alle unsere Seifenblasen.

10.   Die „heiße" Zeit März bis Juni 2008

Die Eskalation der Gewalt zeichnete sich bereits Ende Februar /Anfang März 2008 am Firmament ab. Nachrichtendienstliche Hinweise und Warnungen von Informanten häuften sich. An Raketen hatte man sich ja gewöhnt, und so lange diese Dinger nicht im Feldlager einschlugen, konnte es uns reichlich egal sein. Doch der Gegner ist nicht blöde und tatenlos. Er ist kriegserfahren und studierte uns genau. Er erkannte, dass wir ihm infanteristisch zwar überlegen waren und vermied daher die direkte Konfrontation. Er erkannte aber ebenso, wie leicht es aus seiner Sicht war, uns durch nadelstichartige Anschläge unter Druck zu halten. Es brauchte nicht viel Aufwand und aus Sicht des Gegners vergleichsweise nur wenig Risiko, um uns Schaden zuzufügen und vor allem hieraus öffentlichkeitswirksam Nutzen zu ziehen. Die Aktivitäten zielten auf zweierlei: Zum einen sollten möglichst viele deutsche Verluste entstehen, um die Moral und die Unterstützung in der deutschen Öffentlichkeit zu erschüttern und Deutschland zu bewegen, aus dem ISAF-Einsatz auszuscheren. Dieses Ziel war also nach außen gerichtet und psychologischer Natur. Es gab aber auch ein zweites Ziel, das nach innen gerichtet war und die afghanische Öffentlichkeit betraf. Mit immer größerer Dreistigkeit und Brutalität sollte der afghanischen Bevölkerung klargemacht werden, wer hier tatsächlich das Sagen hatte. Die Schwäche von ISAF, verkörpert durch deutsches Militär einschließlich afghanischer Regierungsvertreter und deren Sicherheitsapparat (afghanische Armee und Polizei), sollte deutlich und für jedermann erkennbar sichtbar gemacht werden, um dadurch das eigentliche Ziel, die Bedeutung und die Macht der Taleban, nachhaltig zu unterstreichen. Es ging nie darum, die Bundeswehr in Kunduz zu schlagen, sie zu vernichten im Sinne einer klassischen militärischen Auseinandersetzung. Es ging einzig und alleine darum, bestehende Machtstrukturen zu erschüttern und eigene aufzubauen. Das tatsächliche Ziel war somit die afghanische Bevölkerung, deren Akzeptanz und damit einhergehend die Wiederherstellung der Machtbasis der Taleban.

Meine Eingewöhnungsphase hatte jedenfalls schnell ihr Ende gefunden. Mit der Schneeschmelze trat wie befürchtet eine neue Anschlagsqualität ein. Am 27.03.2008 fuhr ein gepanzertes Fahrzeug meiner Fallschirmjäger, ein sogenannter DINGO (der de facto einem schwer gepanzerten LKW gleicht), über einen schmalen Übergang über einen Bach, einen sogenannten „Culvert". Diese Übergänge sind bevorzugte Plätze für Sprengfallen (IED = Improvised Explosive Device), die durch Taleban meist im Schutze der Dunkelheit gelegt werden. Meine Soldaten achteten mit Argusaugen auf derartige Bachübergänge, weil sie um die Gefahr wussten. Erkennt man Drähte oder andere Spuren, die auf elektrisch gezündete Sprengfallen schließen lassen, dann hält alles an, und Spezialisten der Pioniertruppe erkunden die Stelle. Vielfach werden derartige IED auch ferngezündet (sogenannte „Remote Controlled IED"). Die Truppe schützt sich dagegen durch die Nutzung von elektronischen Jammern, die eine elektronische Zündauslösung unterdrücken. Der Gegner ist jedoch nicht dumm und hatte sehr wohl erkannt, dass wir Jammer fast immer mitführten. Also wurde in diesem Falle eine Druckplatte eingebaut, die den Zündmechanismus auslöste, wenn ein Fahrzeug über die Übergangsstelle fuhr. Genau dies geschah am 27.03.2008. Das Fahrzeug wog 14 Tonnen. Trotzdem wurde es in die Luft katapultiert, schlug einen Salto rückwärts und kam auf der Seite entgegen der Fahrtrichtung zum Liegen. Wie durch ein Wunder wurde keiner der Soldaten getötet, drei Mann aber zum Teil schwer verletzt. Es war dies der Beginn einer Serie von IED-Anschlägen, die an Intensität in den Folgejahren stetig zunahmen. Es wurden nicht nur Sprengfallen, sondern zusehends auch Selbstmordattentäter eingesetzt. Am Folgetag erwischte es die gleiche Teileinheit, die bereits am 27.03.2008 angegriffen worden war. Diesmal sprengte sich ein Selbstmordattentäter neben einer Kolonne von leicht gepanzerten Fahrzeugen an fast genau dergleichen Stelle in die Luft, die dem DINGO zum Verhängnis wurde. Die Truppe nahm keinen Schaden, weil sie auf der Straße zu schnell unterwegs war. Der Selbstmordattentäter drückte den Knopf an seiner Sprengstoffweste um den Bruchteil einer Sekunde zu spät. Ich traf die Soldaten vor Ort. Äußerlich machten die Fallschirmjäger einen gefassten Eindruck. Es war ihnen jedoch die Erleichterung förmlich ins Gesicht geschrieben, als sie mich sahen, und ich sie ins Feldlager zurückbefahl. Mit dem Zugführer und Sprengstoffspezialisten bin ich dann zur Anschlagsstelle gefahren. Der Anblick von Fleischfetzen und abgerissenen Gliedmaßen, die vom Selbstmordattentäter übrigblieben, ist sicherlich nicht jedermanns Sache.

Zwei Tage später erfuhr die Eskalation der Gewalt eine neue, bislang ungewohnte Stufe. Ein Aufklärungstrupp, der mit gepanzerten Aufklärungsfahrzeugen Typ FENNEK unterwegs war, wurde in einem Hinterhalt beschossen. Die beiden Fahrzeuge fuhren entlang einer Hauptstraße durch einen Ort. Wie in Afghanistan üblich, bauen die Menschen ihre Häuser aus Lehm und ummauern ihr Anwesen. Die Ummauerung reicht vielfach bis unmittelbar an die Straße. Ein Terrorist muss nur die Tür der Außenmauer aufmachen und schießt aus kürzester Distanz mit Panzerfäusten und Gewehren auf die vorbeifahrende Truppe. In diesem Falle wurden beide Fahrzeuge mehrfach getroffen, doch durchschlug keines der Geschosse die Panzerung. Vor allem die Gefechtsköpfe der Panzerfäuste (sogenannte RPG 7, d.h. Panzerfäuste russischer Bauart) lösten nicht aus. Die Truppe hatte unglaubliches Glück, nicht mehr und nicht weniger. Hätten die Gefechtsköpfe der RPG 7 ausgelöst, beide Fahrzeuge und ihre Besatzungen wären sicherlich zu Schaden gekommen. Allerdings fing einer der beiden FENNEK Feuer, blieb aber fahrfähig. Es gelang beiden Fahrzeugen, dass Feldlager sicher zu erreichen. Doch der Anblick eines brennenden, voll aufmunitionierten Fahrzeuges erzeugt selbst bei erfahrenen Soldaten ein bestimmtes Unwohlsein. Wir waren froh, als das Fahrzeug schließlich gelöscht und entmunitioniert worden war.

Derartige Angriffe waren zwar nicht an der Tagesordnung, kamen aber immer öfter vor. Wir hatten zu der Zeit unglaubliches Glück, sonst hätte ich bereits zu dem Zeitpunkt gefallene Soldaten zu beklagen gehabt. Einmal bin ich nachts mit einer Patrouille unterwegs gewesen und hatte hochrangigen Besuch dabei. Der Befehlshaber des Einsatzführungskommandos in Potsdam, damals Generalleutnant Viereck, war zu Besuch. Wir fuhren raus und gingen im Schutze der Dunkelheit gegen eine Ortschaft vor, die wir für sicher hielten. Da erreichte mich genau in dem Augenblick ein warnender Funkspruch aus meinem Gefechtsstand, als wir drauf und dran waren, zu Fuß in die Ortschaft einzudringen. Der Gegner sollte angeblich auf uns gewartet haben, und mein mich begleitender Generalleutnant wäre in die prekäre Lage geraten, um sein Leben kämpfen zu müssen. Wir kehrten um und fuhren zurück ins Lager. Dort hatte man durch entsprechende Aufklärungsmittel festgestellt, dass wir nicht mehr als 200 Meter von einem Hinterhalt entfernt gewesen waren, den wir abgesessen und ohne Panzerschutz wohl nicht überlebt hätten. Mal wieder Glück gehabt. Derartige Erlebnisse gab es im Kleinen und Großen fast ständig. Wir spürten es immer deutlicher, wir verloren zusehends die Initiative. Die Kontrolle über weite Landstriche, die wir eigentlich zu sichern hatten, ging verloren. Wir verfügten schlichtweg weder über die nötigen Aufklärungsergebnisse noch über die erforderliche Truppenstärke, um dieser Entwicklung entgegen zu steuern. Der Raum, den wir abzudecken hatten, war schlichtweg zu groß und die Mittel, dieses zu tun, waren unzureichend. So tat sich eine immer größer werdende Schere auf zwischen Auftrag und zur Verfügung stehenden Mitteln, die absehbar nicht geschlossen werden konnte. Es war nur eine Frage der Zeit, bis es die ersten Toten gab. Das Desaster, das dann später im 17. Kontingent ab August 2008 eintrat, war bereits früh absehbar. Alles andere war und ist Augenwischerei.

11. Operationsplanung

Dabei waren wir überaus aktiv im ersten Halbjahr 2008. Es gelang zeitweilig tatsächlich, wie beabsichtigt in der Fläche des weiten Raumes präsenter zu werden. Wir wurden vielfach einerseits mit großem Erstaunen, aber andererseits auch mit Freude willkommen geheißen. Endlich kam ISAF mal vorbei, so war der Tenor vielerorts. Das Bedürfnis nach Sicherheit und Wiederaufbau war genauso allgegenwärtig wie der Vorwurf gegen die Zentralregierung Afghanistans in Kabul, korrupt und unfähig zu sein. Viele, zuweilen auch kleinere Wiederaufbauprojekte konnten auf den Weg gebracht werden. Wir entwickelten Operationspläne, die eng mit den Afghanen und dem zivilen Leiter des PRT Kunduz abgestimmt waren. Den militärischen Kräften des PRT Kunduz, die zunehmend mit der afghanischen Armee und der afghanischen Polizei zusammen operierten, gelang es zumindest zeitlich und räumlich begrenzt, Sicherheit zu projizieren und den Eindruck zu vermitteln, dass wir Herr im Hause waren. Den Soldaten folgten Wiederaufbauteams, die Projekte identifizierten und implementierten. Brunnen wurden gebohrt oder instandgesetzt, kleinere Brücken gebaut, einfache Schulgebäude errichtet und ausgestattet. Der Erfolg war durchaus messbar. In den Statistiken wuchsen die Zahlen von erfolgreichen Wiederaufbauprojekten. Auf den Lagekarten wurde ein Distrikt nach dem anderen immer besser bewertet. Wir zählten die Anzahl der Schulen in einem Distrikt und waren optimistisch. Wir zählten die Anzahl der Gesundheitskliniken und wurden noch optimistischer. Wir addierten die Zahl der asphaltierten Straßenkilometer und beglückwünschten uns. Wir betrachteten stolz die Zahl der wieder eröffneten Läden im Basar in Kunduz oder anderen Ortes, die Zahl der schulfähigen Jungen und Mädchen (ganz besonders Mädchen), die tatsächlich Zugang zur schulischen Ausbildung hatten. Ja, all das gab es, und jede Maßnahme für sich genommen war es wert, durchgeführt zu werden. Wir hoben in knapp sechs Monaten ca. sieben Tonnen an Munition und Waffen aus Waffenlagern aus und meinten tatsächlich, damit die Sicherheitslage verbessern zu können. Wir durchsuchten mit den afghanischen Sicherheitskräften Häuser und Anwesen, in denen wir Terroristen vermuteten oder Hinweise zu finden hofften, um ihrer habhaft zu werden. Der afghanische Geheimdienst und die afghanische Polizei hatten den einen oder anderen Achtungserfolg. Ein vielfach gesuchter und namentlich bekannter Terrorist wurde erwischt und erschossen. Die Hoffnung war groß, damit der Taleban-Bewegung in und um Kunduz einen entscheidenden Schlag verpasst zu haben. Die Anzahl der Raketenangriffe war rückläufig. Dieses brachten wir natürlich und aus meiner Sicht vollkommen zu Recht in einen kausalen Zusammenhang mit dem Einsatz der Fallschirmjäger, die Nacht für Nacht außerhalb des Feldlagers Jagd auf Raketenschützen machten. Kurzum, im April/Mai hatte ich das Gefühl, dass wir trotz aller neuen Qualitäten und Anschlagswarnungen durchaus in der Lage wären, die Oberhand zu behalten. Es war in der Rückschau betrachtet ein Wettlauf um die Initiative im Raum zwischen den Taleban und uns, der im Frühjahr 2008 noch unentschieden war. Noch hatten wir Chancen und glaubten fest daran.

Wie trügerisch eine derartige Zuversicht sein kann, zeigte unsere Operation im Eshkamesh. Der Ort Eshkamesh liegt in der Provinz Takhar, die auch zu meinem Verantwortungsbereich gehörte, von Kunduz durch einen gleichnamigen Gebirgszug getrennt, durch den eine geschotterte Straße führte, von deren Existenz wir lange Zeit überhaupt keine Ahnung hatten (ein Beleg dafür, wie selten wir in diesem Raum waren). Auf unserer Lagekarte war das Eshkamesh-Gebirge und seine Ausläufer ein unbeschriebenes Blatt. Allerdings wussten und ahnten wir, dass dies eine hervorragende Schmuggelroute für allerlei Dinge war, auch für Waffen und Raketen, die gegen uns gerichtet wurden. Ich schickte einen Erkundungstrupp los, der prompt beschossen wurde. In der Provinzhauptstadt von Takhar, Taloqan, erzählte man mir von einem ehemaligen Warlord namens Massoumi, der als heimlicher Herrscher von Eshkamesh der eigentliche Drahtzieher hinter den Kulissen war. Als ich dann unter der Führung meines Stellvertreters stärkere Kräfte, dabei auch afghanische Armee, für eine Woche in die Nähe von Eshkamesh schickte, trat Massoumi auf den Plan. Er, nicht jedoch der örtliche Distriktgouverneur oder sein Polizeichef, beschwerte sich direkt beim Innenminister in Kabul über die Machenschaften meiner Soldaten und überhäufte sie mit Vorwürfen, die allesamt absurd waren. Der Innenminister wandte sich an den ISAF-Kommandeur persönlich, der durch einen seiner Mitarbeiter direkt bei meinem Gefechtsstand anrufen ließ, um festzustellen, welchen Unsinn wir dort treiben würden. Man erwartete, dass ich meine Truppen sofort abziehen sollte. Ich dachte gar nicht daran, sondern hob auch noch ein Waffenlager aus, fand entsprechende Munition und Waffen, die allesamt zu Massoumi gehörten. Der platzte fast vor Wut, doch ich blieb stur. Schließlich traf ich ihn persönlich, und dieses Treffen verlief so typisch für Afghanistan.

Massoumi bekleidete kein einziges offizielles Amt, und dennoch vergötterten ihn alle Einwohner von Eshkamesh in unglaublicher Demut. Er war der wahre Herrscher in der Gegend. Weder der Distriktgouverneur noch der örtliche Polizeichef hatten irgendetwas zu sagen. Beide hofierten Massoumi in unglaublicher Weise. Genau hierin liegt eines der zentralen Probleme in Afghanistan. Der Westen ist angetreten mit hoch gesteckten Zielen. Demokratie, Rechtsstaatlichkeit, Recht und Ordnung, allesamt Normen und Vorstellungen, die für uns Europäer eine Selbstverständlichkeit sind, die aber an der afghanischen Realität abplatzen. In Afghanistan verkörpern andere Institutionen und Männer das Recht, ein Recht, das mit deutschen Wertevorstellungen kaum etwas zu tun hat. Demokratische Prozesse und Denkweisen wie Gewaltenteilung und Parlamentarismus sind dem Afghanen fremd und werden es nach meinem festen Glauben auch immer bleiben. Die Familie, die Sippe, der Clan, der Mullah als geistlicher Führer, der Warlord als Patriarch und Gutsherr, das sind die tatsächlichen Machthaber, und sie verkörpern Recht und Gesetz nach afghanischer Sitte. Und genau das war Massoumi. Niemand, kein einziger Geheimdienstbericht, nichts und gar nichts hatte mich auf Massoumi vorbereitet. Er war in meinem Stab vollkommen unbekannt. Selbst der örtliche Resident des BND verfügte über keinerlei nutzbringende Informationen über diesen Mann, der sinnbildlich für tatsächliche Machtstrukturen stand, die überall galten. Ich einigte mich mit ihm, doch er wartete nur darauf, bis wir wieder abziehen mussten. Und genau darin lag unser eigentliches Problem. Ich verfügte schlichtweg nicht über die Kräfte, um nachhaltig im Raum präsent zu bleiben. Nur dann konnte ich einem Schurken wie Massoumi, der obendrein über die notwendige Rückendeckung aus Kabul verfügte, das Handwerk legen. Die Afghanen warten einfach ab und beobachten die Entwicklung. Sie wissen, dass wir irgendwann abziehen müssen und werden. Sie „sitzen auf dem Gartenzaun" und beobachten geduldig, wie die Briten zu sagen pflegen. „Wir haben die Uhr, die Afghanen die Zeit", sagt ein anderes Sprichwort, und beides stimmt genau. So dauerte es nicht lange, und wir zogen wieder ab und zurück ins Feldlager Kunduz. Massoumi hatte wieder seine Ruhe, und alles ging wieder seinen gewohnten Gang. Wenn Deutschland denn nicht in der Lage ist, genommene Räume auch tatsächlich zu halten, in den Räumen stehen zu bleiben, dort dauerhaft und nicht nur schlaglichtartig für Ruhe und Ordnung zu sorgen, dieses vorzugsweise auch in engster Zusammenarbeit mit afghanischen Sicherheitskräften, dann wird und kann man den Massoumis von Afghanistan und den Taleban niemals das Handwerk legen. Das ist einer der Gründe für das Scheitern der Mission am Hindukusch! Von den Massoumis Afghanistans gibt es eine ganze Menge. Sie sind nicht weniger gefährlich wie die Taleban. Es sind dies die ehemaligen Warlords, Kriegsfürsten und allesamt nach deutschen Normen Verbrecher auf die eine oder andere Art und Weise.

Wir haben dann im Februar 2008 in der Hauptstadt der Provinz Takhar, Taloqan, ein kleines Lager eingeweiht, aus dem wir mit – zugegebener Maßen schwachen Kräften – operieren wollten. Takhar war schlicht zu weit weg von Kunduz, so dass eine derartige Außenstelle des PRT Kunduz, das sogenannte „Provincial Advisory Team (PAT) Taloqan", die Grundvoraussetzung dafür war, in dem riesengroßen Raum überhaupt, wenn auch nur punktuell, präsent sein zu können. Das PAT Taloqan wurde mit viel Prominenz eröffnet. Selbst der deutsche Botschafter in Kabul kam nach Taloqan. Und wieder sollte ich über meine eigene Ahnungslosigkeit stolpern. Niemand wusste zu der Zeit, dass der deutsche Botschafter und Massoumi bestens bekannt wenn nicht sogar befreundet waren. Ich hatte Massoumi natürlich nicht zu der Eröffnungsfeier eingeladen, weil er ein Schweinehund war. Massoumi rief seinen Kumpel, den deutschen Botschafter an, und der veranlasste kurzerhand, dass er als Gast willkommen war. Ich wurde überhaupt nicht gefragt. Vollkommen entgeistert sah ich mit an, wie sich Massoumi und der Botschafter regelrecht in die Arme fielen! Ich habe den Botschafter später zur Rede gestellt. Er erklärte mir entwaffnend, natürlich wisse er um die Machenschaften von Massoumi, aber er wolle ihn einbinden und auf seine Seite ziehen, quasi auf die Seite der deutschen Rechtsstaatlichkeit. Mir blieb die Sprache weg. Wie sollte ich auf meiner Ebene erfolgreich sein, wenn mir derartige Informationen vorenthalten werden? Wie soll ich mit Massoumi und seinesgleichen umgehen, wenn diese „Herren" die offizielle Rückendeckung des höchsten deutschen politischen Repräsentanten in Afghanistan genießen? Dies war und ist kein Einzelfall. Im Kern spürte ich einmal mehr, dass wir Soldaten keinerlei Ahnung hatten und haben, welche informellen Machtstrukturen und Kommunikationsbeziehungen tatsächlich vorliegen. Wir wissen nicht, wer mit wem redet, welche Abhängigkeiten es gibt, wer wem verpflichtet ist, woher und durch wen die Geldmittel kommen. De facto sind wir von einer geradezu unvorstellbaren Naivität geprägt und tapsen im Dunkeln herum. Massoumi, so stellte sich später heraus, war politisch sehr aktiv. Er war ehemaliges Mitglied der Nordallianz und bekämpfte damals wie heute die Taleban. Er war aber mitnichten ein Vertreter des afghanischen Staates, ein Anhänger Karsais. Er verachtete Karsai und betrieb hinter den Kulissen den Zusammenschluss ehemaliger Warlords der Nordallianz, die im Regelfall aus guten Gründen keinerlei offizielle Regierungsämter wahrnehmen durften und sich nun ihres politischen Einflusses beraubt sahen. Die ehemaligen Warlords waren allesamt vermögend und tief in den Drogenschmuggel, illegalen Waffenbesitz und kriminelle Aktivitäten verstrickt. Sie waren und sind die wahren Machthaber. Sie paktieren auch mit dem ehemaligen Gegner, den Taleban, dort, wo es das Geschäftsgebaren gebietet. Es ging diesen Warlords im Regelfall zumindest nicht direkt um Geld und

Vermögen. Davon hatten sie genug. Es ging ihnen um Übernahme der Macht in den Provinzen. Sie wollten die Dienstposten einflussreicher Regierungsbeamter übernehmen, Gouverneure werden, Polizeichefs oder Chefs des örtlichen Geheimdienstes. So wäre ihre Machtbasis konsolidiert. Letzten Endes wären sie ihre eigenen Kontrolleure, und der Sumpf ihrer illegalen Machenschaften wäre über Nacht legalisiert worden. Die afghanische Bevölkerung war und ist ihnen egal. Afghanistan als Nation ebenso. Ich persönlich halte die Warlords für eines der Grundübel Afghanistans. Daran hat sich nach meiner festen Überzeugung bis heute nichts geändert.

In Kunduz gab es einen ähnlichen Warlord wie Massoumi, nur war dieser nicht so intelligent wie sein Waffenbruder aus dem Eshkamesh, dafür viel grausamer und gefährlicher. Mir Allam, ein Tadschike, war im Krieg gegen die Taleban deren größter Widersacher in Kunduz. Mir Allam ist ein Kriegsheld und auch heute noch hoch geachtet in Kunduz, zumindest in dem tadschikischen Bevölkerungsanteil. Die Paschtunen hassen ihn, zumindest diejenigen, die den Taleban nahestehen (und davon gibt es in Kunduz eine ganze Menge[6]). Mir Allam ist eine verschlagene Type und zu jeder Brutalität fähig. Ihm wird nachgesagt, in Kunduz bis zu 3.000 Taleban förmlich abgeschlachtet zu haben. Mir Allam ist der heimliche Herrscher von Kunduz Nichts geschieht in Kunduz, ohne dass Mir Allam davon zumindest weiß. Der Gouverneur von Kunduz, der Polizeichef und der Geheimdienstchef, alle sind mehr oder weniger von ihm abhängig. Der Geheimdienstchef war im Krieg gegen die Taleban sogar der Nachschuboffizier von Mir Allam gewesen und ist ihm auch heute noch zutiefst verpflichtet. Er betrachtet Mir Allam bis jetzt als seinen Vorgesetzten, dessen Wort nicht zu übergehen ist. All das weiß ich heute. Damals, im Frühjahr 2008, hatte ich davon keine Ahnung. Obwohl die Bundeswehr seit 2003 in Kunduz stand und neben unseren eigenen Aufklärungsmitteln auch Vertreter des BND tagein tagaus in Kunduz operierten, hatte keiner eine Vorstellung, über welche Machtbasis Mir Allam de facto verfügte. Allerdings gab es beim deutschen Regionalkommando Nord, das in Mazar-e-Sharif lag, einen

---

[6] Taleban gehören immer der paschtunischen Bevölkerung an. So sagt man, dass jeder Taleban ein Paschtune ist, nicht jedoch jeder Paschtune notwendiger Weise ein Taleban.

Stabsoffizier, der es sich zu seiner Lebensaufgabe gemacht hatte, Afghanistan und seine vielschichtigen Verflechtungen kennen zu lernen. Er war ein Spezialist und Idealist. Wie kein anderer vor ihm und sicherlich auch kein anderer nach ihm fuhr er ungehindert durchs Land und baute seine Netzwerke auf und pflegte sie. Er kannte Gott und die Welt und war wohl der einzige, der wirklich begriff, was in Afghanistan vorging. Er war der „Interkulturelle Einsatzberater" des deutschen Kommandeurs des Regionalkommandos Nord. Von dem hatte er eine Carte Blanche erhalten. Ohne sich irgendwo an- oder abzumelden, fuhr er vollkommen auf sich alleine gestellt durch die Gegend, machte Termine und sprach mit allen möglichen Personen, dabei viele schräge Vögel wie beispielsweise Mir Allam. Er hielt es nicht für nötig, mal mit mir Verbindung aufzunehmen, der für Kunduz eigentlich die Verantwortung trug. Er hielt es auch nicht für nötig, mir überhaupt mitzuteilen, was er in Kunduz machen wollte, mit wem er über was sprach. Er hielt es ebenso wenig für nötig, mich über das Ergebnis der Gespräche in Kenntnis zu setzen. So fuhr er de facto inkognito zu Mir Allam und konferierte mit ihm privat. Als ich davon Kenntnis erhielt, habe ich ihn zu mir zitiert und zur Rede gestellt. Schlussendlich schmiss ich ihn aus meinem Dienstzimmer raus. Ich verbot ihm, zukünftig ohne meine Kenntnis mit Mir Allam oder sonst wen in Kunduz zu verkehren. Tief beleidigt zog er davon, um sich sofort nach Rückkehr in Mazar-e-Sharif bei meinem Vorgesetzten über mich zu beschweren. Mir war das vollkommen egal. Wie sollte ich denn eine vernünftige Strategie im Umgang mit Mir Allam verfolgen, wenn Männer wie dieser Interkulturelle Einsatzberater hinter meinem Rücken ihr eigenes Süppchen kochten? Mir Allam versuchte natürlich, ihn gegen mich auszuspielen. Er berief sich auf Zusagen, die er angeblich von ihm erhalten hatte. Von all dem hatte ich keinerlei Ahnung. Solch ein Offizier ist der lebende Beweis dafür, dass sich Spezialisten aufgrund ihres eigenen Egos und ihrer Selbstherrlichkeit verselbständigen. Sie begreifen irgendwann nicht mehr, eine dienende Funktion zu bekleiden und meinen, das non plus ultra darzustellen. Das erleichterte mir meine Aufgabe in keiner Weise.

Aber nicht nur er wurde zu einem Problem. Einer meiner Sprachmittler, selber gebürtiger Afghane, verfiel in die gleiche Gedankenfalle. Hinter meinem Rücken und ohne meine Kenntnis ermöglichte er Mir Allam Zugang zu dem Feldlager in Kunduz. Mir Allam war herzkrank und mein Sprachmittler meinte, er könne in dem deutschen Rettungszentrum behandelt werden. Hierdurch, so seine Denke, wäre er uns wohlgesonnen. Alles hätte demnach einen guten Zweck. Dann erlitt der Bruder von Mir Allam und zwei seiner Neffen bei einem Hausbrand schwerste Brandverletzungen. Bevor ich davon auch nur irgendeine Kenntnis erhielt, ermöglichte es mein Sprachmittler, dass die drei verletzten Verwandten von Mir Allam Aufnahme in unserem Rettungszentrum fanden. Ich bin fast explodiert vor Wut und habe unter anderem diesen Vorgang zum Anlass genommen, ihn rauszuschmeißen. Zum einen belegten die Schwerstverletzten nun für mehrere Wochen die beiden einzigen Intensivbetten, über die wir verfügten. Wäre in diesem Zeitraum einem meiner Soldaten etwas zugestoßen, dann hätte ich ihn nicht intensivmedizinisch behandeln lassen können. Deswegen habe ich mir in jedem Einzelfall vorbehalten, ob und wenn ja wie lange wir zivile Patienten aus der afghanischen Bevölkerung aufnahmen. Ich stand damit in schöner Regelmäßigkeit im Streit mit dem klinischen Leiter des Rettungszentrums, der meinte, durch die Betreuung ziviler Patienten sein eigenes Klinikpersonal in Übung halten zu müssen. Mir war aber die medizinische Betreuung meiner eigenen Soldaten weit wichtiger als das Anliegen des einen oder anderen Arztes, der meinte, seine eigenen Interessen verfolgen zu müssen. Immerhin, ich hoffte, dass sich Mir Allam mir verpflichtet fühlen würde, weil ich seine Verwandten versorgte. Doch da hatte ich die Rechnung ohne den Wirt gemacht. Mir Allam dachte gar nicht daran, sich zu mäßigen. Wir erhielten brav weitere Informationen, dass er im großen Stile Waffen schmuggelte und auch Geschäfte mit dem ehemaligen Kriegsgegner, den Taleban, machte. Ich stellte ihn zur Rede. Mit Krokodilstränen in den Augen versicherte er mir, er wäre lediglich ein armer Mann, der nicht mehr wisse, wie er seine Familie ernähren sollte. Er verfüge über keine Waffen mehr. Er hätte alle Waffen an Regierungsstellen abgegeben im Zuge des „Disarmouring Process", dem sich die internationale Gemeinschaft verschrieben hatte.[7] Misstrauisch geworden habe ich dann eines seiner Anwesen in einer Nacht- und Nebelaktion

---

[7] Ich halte „Disarmouring" für eine der größten Lügen, auf die die internationale Gemeinschaft hereingefallen ist. Doch davon später.

durchsuchen lassen. Spürhunde, die auf Sprengstoff trainiert waren, schlugen sofort an, doch wir fanden nichts Greifbares. Die Aktion war verraten worden, sehr wahrscheinlich durch den afghanischen Geheimdienstchef in Kunduz, der mit Mir Allam gemeinsame Sache machte anstelle ihm das Handwerk zu legen. Verblüfft registrierte ich den ungeheuren Reichtum, über den Mir Allam verfügte. Prachtvolle Hengste standen in seinen Stallungen. Eine Vielzahl von Angestellten sorgte sich um den umfangreichen Haushalt. Von Armut konnte nun wirklich keine Rede sein. Zu meinem Erstaunen kamen alle möglichen Würdenträger vorbei, auch der Vertreter der Paschtunen, die sich allesamt bei mir beschwerten und mir drohten, ich solle von Mir Allam ablassen, sonst könnte es für mich gefährlich werden.

All diese Verflechtungen waren mir nicht bekannt. Kein einziger der vor Ort arbeitenden BND-Mitarbeiter hatte eine Ahnung von den Machenschaften eines Mir Allam. Noch mehr wunderten wir uns, als es Mir Allam quasi über Nacht gelang, sage und schreibe 700 seiner eigenen Milizionäre unter Waffen zu stellen, damit diese in Kunduz gegen Aufständische vorgingen. Auch davon hatten wir keine Ahnung. Männern wie Mir Allam kann und darf man nicht trauen, keinen einzigen Millimeter. Massoumi und Mir Allam sind zwei Beispiele aus einer großen Reihe, die das eigentliche Dilemma beleuchten. Was nutzen alle gut gemeinten Operationen, die wir tapfer und mit größtem Risiko immer wieder durchführten, wenn man diesen Schurken nicht das Handwerk legen kann oder darf? Was nutzen die sieben Tonnen Munition, die wir aus dem Boden holten, wenn Mir Allam und seinesgleichen zigtausend Tonnen jederzeit nachliefern konnten? Was nutzen all die teuren Aufklärungsmittel, über die wir verfügten, wenn sie allesamt nicht diejenigen Erkenntnisse liefern konnten, die wir eigentlich benötigten? Der Interkulturelle Einsatzberater des Kommandeurs des Regionalkommandos Nord war schon auf dem richtigen Wege, und seinesgleichen hätten wir weit mehr gebraucht, vorausgesetzt, er hätte sich in das System eingebracht anstatt seinem eigenen Ego zu dienen. So krankte die Operationsführung meines PRT von Anfang an am gleichen Schwachpunkt. Wir stocherten im Nebel herum und hatten trotz des einen oder anderen Achtungserfolges de facto keine Chance, wirklich hinter die Kulissen zu schauen. Daran, das ist meine feste Überzeugung, hat sich überhaupt nichts jemals wirklich geändert. Zwar wurden immer bessere Aufklärungsmittel bereitgestellt. Bessere Strukturen wurden in den Auswertezentralen aufgebaut, aber im Kern blieben wir blind, weil das Land Afghanistan nun einmal anders funktioniert, die Menschen anders „ticken" und sich damit in großen Teilen den technik-lastigen Aufklärungsmittel des Westens entziehen. Das gilt beileibe nicht nur für die ehemaligen Warlords, sondern in gleicher, wenn nicht noch stärkerer Weise für die Taleban oder diejenigen, die wir für Taleban halten. Deswegen, und das ist meine bittere Schlussfolgerung, haben wir so wenige militärische Erfolge in Afghanistan.

Ein weiterer Faktor kam hinzu. Das Gelände um Kunduz herum vermittelt bei einem Blick auf die Karte den Eindruck, fast vollständig flach zu sein. Motorisierte Bewegungen schienen leicht durchführbar. Genau das Gegenteil war der Fall. Zwar ist der Raum überwiegend eben, doch durchziehen zwei markante Flüsse und eine Vielzahl von Bewässerungskanälen flächendeckend das Gelände. Die Afghanen sind Meister in der phantasiereichen Bewässerung ihrer Felder. Sie besitzen kaum Wasserpumpen oder Beregnungsanlagen. Sie behelfen sich traditionell durch Wasserkanäle, die sie geschickt öffnen und schließen und somit sicherstellen, dass ein jeder genug Wasser zur Nutzung erhält. Wasserwirtschaft und dessen Verteilung ist existenziell für Afghanen und nur zu oft Gegenstand von Streitereien zwischen Stämmen, Familienclans und Ortschaften. So manch eine bewaffnete Auseinandersetzung geht auf dieses Grundproblem zurück. Es ist selbst mit geländegängigen Militärfahrzeugen kaum möglich, diese Bewässerungskanäle zu überwinden. Die beiden großen Flüsse, vor allem aber der Kunduz-River westlich von Kunduz, grenzen den Problemdistrikt Chahar Darreh, wo die Masse aller Anschläge in schöner Regelmäßigkeit stattfanden, natürlich vom PRT Kunduz ab, das auf der anderen Seite des Flusses lag. Wollte man mit Fahrzeugen nach Chahar Darreh, dann gab es nur eine einzige tragfähige Brücke, um über den Fluss zu kommen. Hierzu musste man durch die Stadt Kunduz rollen, dann nach Westen abbiegen, die alte und nahezu baufällige Brücke im Schritttempo überwinden, um anschließend den Weg nach Chahar Darreh fortzusetzen. Das dauerte so 30–40 Minuten, bis man dort ankam. Es verwundert daher nicht, dass unsere Bewegungen leicht aufzuklären waren. Taleban und ihre

Helfer mussten nur die Brücke beobachten, dann wussten sie, ob wir nach Chahar Darreh kamen, einfacher geht es nicht. Wir haben den Fluss sehr oft abgesessen überwunden, mit Schlauchbooten, nicht selten watend und bis zu den Hüften im Wasser stehend. Das half zwar das eine oder andere Mal, blieb aber auf Dauer auch nicht unentdeckt und war vor allem langsam und zeitaufwendig. Schnelle, raumgreifende Bewegungen waren daher so gut wie nicht möglich. Zudem erlaubten die zumeist engen und schmalen Ortsdurchfahrten nur im seltenen Falle den Einsatz größerer und gut gepanzerter Fahrzeuge. Operierten wir dagegen abgesessen, dann war es selbst dem am besten durchtrainierten deutschen Fallschirmjäger nicht möglich, mit seinen ca. 40 kg Gepäck inklusive der unvermeidlichen Splitterschutzweste mit einem Taleban Schritt zu halten, der nur mit seinen Sandalen und seiner Kutte bekleidet ist. Es war nahezu hoffnungslos, Taleban abgesessen zu stellen, wenn diese schnell auswichen. Man hatte ausschließlich dann eine Chance, wenn man sie überraschte, und das gelang halt sehr selten. Europäer werden in Afghanistan sofort erkannt. Sie riechen anders, und jeder afghanische Hund schlägt sofort an. Das reichte bereits, um die Taleban zu warnen. Zudem wissen die Einheimischen genau, wer sich im Raum bewegt und verfügen über ein ausgezeichnetes Kommunikationssystem: Handys! Ob nun bettelarm oder reich, jeder Afghane hat wenigstens ein Handy. Kurzum, obwohl wir hervorragend ausgestattet waren und über sehr gute geländegängige Fahrzeuge verfügten, war es um unsere taktische Mobilität denkbar schlecht bestellt. Was fehlte waren vor allem Hubschrauber, mit denen wir Infanterie schnell und überraschend von A nach B hätten verlegen können. Es fehlten zusätzliche Brücken über die Flüsse[8]. Wir waren kanalisiert und wenn man so will, alleine schon deswegen dem Gegner unterlegen ungeachtet aller Technik, über die wir verfügten. Das ist der zweite Grund, warum wir so wenig Erfolg hatten.

---

[8] Panzerschnellbrücken wurden erst in 2009 beginnend südlich von Kunduz verlegt! Die alte Straßenbrücke bei Chahar Darreh, ehemals durch die Russen gebaut, sollte durch Mittel des Auswärtigen Amtes instandgesetzt werden. Dieses Versprechen an die Afghanen gab es seit 2003. Bis Ende 2008 geschah nichts. Soweit zur Wirksamkeit deutscher Wiederaufbauprojekte.

Den dritten Grund hatte ich bereits beschrieben. Wir verfügten schlichtweg nicht über genügend Truppe, vor allem Infanterie, um genommenen Raum auch zu halten. Ebenso fehlte es an der ausreichenden Zahl von ausgebildeten afghanischen Sicherheitskräften, ob nun afghanische Armee oder Polizei, die derartige Räume von uns übernehmen und halten konnten. Der Raum ist derart groß und komplex, dass man sicherlich weit mehr als die 800 Mann benötigt hätte, über die ich schlussendlich ab Mai 2008 verfügte. Der Raum fraß Truppe geradezu auf. Es war nur punktuell möglich, präsent zu sein. Nachhaltig ging das sowieso nicht. Alle Forderungen meinerseits nach zusätzlichen Kräften prallten an zwei Tatsachen ab: Erstens verfügte Deutschland nicht über genügend Kräfte, um dauerhaft und durchhaltefähig diese bereitzustellen (und zwar beileibe nicht nur Infanterie, sondern beispielsweise auch Sanitäter und andere Spezialisten), zum anderen war die Forderung nach zusätzlichen Kräften zu der Zeit, Mitte 2008, schlichtweg politisch nicht opportun. Doch dazu gleich mehr bei der Behandlung des Themas „Mandatsobergrenzenerhöhung". So blieben wir daher bei unserem Grundmuster. Die Truppe verließ für eine Operation das Feldlager Kunduz und kehrte in das Feldlager nach Beendigung der Operation wieder zurück. Egal, wie lange derartige Operationen andauerten, stets und ständig stützten wir uns auf ein Feldlager ab. Nötig wäre dagegen gewesen, eine Vielzahl von kleineren Stützpunkten genau dort dauerhaft zu unterhalten, wo der Gegner am gefährlichsten war, zum Beispiel in Chahar Darreh (selbst in diesem Distrikt hätte **ein** derartiger Stützpunkt nicht ausgereicht, dafür war der Raum zu groß!!). Das war genau die Forderung, die der Oberkommandierende aller ISAF-Truppen in 2009 mit seiner taktischen Direktive „Embedded Partnering" verfolgte. Das Prinzip, dessen bin ich mir sicher, ist richtig. Es erfordert aber zusätzliche Kräfte, über die Deutschland nicht verfügte. Es erforderte auch eine signifikante Erhöhung gut ausgebildeter afghanischer Sicherheitskräfte, die sich trotz umfangreicher Anstrengungen aller Beteiligten nicht oder nicht zeitgerecht einstellte. Es erforderte vor allem aber die Bereitschaft innerhalb der deutschen Öffentlichkeit, der Medien und der politischen Mandatsträger, das hiermit verbundene erheblich höhere Risiko mitzutragen. An all dem hat es gefehlt, eigentlich bis heute.

12. Mandatsobergrenzenerhöhung

Das Grundproblem – mangelnde Kräfte – war bereits früh erkannt worden. Selbst mein Vorgänger, Oberst Setzer, forderte bereits 2007 zusätzliche Kräfte an, Infanterie zunächst, dann aber auch Artilleriegeschütze. Er forderte zudem, kleinere Stützpunkte in der Fläche zu etablieren und nahm damit im Kern Elemente bereits 2007 mit auf, die durch den amerikanischen General und Oberkommandierenden von ISAF, General McChrystal, unter der Flagge „Embedded Partnering" in 2009 gefordert wurden. Ich selber sprach stets und ständig, eigentlich bei allen Lagevorträgen, die ich hielt, von einem kausalen Zusammenhang zwischen „Boots on the Ground" und Verbesserung der Sicherheitslage. Mein Credo habe ich gebetsmühlenartig ein um das andere Mal wiederholt: Ich brauche mehr Kräfte!!! Dem stand gegenüber, dass das deutsche Mandat durch den Bundestag auf 3.500 Mann festgelegt war (für Gesamtafghanistan, nicht für Kunduz alleine!!). In Erkenntnis der steigenden Gefahr – gerade in Kunduz – setzten daher im Frühjahr 2008 politische Überlegungen im Verteidigungsministerium ein, die Mandatsobergrenze auf wenigstens 4.500 Mann zu erhöhen. Dem vorgeschaltet war die Entscheidung, mir bereits im Frühjahr 2008 eine zusätzliche Fallschirmjägerkompanie zur Verfügung zu stellen. Das waren immerhin 216 Mann als „nationale Verstärkung", wie es offiziell benannt wurde. Doch auch diese 216 Mann reichten nicht, ergo die immer stärker werdende Diskussion um die Erhöhung der Mandatsobergrenze. Es gab ja auch noch andere Baustellen zu bedenken als „nur" Kunduz. Eigentlich wurden an allen Orten eher mehr Kräfte denn weniger gebraucht. Die 216 Mann „nationale Verstärkung" brachten jedoch das bestehende Mandat von 3.500 Mann an die Grenze des Machbaren. Um diese parlamentarische Hürde nicht zu überschreiten, mussten groteske Maßnahmen ergriffen werden. Soldaten, die gerade in das Einsatzland eingeflogen worden waren, mussten ihre Koffer packen und flogen umgehend wieder zurück nach Deutschland, nur um dort unter Rufbereitschaft für den Fall zu warten, dass sich überraschender Weise im Zahlenwerk neue Möglichkeiten eröffnen würden oder ein neues Mandat greifen sollte (das es zu der Zeit noch gar nicht gab). Man mag sich die Wut im Bauch dieser Männer und Frauen vorstellen, die sich akribisch auf diesen Einsatz vorbereitet hatten, in ihrem persönlichen

Umfeld alles auf ihre Einsatzzeit ein- und umgestellt hatten und nun unverrichteter Dinge zum Warten nach Hause zurückkehrten. Begriffen hat das keiner, auch wenn ich mir größte Mühe gab, es allen Betroffenen zu erklären.

Wichtige Teileinheiten wie beispielsweise die für das Feldlager Kunduz und den Flugplatz Kunduz lebensnotwendige Feuerwehr wurde kurzerhand im Zuge einer unpopulären Güterabwägung um 50 Prozent reduziert. Der Führer der Teileinheit kam wutschnaubend zu mir und forderte seine Ablösung. Verstehen konnte ich ihn schon gut, nur half alles Jammern nichts. Die Zahl 3.500 stand in Stein gemeißelt, bis endlich im Sommer 2008 der politische Willensbildungsprozess Fahrt aufnahm mit dem Ziel, das bestehende Mandat um 1.000 Mann auf 4.500 Mann zu erhöhen. Ich blieb unverdrossen bei meiner These, wie benötigen mehr „boots on the ground", bis mich schließlich der damalige stellvertretende Befehlshaber des Einsatzführungskommandos in Potsdam persönlich anrief und mir nahelegte, doch endlich den Mund zu halten, sonst könne er mich nicht mehr schützen. Die ewige Meckerei aus dem Einsatzland schadete dem vielschichtigen und schwierigen Abstimmungsprozess in Deutschland. Im Herbst 2008 war es dann soweit. Das neue Mandat lautete 4.500 Mann und keine Maus mehr. Um sich eine planerische Reserve zu erhalten, wurden hiervon jedoch nur 4.100 Mann freigegeben. De facto handelte es sich also um 500–600 Mann, die für alles Mögliche benötigt wurden. Hiervon erhielten wir in Kunduz einen zusätzlichen Zug Fallschirmjäger, das war es dann auch schon. Das Grundproblem in Kunduz konnte auf diese Weise noch nicht einmal in Ansätzen in den Griff bekommen werden.

Mich besuchten alle möglichen Politiker, dabei auch die Obleute des Verteidigungsausschusses. Denen gegenüber nahm ich kein Blatt vor dem Mund, und schon bekam ich Ärger. Die Vertreterin der FDP, Frau Homburger, fragte mich, ob ich denn mit einem neuen Mandat von 4.500 Mann zufrieden sei. Ich verneinte und verwies auf die nur schwachen zusätzlichen Kräfte, die ich erwarten durfte. Die Schere zwischen Auftrag und Mittel ließ sich damit sicherlich nicht schließen. Dann verwies sie darauf, man hätte ihr (wer ist „man"?) seitens des BMVg zugesichert, das Problem in Kunduz ließe sich mit den bestehenden Mitteln beherrschen. Vor allem würde ich über ausreichend Aufklärungskräfte verfügen wie beispielsweise den Aufklärungspanzer FENNEK (von dem ich einige zusätzliche erhalten hatte), das würde reichen. Ich war vollkommen entgeistert und bezweifelte, dass irgendjemand im BMVg so einen Unsinn je gesagt haben könnte. Frau Homburger und ihre Kollegen vom Verteidigungsausschuss bekräftigten ihren Einwand jedoch mehrfach. Ich war drauf und dran, den Glauben an meine militärische Führung zu verlieren. Aufklärungspanzer FENNEK sind sicherlich gute Fahrzeuge, aber sie lösen das Problem nicht. Ähnlich beklemmend äußerte sich der damalige Generalinspekteur, General Schneiderhan, mehrfach im deutschen Fernsehen. Erkannte denn niemand, woran es krankte? Ich kann jedenfalls mit absoluter Überzeugung auch in der Rückschau festhalten, dass es allen Verantwortlichen sowohl im BMVg als auch in der damaligen Regierung klar sein musste, wohin sich dieser Einsatz bewegte. Die Warnungen und Forderungen der Truppe waren bekannt, gemeldet auf den militärischen Meldesträngen und artikuliert in der Presse, vertreten gegenüber parlamentarischen Repräsentanten als auch parlamentarischen Kontrollorganen wie dem Verteidigungsausschuss. Man hat die Augen verschlossen und gehofft, dass man die Lage irgendwie doch noch in den Griff bekommen könnte. Wenn man so will, hat man nach meiner festen Überzeugung eine „Vogel-Strauß-Politik" betrieben. Das sollte sich bereits 2009 mit einer weiteren Eskalation der Gewalt rächen und mündete natürlich in erneuten Forderungen nach weiteren Mandatsobergrenzenerhöhungen (Anfang 2010, dann 5.350 Mann), die wie ihre Vorgänger auch einen ganz entscheidenden Makel hatten: Man sprang zu kurz. Anstatt zu klotzen wurde gekleckert. Deutsche Soldaten haben das mit ihrem Leben bezahlt.

Der Besuch und die Einlassungen von Frau Homburger hatten noch einen anderen schalen Beigeschmack. Obwohl wir tote und verwundete Soldaten zu beklagen hatten, zierte sich der damalige Verteidigungsminister Jung und sein Generalinspekteur General Schneiderhan, die gefallenen Soldaten als das zu bezeichnen, was sie waren: gefallen für Deutschland. In die gleiche Kerbe schlägt die Frage, handelt es sich bei dem Einsatz in Afghanistan um einen Krieg oder um „kriegsähnliche Umstände", umgangssprachlich, wie Freiherr zu Guttenberg später formulierte? Politisch waren das sensible Fragestellungen. Ich sehe Herrn Jung noch im Fernsehen, wo er unmittelbar nach dem Tod zweier deutscher Soldaten meines PRT herumeierte, von „Vernetzter Sicherheit" faselte und verzweifelt versuchte, den bohrenden Fragen des Reporters auszuweichen. Erst Tage später hat er sich unter dem wachsenden Druck der Öffentlichkeit dazu durchgerungen, das Wort „gefallene Soldaten" tatsächlich zu verwenden. Frau Homburger fragte mich ernsthaft, wie ich dazu stünde? Ich fuhr sie ziemlich grob an und sagte ein um das andere Mal: „Die Soldaten sind gefallen, schreiben Sie sich das auf, sie sind gefallen." Die Soldaten sind eben nicht bei einem "qualifizierten Dienstunfall" ums Leben gekommen. Alle Versuche, technokratische Begriffe zu verwenden, die keiner verstand, verniedlichten eine grausame Wahrheit: Die Soldaten kämpften und starben für Deutschland. Sie fielen in einer Situation, die tatsächlich "kriegsähnlich" war. Alles andere ist keinem einzigen der Männer und Frauen (und auch nicht ihren Angehörigen) zu vermitteln, die dabei waren. Dann forderte mich Frau Homburger auf, ihr zu erklären, warum deutsche Soldaten eigentlich in Afghanistan seien? Ich war vollkommen konsterniert! Als Vertreterin des Verteidigungsausschusses, mithin des parlamentarischen Kontrollorgans desjenigen Parlaments, das mich und meine Soldaten nach Afghanistan geschickt hatte, erwartete ich eigentlich von ihr, dass sie mir diese Erklärung aus dem Stegreif liefern konnte. Sie versteifte sich in Aussagen, dass sie schon von mir als Kommandeur des PRT Kunduz erwarten könne, dass ich dazu in der Lage wäre. Natürlich war ich dazu in der Lage. Ich konnte ihr sofort herunterbeten, was die offizielle Begründung für diesen Einsatz war. Nur – mit derartigen Formulierungen erreicht man keinen einzigen deutschen Soldaten. „Die Sicherheit der Bundesrepublik auch am Hindukusch verteidigen"? Das versteht kein Mensch zu Hause und kein deutscher Soldat in Afghanistan. Den Terrorismus dort bekämpfen, wo er entsteht? Warum stehen dann deutsche oder alliierte Soldaten nicht auch im Iran, in Syrien, in Saudi-Arabien, im Sudan, in Pakistan? Das ist doch alles Unsinn. Ich und meine Soldaten erwarten dagegen, dass uns die Politiker, mithin das deutsche Parlament, erklärt, warum wir unseren Kopf hinhalten für eine Sache, die in der deutschen Öffentlichkeit immer mehr auf Unverständnis stößt. Frau Homburger wurde zornig und aufbrausend und zog sich auf den Standpunkt zurück, es sei Sache der Regierung (damals die große Koalition) und nicht des Parlamentes, dieses zu tun, denn die Regierung hätte derartige Entscheidungen getroffen, nicht jedoch das Parlament und sicherlich nicht die FDP. Das war mir dann doch zu viel. Ich belehrte sie daraufhin über zweierlei:

-       Die Bundeswehr ist eine Parlamentsarmee und keine Regierungsarmee. Das Parlament entscheidet über unseren Einsatz und nicht die Regierung (die schlägt den Einsatz vor, muss hierfür jedoch eine Mehrheit im Parlament erhalten)!

-       Sie bräuchte mich nicht anschreien, ich könne auch so gut hören!

Frau Homburger und ich wurden sicherlich keine guten Freunde. Wer mir in der Sache beipflichtete, war ausgerechnet der Obmann der Grünen Partei im Verteidigungsausschuss, Herr Nachtweih. Über alle anderen möchte ich lieber den Mantel des Schweigens ausbreiten.

13. Das Regional Command North

Das Regional Command North, kurz RC N, war meine unmittelbar vorgesetzte Dienststelle in Afghanistan. Es wurde geführt von einem deutschen Einsternegeneral, im ersten Halbjahr General D., einem Luftwaffengeneral. General D. und ich kannten uns von früheren Verwendungen. Er vertrat Führungsgrundsätze, die mit meiner Vorstellung von „Führung" und – wie sich herausstellen sollte – auch mit Grundvorstellungen, wie sie im deutschen Heer gang und gäbe sind, nicht immer vereinbar waren. Dessen ungeachtet war er ein strenger und zurecht unbeugsamer Vertreter des Schutzgedankens. Was immer auch getan werden konnte, um deutschen Soldaten einen bestmöglichen Schutz zuteil kommen zu lassen, war gerechtfertigt und musste umgehend umgesetzt werden. Hier gab es natürlich erheblichen Handlungsbedarf. Die Vielzahl der Raketenangriffe warf Fragen auf, ob denn unsere Unterkünfte ausreichend gehärtet waren, um einen direkten Treffer standzuhalten. General D. verfolgte unerbittlich seine Zielvorstellungen und klagte immer ungeduldiger werdend entsprechende Baufortschritte ein. Wir hatten bislang enormes Glück gehabt. Zwar waren einige Raketen im Feldlager eingeschlagen, doch hatte keine einzige Rakete signifikanten Schaden verursacht. Es war aber nur eine Frage der Zeit, bis genau das eintrat, und dafür wollte ich natürlich nicht verantwortlich zeichnen. Wir bauten daher einen Schutzwall nach dem anderen, errichteten Schutzbunker und entwickelten Verfahren, wie wir unseren Soldaten den optimalen Schutz bei einer Anschlagswarnung geben konnten.

General D. verfügte über einen Heeresstabsoffizier mit Generalstabsausbildung, der ihm als Berater zur Seite stand. Nicht zum ersten und sicherlich nicht zum letzten Mal zeichnete sich der Offizier durch Emsigkeit aus, wenn es sich darum drehte, seinem Herrn und Meister zu dienen. Er kam mit aberwitzigen Vorschlägen oftmals vollkommen ungeprüft um die Ecke, deren Durchführbarkeit mehr als fraglich war. Leider hörte General D. augenscheinlich mehr auf ihn als auf die für Infrastrukturmaßnahmen zuständigen Fachleute meines Kommandos, geschweige denn auf mich. Und immer wieder wurde uns quasi als leuchtendes Beispiel das deutsche PRT in Faizābād vorgehalten, wo doch angeblich alles zum Besten bestellt war[9]. Warum waren wir dann nicht in der Lage, gleiches zu tun? Mehr und mehr entfremdeten sich General D. und sein Berater von der Einsatzrealität in Kunduz. Wir verfügten alsbald über einen Schutzstandard, der in Afghanistan seinesgleichen suchte. Und dennoch waren General D. und sein Heeresberater nicht zufrieden zu stellen. Dann besichtigte General D. meinen Gefechtsstand, aus dem ich tagein und tagaus führte. Er sagte (noch) nichts, sondern beäugte zusehends kritisch, was sich dort abspielte. Er flog zur Dienstaufsicht weiter nach Faizābād, nahm seinen Berater mit, und schickte mit seinen deutschen Stellvertreter, einen Oberst, der sich meinen Gefechtsstand genauer anschaute. Es war eine konzertierte Aktion, denn kaum aus Faizābād zurück, eiferte sich der Oberst, General D. alle möglichen Missstände aufzuzeigen, die es in meinem Gefechtsstand angeblich gab. In Faizābād, so artikulierten sich General D. mir gegenüber klipp und klar, sei alles besser organisiert, viel leistungsfähiger. Mo-

---

[9] In *Faizābād* gab es keine Raketenangriffe und zu der Zeit auch keine Selbstmordattentäter. Im Vergleich zu Kunduz aus unserer Sicht ein Hort des Friedens und der Sicherheit.

dernste Technik, Daten in Echtzeitqualität, das alles gäbe es in Faizābād und nicht in Kunduz. Und genau deswegen, so der unausgesprochene Vorwurf, hätten wir keinen Erfolg in der Bekämpfung der Aufständischen.

Alle Sensoren, über die wir verfügten, Wärmebildgeräte und Überwachungskameras, Aufnahme von luftgestützten Drohnen und vieles mehr, hätten gefälligst auf hochauflösenden Monitoren in Echtzeit im Gefechtsstand verfügbar zu sein. Genau so würde sich der Luftwaffengeneral D. einen Gefechtsstand vorstellen, und genau so wären Gefechtsstände der Luftwaffe konfiguriert. Der Kommandeur einer Luftwaffendivision schart alle seine Berater in seinem multimedialen Gefechtsstand permanent um sich, führt ausschließlich von dort und ist in der Lage, sofort, quasi auf Fingerzeig, Führungsentscheidungen zu treffen. Mein Gefechtsstand, so seine vernichtende Bewertung, würde einer „Lachnummer" gleichen. Und deswegen hatten wir keinen Erfolg. Obendrein neigte ich als typischer Heeresoffizier dazu, von vorne zu führen. Ich nahm doch tatsächlich meine Bewegliche Befehlsstelle und fuhr nach draußen, nur mit ein oder zwei Funkgeräten ausgestattet, wo ich doch in meinem Gefechtsstand über die besten Verbindungsmittel verfügen würde. Er wollte mir den Einsatz der Beweglichen Befehlsstelle glatt verbieten.

Ich erhielt dann von ihm zwei Briefe, die ich mein Leben lang nicht vergessen werde. In dem ersten Brief befahl er mir, meinen Gefechtsstand so aufzumotzen, dass ich über Echtzeitdaten jederzeit verfügen könnte. Zudem befahl er mir, rund um die Uhr nur hoch dotiertes Führungspersonal einzusetzen, das ich hierdurch natürlich auch örtlich anbinden musste. Im zweiten Brief verbot er mir, von vorne zu führen. Ich fuhr zu ihm und stellte ihn vor die Wahl. Entweder, er vertraute mir, dann solle er mich aber so führen lassen, wie ich es für richtig hielt. Oder er tat es nicht, dann möge er mich bitte ablösen und den Laden selber führen. Den versteckten Vorwurf jedoch, durch eine fehlerhafte Organisation meines Gefechtsstandes und einer nicht adäquaten Führungskultur (Führen von vorne) persönlich für die ausbleibenden Erfolge verantwortlich zu sein, ließ ich jedenfalls nicht auf mir und meinem PRT sitzen. General D. gab nach, weil er mich schlichtweg nicht ablösen konnte. Er blieb aber misstrauisch.

Der Vollständigkeit halber sei gesagt, dass ich natürlich ein Eigeninteresse daran hatte, meinen Gefechtsstand nach modernsten Vorstellungen aufzubauen. Vieles, was nach den Vorstellungen von General D. per se wünschenswert gewesen wäre, konnte aufgrund technischer Unzulänglichkeiten nicht realisiert werden, doch davon wollte er nichts wissen. Und über bewährte Führungskulturen des Deutschen Heeres weigerte ich mich rundweg, mit ihm zu diskutieren. Die Truppe kämpft um ihr Leben und sehnt sich nach Führung und Halt, durch den Kommandeur, ganz unmittelbar. Wie sich an anderer Stelle noch mehrfach zeigen sollte, versagen diejenigen Kommandeure, die meinen, Truppe von hinten führen zu können. Truppe will nicht „geschoben" werden, sondern von vorne „gezogen". So einfach ist das. „Führen von vorne" ist im Deutschen Heer eine Selbstverständlichkeit. Bei der Luftwaffe scheint das anders zu sein, aber die kämpft bekanntlich auch nicht auf dem Boden, sondern weit weg am Himmel. Ich habe es General D. nie verziehen, wie unprofessionell und unsachlich er sich ausgerechnet denjenigen Männern und Frauen gegenüber positionierte, die nun wirklich an dem Ort operierten, der die Masse aller Anschläge auf sich zog. Ich habe ihm nie verziehen, dass er de facto weder mir noch meinen Soldaten wirklich vertraute. Sein Nachfolger, General Weigt, sollte von einem ganz anderen Holz geschnitzt sein. Ich habe es aber vor allem seinen unmittelbaren Beratern nie verziehen, die meinten, dem General wider besseres Wissen zu Munde reden zu müssen.

General D. hatte noch ein weiteres Schlüsselerlebnis mit meinem PRT. Er fuhr nach Taloqan, der Provinzhauptstadt von Takhar, um das dort im Aufbau befindliche Außenlager meines PRT (das sogenannte PAT Taloqan) zu besichtigen, das kurz vorher eröffnet worden war. Baulich war das PAT Taloqan noch im Entstehen. Die erste Bauphase war noch nicht einmal abgeschlossen, dennoch operierten bereits Teile meiner Kräfte aus dieser Liegenschaft heraus, deren Schutzmaßnahmen noch erheblichen Verbesserungsbedarf aufzeigten. General D. fuhr in die Liegenschaft hinein, und keiner erkannte ihn. Es war etwas Fürchterliches passiert. Die Soldaten kannten den General nicht, und das ist sicherlich für das Ego eines Generals niederschmetternd! Vielleicht lag es nur in der banalen Tatsache begründet, dass sich General D. zu wenig den Soldaten zeigte?

Seinen Nachfolger, General Weigt, den kannte alsbald jeder. Es kam aber noch viel schlimmer. Der örtliche Führer, ein Hauptfeldwebel, hatte einen rabenschwarzen Tag erwischt. Er stammelte bereits bei der Meldung und war augenscheinlich nicht so recht in der Lage, dem General die Schutz- und Sicherungsmaßnahmen zu erklären, über die das Lager natürlich verfügte. So fuhr General D., nicht ganz zu Unrecht, einigermaßen erzürnt davon und überschüttete mich mit Vorwürfen. Er fuhr noch oft nach Taloqan, jedes Mal mit dem gleichen Misstrauen mir und meinen Männern gegenüber, das er in vielfacher Art und Weise auch in Kunduz artikulierte. Er verstieg sich später bei entsprechenden Rückkehrergesprächen im Verteidigungsministerium und anderen Führungskommandos darauf, die Qualität deutscher Heeresoffiziere und -unteroffiziere grundsätzlich in Frage zu stellen und führte hierzu einmal mehr die Streitereien zwischen ihm und mir in Kunduz und Taloqan an. Damit setzte er sich nicht nur in meinen Augen endgültig ins Unrecht. Von einem Einzelfall aufs Ganze zu schließen ist unprofessionell – Punkt! Man hat von General D. späterhin nie wieder etwas gehört, und das ist auch gut so. Den Schaden, den er angerichtet hatte, mussten andere ausbaden. Ein wirklicher Heerführer war er nie. Warum Deutschland auf die Idee kam, ausgerechnet einen Luftwaffengeneral eine Landoperation führen zu lassen, das müsste mir mal erklärt werden. Die Bundeswehr scheint hieraus gelernt zu haben. Bis heute wurde so ein Unfug nicht mehr wiederholt.

14. Der Gefechtsstand des PRT Kunduz

Von General D. als „Lachnummer" verunglimpft, war der Gefechtsstand das Herzstück des PRT Kunduz, aus dem alle Operationen geleitet wurden. General D. hatte insofern Recht, weil wir zu der Zeit nicht über die modernste Technologie verfügten, die es auf dem Markt zu kaufen gab. Er irrte aber gewaltig in seiner Behauptung, dass der Gefechtsstand aufgrund seiner technologischen Ausstattung einer der Ursachen dafür sei, dass wir die andauernden Raketenangriffe nicht in den Griff bekamen.

Wie sah er denn nun aus, der Gefechtsstand, und hat er sich bewährt? Es handelte sich um einen großen Raum, vielleicht 20 mal 5

Meter groß, an dessen Stirnseite die große Lagekarte hing. Die Karte ging noch auf die Zeit der russischen Besatzung zurück. Modernere Karten hatte Deutschland nicht. Die Karte war aber detailgetreu genug, um hierauf führen zu können. Der Maßstab war so groß gewählt, dass man den kompletten Verantwortungsbereich von zwei Provinzen in einer Gesamtflächenausdehnung von vielleicht 250 mal 200 km nicht abbilden konnte. Das entspräche der Grundfläche von in etwa dem Rheinland und Saarland zusammengenommen. Wir haben daher an anderen Wänden weitere Karten aufgehängt, vor allem von der Provinz Takhar, wo wir mit dem PAT Taloqan eine kleine „Dependance" unterhielten. Alle möglichen Übersichten ergänzten das Bild. So führten wir natürlich genauestens „Buch", welche Patrouillen in welcher Zusammensetzung und Stärke, welche Fahrzeuge nach Y-Nummer mit welcher Besatzung unter Auflistung der Namen mit welchem Ziel unterwegs waren. Auf der zentralen Lagekarte zeigten große und verschiedenfarbige Symbole, wo sich gerade welche Kräfte exakt befanden. Das wurde alles manuell erstellt, und genau hier setzte der Argwohn von General D. ein. Mit modernster Bürotechnologie müsste das doch effizienter zu organisieren sein! Wir arbeiteten eben nach der alten Methode, mit einer Blaupause über die Karte gespannt. Taktische Zeichen wurden mit Folienstiften aufgezeichnet oder vorgefertigte Symbole auf die Karte geheftet. Das sieht zwar altertümlich aus und ist es sicherlich auch, es funktionierte aber. Wir verfügten über mehrere Computer und Bildschirmarbeitsplätze, die untereinander vernetzt waren. Zudem hingen unter der Decke zwei Projektoren, mit denen Computermasken an eine Leinwand projiziert werden konnten. Wir erhielten ein Führungs- und Informationssystem, das auf unsere Computeranlage installiert wurde. Dieses war in der Lage, eine klassische Lagekarte zu ersetzen, hatte aber noch den Nachteil, dass man alle Symbole manuell eingeben musste. Eine wirkliche Erleichterung wäre es nur gewesen, wenn alle Fahrzeuge ihr Eigensymbol über ihre Funkgeräte und basierend auf GPS-Daten (die metergenau sind) automatisch an das System gesendet hätten. Das System hätte sich quasi selbst „upgedatet" und in Echtzeit den aktuellsten Lagestand generiert. Hierfür war die Technologie jedoch trotz aller anderslautenden Beteuerungen der Industrie (noch) nicht ausgelegt. Es scheiterte an vielen Unzulänglichkeiten. Die Übertragungsraten der Funkgeräte reichten für die notwendige Datenmenge nicht aus, viele der in Nutzung befindlichen Funkgeräte waren zur Übertragung derartiger Daten gar nicht konfiguriert. Vielfach befanden sich Fahrzeuge schlichtweg in einem „Funkloch", d.h. sie hatten und konnten aufgrund des Geländes elektronisch keine Verbindung zum Gefechtsstand herstellen. Das Eine ist eben die Theorie, das Andere ist die Praxis. Doch davon wollte General D. nichts wissen. Wir führten daher unverdrossen nach der alten Methode, die zwar ein kleinwenig langsamer war, dafür aber über einen entscheidenden Vorteil verfügte: sie funktionierte.

Im Gefechtsstand befand sich ein weiterer Monitor, der an der „Laterne" angebracht war. Die Laterne war ein Beobachtungsmast im Feldlager Kunduz, ca. 40 m hoch, an dessen Spitze eine Beobachtungsplattform montiert war, die über modernste Nachtsehgeräte verfügte, die man aus dem Gefechtsstand fernsteuern konnte. Über Beamer ließ sich das derart generierte Bild auf eine Leinwand projizieren. So waren wir in der Lage, das Gelände ca. 5–8 km rund um das Feldlager Kunduz herum elektronisch zu beobachten. Das war schon eine wesentliche Verbesserung unserer Beobachtungsmöglichkeiten. So manchen Raketenabschuss haben wir auf diese Art und Weise aufgeklärt, die Abschussstelle ziemlich genau lokalisieren können. Ebenso war ich hierdurch natürlich in der Lage, Kräfte anzusetzen, die Raketenschützen möglichst fangen sollten. Dies gelang nie so wirklich aus Gründen, die mit der Beobachtungstechnologie nichts zu tun hatten, sondern mit der Verfügbarkeit von Kräften am Boden und mit dem Gelände. Auch diese Faktoren wollte General D. nicht einsehen. Das PRT Kunduz verfügte zudem über einen Trupp, der mittels eines speziellen, tragbaren Computers Verbindung mit anfliegenden Flugzeugen halten konnte und in der Lage war, diese „ins Ziel zu sprechen". Verfügten die Flugzeuge über die entsprechende Ausstattung, dann konnte der Pilot das Lagebild, das er aus der Luft mit elektronischen Kameras aufnahm, live via Datenlink an meinen „Fliegerleittrupp" senden, der das Bild mittels eines kleinen Laptops empfangen konnte. Theoretisch war ich daher in der Lage, im Gefechtstand dieses Bild live mitzuverfolgen – theoretisch, wohlgemerkt. General D. bestand vehement und immer ärgerlicher werdend darauf, dass wir technologische Lösungen präsentierten, um genau dieses zu veranlassen. Leider verfügten wir hierzu nicht über die erforderlichen Kabelverbindungen, die man auch nicht so einfach in Deutschland kaufen konnte. Das größte Problem war aber die Empfangsantenne des Laptops, mit der unser Fliegerleittrupp arbeitete. Wollte man einen stabilen Empfang mit dem Piloten des Fliegers sicherstellen, dann musste mein Fliegerleittrupp auf das Dach des Gefechtsstandes oder auf einen Beobachtungsturm im Feldlager klettern. Dann aber war es technologisch schlichtweg unmöglich, das elektronische Lagebild live in den Gefechtsstand zu projizieren. Obendrein gehörte der Fliegerleittrupp eigentlich nach vorne, d.h. er bewegte sich mit der Truppe im Gelände, mit den Patrouillen und konnte mit Blick ins Gelände den Flieger dann zur unmittelbaren Unterstützung der Truppe lenken, so wie es die Truppe brauchte. Konzeptionell war er für die Anbindung an den Gefechtsstand des PRT Kunduz weder vorgesehen noch technologisch ausgestattet. Aber wie gesagt, derartige Argumente prallten bei General D. ungehört ab.

Wir verfügten über wenigstens zwei verschiedene Drohnen zur unbemannten Beobachtung aus der Luft. Davon ist die eine, LUNA genannt, quasi ein Rasenmäher mit Flügeln (zumindest hört sich der Vogel so an), der mit Nachtsehgeräten aus mittelgroßer Höhe hervorragende Bilder zustande bringt. Diese Bilder schickt die LUNA elektronisch zu einer Bodenstation, in der Bediener sitzen, die in der Lage sind, die LUNA fernzusteuern und die Bilder auszuwerten. Die Bodenstation entspricht einem ISO-Container, dessen Aufbauplatz erheblichen Anforderungen unterliegt. Wir haben uns alle Finger abgebrochen, bis wir endlich eine zumindest behelfsmäßige Lösung gefunden hatten, damit das Lagebild der LUNA über die Bodenstation in unseren Gefechtsstand gesendet werden konnte. Immerhin, das war ja fast ein Quantensprung und so ziemlich genau das, was General D. immer wieder forderte. Es sah schon schön aus, wenn man die beweglichen Bilder mitverfolgte, die durch die LUNA live gesendet wurden. Da aber der Bediener und der Auswerter nicht im Gefechtsstand sitzen und arbeiten konnten, waren Aussagewert und Nutzen derartiger Lösungen von zweifelhafter Natur. General D. blieb im Kern misstrauisch und warf mir bis zuletzt mehr oder weniger unverhohlen vor, dass ich nicht die erforderliche Energie aufgebracht hatte, den Gefechtsstand zu modernisieren, mit kausalen Folgen für die

Bedrohung des PRT Kunduz. Ich habe dann irgendwann aufgegeben und ihn schlussendlich mehr und mehr ignoriert.

Die Besatzung des Gefechtsstandes war dem General der nächste Dorn im Auge. Der Gefechtsstand wird im Schichtbetrieb gefahren, 24 Stunden am Tag in zwei 12-Stundenschichten. Ergo braucht man eine doppelte Besatzung. Wir verfügten immer über wenigstens zwei Feldwebel, die zusätzlich zu den vielfachen Funkgeräten alle möglichen Telefone, Computer und Satellitentelefone bedienten. Dann waren stets zwei Lageoffiziere vor Ort, die alle möglichen Meldungen aufnahmen, auf die Lagekarte malten, Übersichten führten und Ähnliches mehr. Dem Ganzen stand ein Stabsoffizier als Schichtführer vor, der permanent im Gefechtsstand anwesend war. Er traf bei Anschlägen die ersten, zeitkritischen Entscheidungen, jeweils immer dann, wenn weder ich selber noch mein Stellvertreter oder mein Chef des Stabes vor Ort waren. Da wir selten vor 23:00 Uhr zur Nachtruhe übergingen (nur zu oft noch weit später), waren eigentlich immer irgendwelche Entscheidungsträger unmittelbar vor Ort. Doch auch das schmeckte General D. überhaupt nicht. Er wollte mir vorschreiben, welches Personal wann im Gefechtsstand zu sein hatte. Das war mir dann doch langsam zu viel, und ich empfahl ihm ziemlich unverblümt, den Laden doch gleich selber zu führen, wenn er denn meint, alles besser zu wissen.

Wir verfügten natürlich über Standardverfahren für den Fall, dass wir mit Raketen angegriffen wurden oder Anschläge passierten. Die wurden dann wie eine Alarmrolle abgearbeitet. Bei der Anzahl der verschiedenen Anschläge, die wir so durchlebten, war das nach einer gewissen Eingewöhnungszeit für die Gefechtsstandsbesatzung nahezu Routine. Man merkte das als Außenstehender am Geräuschpegel. Als ich noch in der Übernahme im Januar 2008 neben Oberst Setzer stand, da herrschte im Gefechtsstand eine unbeschreibliche Hektik. Viel zu viele Menschen rannten hin und her. Alle schrien förmlich durcheinander. Oberst Setzer war nicht zu beneiden. Als ich dann übernahm, habe ich dem bunten Treiben sehr schnell ein Ende bereitet. Alle, die nichts im Gefechtsstand zu suchen hatten, wurden rausgeschmissen. Manch einer zeigte sich beleidigt, weil er im Besprechungsraum zu warten hatte, bis er im Regelfall durch den Chef des Stabes über die Lage informiert wurde. Aber es ging nicht anders. Ich wäre wahnsinnig geworden bei der Hektik und dem Lärm. Als Kommandeur muss man in derartigen Lagen, wenn wir angegriffen wurden, schnell entscheiden. Das entbindet mich aber nicht von der Verpflichtung, nachzudenken und mich mit meinen Beratern abzustimmen. Oftmals war die Lage vollkommen unklar. Was ich in derartigen Situationen am wenigsten brauchen konnte, waren hyperaktive und nervlich am Rande der Belastung agierende Offiziere und Unteroffiziere nebst Störenfriede, die man gerne auf später vertrösten konnte. Ich sammelte also eine wirklich kleine Schar von absoluten Spitzenleuten ungeachtet der Dienstgrade um mich herum und hielt Kriegsrat.

Parallel dazu lief im Hintergrund routinemäßig die Alarmrolle ab. Die Gefechtsstandsfeldwebel hielten die Funkverbindungen und alarmierten andere, alliierte oder auch afghanische Truppenteile, die in der Nähe lagen. Die im Feldlager untergebrachte Truppe bezog Schutzbauten und meldete Vollzug. Für jeden Schutzbau war ein anderer Kompaniefeldwebel zuständig. Für mich war es entscheidend zu wissen, dass wir keine Toten oder Verwundeten hatten. Diese Meldungen liefen beim Personalstabsoffizier auf, der nicht im Gefechtsstand, sondern in seinem Dienstzimmer saß und mich daher auch nicht stören konnte. Über Lautsprecher wurden Alarme durchgegeben und die Truppe im Feldlager informiert. Ergänzend wurden diese Meldungen über mobile Funkgeräte durchgegeben, die zumindest der Großteil des Führungspersonals ständig am Mann hatte. Alarmstellungen wurden lautlos bezogen. Über ein Computernetzwerk und über Telefon wurden vorgesetzte Dienststellen informiert und standardisierte Meldungen abgegeben, so auch zum Gefechtsstand des Regionalkommandos Nord in Mazar-e-Sharif. Wenn ich dann einen Entschluss gefasst hatte, habe ich diesen Entschluss formulieren lassen, noch einmal geprüft, um dann zumeist selbst ans Funkgerät zu gehen und diesen Entschluss als Befehl an alle zu erteilen. Damit war meine Hauptaufgabe de facto erledigt. Die Umsetzung erfolgte in den Kompanien, die natürlich ihrerseits rund um die Uhr erreichbar waren. Wenn dann die erste Hektik vorbei war, habe ich General D. angerufen und ihm die Lage gemeldet.

Der Pressestabsoffizier stand dann zumeist schon neben mir und verlangte nach dem Entwurf einer Pressemitteilung. In Deutschland schien nichts wichtiger zu sein als die Befriedigung des Presse- und Infostabes des Verteidigungsministeriums. Wir haben dann zumeist eine Nachrichtensperre verhängt. In diesem Falle wurden elektronisch so gut wie alle Telefon- und dienstliche Handynetze gesperrt, damit niemand in seiner Aufregung ungeprüft irgendwelche Hurra-Meldungen auf den unzähligen Fachsträngen nach Deutschland posaunen konnte. Es gab nur eine Meldung, die über das Regionalkommando Nord nach Potsdam zum Einsatzführungskommando ging, und dies war meine bzw. die von mir autorisierte Meldung, und sonst keine. Das musste mein Pressestabsoffizier manchmal verbittert zur Kenntnis nehmen. Ich lernte dann auch sehr schnell, dass man klug beraten ist, bei Raketenangriffen einen Horchposten vor dem Gefechtsstand zu positionieren. Der Lageoffizier an der Lagekarte stieß ohne Absicht immer wieder mit dem Fuß an eine Trennwand aus Sperrholz. Das hörte sich genauso an wie der Einschlag einer anfliegenden Rakete. Wir zählten immer brav mit. Als wir dann aber mittlerweile schon beim zehnten Einschlag angekommen waren, wurde ich misstrauisch. Dem Horchposten konnte ich eher vertrauen.

Es kam natürlich oft vor, dass ich gar nicht vor Ort war. Entweder war ich bei einer der unzähligen Veranstaltungen des Key Leader Engagements, oder ich führte von vorne bei der Truppe (was mir General D. in einem Anfall von vollkommener Ignoranz deutscher Führungsprinzipien bekanntlich verbieten wollte). Dann übernahm selbstverständlich mein Stellvertreter die Führung des Gefechtsstandes. Dies waren allesamt hochklassige und befähigte Stabsoffiziere. Ich durfte diesen Männern vertrauen, sie waren einfach Spitze. Es gab schon alleine deswegen keinen einsichtigen Grund, mich am Gefechtsstand festzunageln. Es kam durchaus auch vor, dass ich mich entschloss, bei einem Anschlag nach draußen zu fahren, beispielsweise wenn eine Patrouille durch eine Sprengfalle angesprengt wurde und wir wohlmöglich sogar Tote oder Verwundete hatten. Dann hielt mich nichts mehr im Gefechtsstand, und kein General der Welt hätte mich mehr aufgehalten. Ich gehörte zu meinen Männern und Frauen, die um ihr Leben kämpften. Hätte ich mich anders verhalten, dann hätte ich jeden Führungsanspruch verspielt. Mein Nachfolger, Oberst M., sollte diese Erfahrung noch schmerzlich am eigenen Leibe erfahren. Mein Close Protection Team fuhr bei einer Anschlagswarnung auch ohne Befehl sofort unsere Jeeps auf, weil sie wussten, dass ich aller Wahrscheinlichkeit nach raus wollte, und dann musste es schnell gehen. Der Zivile Leiter fuhr dann meist mit, was ich ihm jedes Mal erneut hoch anrechnete. In meinen Fahrzeugen verfügte ich über alle notwendigen Funkverbindungen, so dass ich mit meinem Gefechtsstand in Verbindung blieb und von vorne tatsächlich führen konnte. Einen realistischen Lageeindruck gewinnt man erst, wenn man im Gelände vorne bei der Truppe ist. Aus Erfahrung weiß ich obendrein, dass Meldungen der Truppe nicht immer ganz genau mit der Realität übereinstimmen. Da hilft schon der persönliche Blick. So manche Fehleinschätzung der Lage konnte ich auf diese Weise im Keim ersticken. Der psychologische Effekt auf die betroffenen Soldaten ist von ungeheurer Wirkung. Wer das nicht begreift, hat als Führer im Auslandseinsatz nichts zu suchen.

Es kam oft vor, dass ich mich spät nachts zum Schlafen hinlegte, um wenig später über Telefon oder durch die Lautsprecheranlage im Feldlager alarmiert zu werden. Ich zog mich dann schnellstens an und sprintete die 400 m bis zum Gefechtsstand. Alles huschte in die Schutzbauten. Das notwendige Führungspersonal kam angerannt. Mein Dolmetscher trabte mit verschlafenen Augen zu mir. Alles war innerhalb von Minuten gefechtsbereit. In der Rückschau mag man Vieles kritisieren. Aber der Vorwurf von General D., wir hätten zu wenig Erfolg, weil wir nachts nicht ständig mit entsprechend entscheidungsbefugten Personen im Gefechtsstand präsent waren, entbehrte jeder Grundlage.

Im Zuge eigener, vorgeplanter Operationen verlief alles weitaus ruhiger. Zumeist drehte es sich darum, Waffenlager auszuheben oder Compounds zu umstellen und zu durchsuchen, in denen wir Zielpersonen vermuteten. Fast immer fingen derartige Operationen früh in der Nacht an. Die Fallschirmjäger zogen aus und sickerten in den Raum, der uns interessierte, zu Fuß ein. Sie riegelten diesen Raum ab, während sich zeitgleich auf dem Landweg eine oder mehrere Fahrzeugkolonnen mit den Kräften näherten, die den eigentlichen Zugriff durchführten. Ich saß dann meistens im Gefechtsstand weit hinten und beobachtete das Treiben meiner Lageoffiziere und Feldwebel. Damit wir durchhaltefähig blieben, führten wir Schichtdienst durch. Ich befahl meinen Stellvertreter und meinen Chef des Stabes förmlich ins Bett oder legte mich selber mal für 2 bis 3 Stunden hin, während meine treuen Gefährten die Stellung hielten. Ich griff nur dann ein, wenn Führungsentscheidungen von Nöten waren. Ging alles glatt, dann hörte ich zu und ließ die Truppe machen. Gab es allerdings Komplikationen, dann war ich gefordert. Auf diese Weise habe ich so manche Nacht im Gefechtsstand verbracht und Zeit und Muße gefunden, mit den Männern und Frauen zu reden, die diesen Gefechtsstand zu dem machten, was er wirklich war: ein leistungsfähiges und in jeder Hinsicht den Erfordernissen gewachsenes Führungselement.

15. Herausragende Männer und Frauen – meine Sanis

Ich muss an dieser Stelle mal eine Lanze für meine Sanitäter brechen. Eigentlich ist es ein bisschen unfair, Sanitäter besonders herauszuheben, denn auch andere haben gleichsam Großartiges geleistet, allen voran die tapferen Fallschirmjäger. Aber die Sanitäter bedürfen schon der besonderen Erwähnung. Der Grund ist einfach: im Friedensdienst kann man mit dieser Truppengattung kaum was anfangen. Was habe ich mich über Sanis in meiner beruflichen Laufbahn schon geärgert. Meine drei Jahre als Dezernatsleiter beim Sanitätsamt der Bundeswehr haben alle Vorurteile, die man gegen Sanitäter haben kann, mehr als bestätigt. Im Einsatz aber, da haben mich diese Männer und Frauen vollends überzeugt. „Kampf-Sanis", so habe ich sie genannt, denn genau das waren sie. Überaus professionelle und tapfere Männer und Frauen. Und wenn mir mal etwas Gesundheitliches zustoßen sollte in meinem Leben, dann möchte ich genau von diesen Sanis versorgt werden. Auch das habe ich diesen oftmals gescholtenen Männern und Frauen mit dem blauen Barett immer wieder gesagt. Man spürte es und sah es in ihren Gesichtern, wie stolz sie waren, derart gelobt zu werden. Dieses Lob mussten sie sich verdienen, und genau das haben sie getan – mehrfach. Dabei will ich grundsätzlich zwischen zwei unterschiedlichen Gruppen von Sanitätern unterscheiden, den „Klinikern" und der „MedEvac"-Komponente, d.h. denjenigen (beweglichen) Arzttrupps, die mit der Truppe rausfuhren.

Zunächst zu den „Klinikern". Das sind diejenigen Ärzte, Pfleger und Assistenten, die unser Rettungszentrum führten und oftmals lebensrettende Operationen noch in Kunduz vornahmen. Es handelte sich durch die Bank um hervorragend ausgebildetes Fachpersonal. Hierunter befinden sich vor allem Oberfeldärzte und Oberstärzte plus ihrer Assistenzärzte, die allesamt als Chirurgen und Anästhesisten am Operationstisch wahre Wunderwerke vollbringen können. Manch ein deutscher Soldat verdankt ihnen sein Leben. Oft kamen diese Spezialisten aus dem Mutterhaus aller Bundeswehrkrankenhäuser, dem Bundeswehrzentralkrankenhaus in Koblenz oder seinem für Herzchirurgie berühmten Pendant, dem Bundeswehrkrankenhaus in Ulm. Allen, bis auf ganz wenige Ausnahmen, war leider Gottes eine gewisse Arroganz und Größenwahn nicht abzusprechen. Sie gehörten, obwohl im Dienstgrad auf Stabsoffiziersebene angesiedelt, zur Sanitätseinsatzkompanie, und die wurde von einem Hauptmann oder Major geführt, in meinem Falle obendrein auch noch von einer Frau, der Oberstabsärztin Heyde. Frau Heyde war ein wahrer Engel, allerdings war sie erstens nur Oberstabsarzt (also Major) und nicht Oberstarzt (also Oberst), sondern auch noch eine Frau und noch viel schlimmer, noch nicht einmal Facharzt! Unser Oberstarzt verfügte hingegen hinter seiner Unterschriftenparaphe über alle möglichen Statussymbole, die aus einem gewöhnlichen Arzt erst einen Gott in Weiß machen: Dr. Dr. med., Prof.! Somit waren Konflikte vorprogrammiert, denn unser Gott in Weiß sprach dem Kompaniechef der Sanitätseinsatzkompanie glatt jede medizinische Kompetenz ab und war auch nicht bereit, sich truppendienstlich dem wesentlich jüngeren und dienstgradniedrigeren Kameraden zu unterstellen. Was für ein Drama! Mehr als einmal musste ich als Schlichter auftreten. Dabei geriet auch ich in den Konflikt mit meinen Göttern. Diese hatten sich die Maxime gesetzt, dass sie Privatpatienten behandeln konnten (ganz so wie in Koblenz oder Ulm), in diesem Falle aber nicht gegen Bezahlung, was ja schon einmal löblich ist. Begründet wurde dies mit der Forderung, dass man das medizinische Personal des Rettungszentrums ja in Übung halten müsste, und dafür müssten "menschliche Probanden" her, also afghanische Bürger, die eine kostenlose Behandlung erfuhren. Was glauben Sie, wie viele Afghanen von der Möglichkeit nur zu gerne Gebrauch machen wollten, den Segen deutscher Gesundheitsversorgung kostenlos zu genießen? Es dauerte nicht lange und unser Rettungszentrum war voll belegt, auch die Intensivbetten, durch afghanische Bürger aller Couleur. Für die Versorgung deutscher Soldaten war kaum noch Kapazität frei. Ich kam den Machenschaften dieser Götter in Weiß schnell auf die Schliche. Solche, die mehrfach Einsätze in Kunduz vollbrachten (und davon gab es viele), „züchteten" sich ihre Probanden ganz einfach heran. Sie akzeptierten afghanische Patienten, die eine Abfolge von komplizierten Operationen benötigten, die sich im Zuge eines Auslandseinsatzes von sagen wir mal vier Monaten inklusive der postoperativen Pflege gar nicht bewerkstelligen ließen. Der Patient wurde in sein afghanisches Leben entlassen, sobald unser Chirurg und Gott in Weiß wegen Beendigung seines Auslandsaufenthaltes nach Deutschland zurückkehren musste. Keine sechs Monate später war er wieder da, und flugs konnte der afghanische Patient wieder einbestellt und weiter operiert werden.

Ich habe diesem Treiben deswegen ein Ende gesetzt, weil das Argument der „Inübunghaltung" nun wirklich an den Haaren herbeigezogen war, denn natürlich durfte ich davon ausgehen, dass die Mannschaft des Rettungszentrums ihren Job beherrschte. Vor allem aber bestand ich darauf, dass die beiden einzigen Intensivbetten und die Operationskapazitäten einzig und alleine für die Versorgung meiner Soldaten bereitgehalten wurden, und zwar rund um die Uhr. Wir hatten später derart viele Anschläge und leider auch Verletzte und Schwerstverletzte gehabt, dass meine „Kliniker" sich wegen mangelnder Beschäftigung und fehlender „Inübunghaltung" nun wirklich nicht mehr beschweren brauchten. Einer dieser Götter in Weiß hat sich dann über Frau Heyde beschwert, die sich von ihm nicht klein kriegen ließ und standhaft blieb. Ich durfte zu der Beschwerde Stellung nehmen, was mir ein besonderes Vergnügen war. Zur Ehrenrettung der „Kliniker" sei gesagt, dass sich das Pflegepersonal positiv abhob. Mit denen hatte ich keinen Ärger. Wie kritisch aber derartige Vorfälle sein können, zeigen zwei Beispiele. Zunächst traf ich ein vierjähriges afghanisches Kind im Rettungszentrum an, ein Mädchen, das verkrüppelte Beine hatte und nun von unseren Göttern in Weiß mehrfach operiert wurde. Sicherlich, das Kind ist nahezu komplett genesen. Aber es belegte für fast ein halbes Jahr eines meiner Pflegebetten. Von verkrüppelten Kindern gibt es in Afghanistan leider unendlich viele. Wo will man da die Grenze ziehen? Dann nahm das Rettungszentrum den Bruder und einen Enkel eines ortsbekannten und berüchtigten Warlords auf, die bei einem Wohnungsbrand schwerste Verbrennungen erlitten hatten. Dies geschah ohne meine Kenntnis oder Genehmigung, und schon alleine deswegen war ich sauer. Im Ergebnis belegten beide afghanischen Patienten für drei Wochen meine einzigen beiden Intensivbetten. Wenn irgendeinem meiner Soldaten in der Zwischenzeit irgendetwas Lebensbedrohliches passiert wäre, wer hätte dann die Entscheidung treffen wollen, welcher Patient zum Sterben verurteilt wird, weil er nicht mehr intensivmedizinisch versorgt werden kann? Diese Entscheidung kann niemand treffen, schon gar nicht der klinische Leiter des Rettungszentrums. Ich habe daher ihm und allen seinen Nachfolgern gleich bei Dienstantritt in Kunduz rundheraus verboten, derartige Entscheidungen zu treffen und mir die Aufnahme von afghanischen Zivilpatienten in unserem Rettungszentrum in jedem Einzelfall vorbehalten. Der Regelfall war vollkommen einfach: afghanische Patienten wurden in afghanischen Krankenhäusern behandelt, wie dem Krankenhaus in Kunduz Stadt, und nicht in unserem Rettungszentrum. Das half, erforderte aber eine ganze Menge an „Überzeugungsarbeit".

Nun zu den (beweglichen) Arzttrupps. Man kann hierunter einen Rettungswagen mit entsprechend hoch qualifiziertem Sanitätspersonal verstehen, der im Einsatz der kämpfenden Truppe folgt. Die Besatzung besteht aus drei „Mann", dem Fahrer zugleich Rettungssanitäter, einem Rettungsassistenten und einem Truppenarzt. Als „Rettungswagen" werden gepanzerte Fahrzeuge genutzt, deren Rotkreuz-Zeichen oftmals abgenommen wurden, weil Taleban mit Vorliebe genau auf die roten Kreuze zielen. Ich habe vor den Männern und Frauen dieser beweglichen Arzttrupps (im Bundeswehrjargon BAT genannt) allergrößten Respekt. Da deutsche Rechtsnormen, die im Inland gelten, auch auf die sanitätsdienstliche Versorgung deutscher Soldaten in Afghanistan Anwendung finden, haben deutsche Soldaten den Anspruch, innerhalb von wenigstens einer Stunde durch einen BAT versorgt zu werden, um nicht später als zwei Stunden nach Eintreten einer Verletzung auf dem Operationstisch des Rettungszentrums in Kunduz zu liegen (sogenannte "Golden Hour"). Das erfordert im Regelfall, dass ein BAT ganz weit vorne mit eingegliedert wird und fast immer laufende Operationen begleitet. Kurzum, die BATs hatten eine enorme Last zu tragen. Mehr noch, obwohl sie in besonderer Weise eigengefährdet waren, haben sie nicht selten unter Lebensgefahr versucht, deutsche Soldaten zu bergen, zu retten und zu versorgen, die im Feuergefecht oder bei Anschlägen verwundet wurden. Die Ärzte der BATs sind im Gegensatz zu den „Klinikern" zumeist noch relativ jung und oftmals unerfahren. Zierliche Frauen befinden sich darunter wie Männer, die selber noch nicht ganz erwachsen sind. Und dennoch, bis auf ganz wenige Ausnahmen haben sie alle in bravouröser Art und Weise ihren Mann oder ihre Frau gestanden. Die Rettungssanitäter und Rettungsassistenten standen ihnen in nichts nach. Es war eine tolle Truppe, die tapfer war und auch feiern konnte. Bei den Sanis gab es die besten Feten in Kunduz, das wussten alle. Es ist für mich daher kein Wunder, dass ich auch heute noch zu dem einen oder anderen Sanitäter durchweg freundschaftliche Kontakte habe. Hierunter fallen vor allem zwei Frauen, die als Oberstabsärzte und als Chefin der Sanitätseinsatzkompanie bzw. als Truppenarzt auf einem BAT Herausragendes geleistet hatten: Frau Melanie Heyde, genannt „Chefgroupie" (Begründung folgt später) und Frau Sibille „Tiffy" Neumann, die mit mir in einem kleinen Dorf unweit von Kunduz zwei verbrannte deutsche Soldaten aus ihrem Fahrzeug zog und mir eine auch moralisch ungeheuer wichtige Stütze war. Von beiden wird später noch berichtet.

Leider gab es eine unrühmliche Ausnahme, die ich zwar nicht mit Namen nennen möchte, deren Schicksal aber so typisch ist für Seilschaften und Verwerfungen, die im Inland unter Sanitätsoffizieren leider oft anzutreffen sind. Die Fallschirmjäger, die mir zur Verstärkung geschickt worden waren, führten einen eigenen Truppenarzt im Range eines Oberstabsarztes (Major) mit. Die Fallschirmjäger hatten die Hauptlast aller Aktionen zu tragen und erlitten viele Verwundete, später auch Tote und gefallene Soldaten. Bei einem der vielen Sprengstoffanschläge gegen die Fallschirmjäger war besagter Oberstabsarzt überhaupt nicht dabei. Dennoch drehte er völlig durch. Ich wollte es zunächst gar nicht glauben, denn nach den Kommandeuren sind die Ärzte so ziemlich die Letzten, die ihre Nerven verlieren dürfen. Wenn die schon durchdrehen, wie soll sich dann erst die Truppe verhalten? Ich sprach mit dem Kompaniechef der Fallschirmjäger, der wenig bis

gar kein Verständnis für den Truppenarzt aufbrachte. Der Truppenpsychologe hingegen meldete mir, der Mann sei schwer Suizid gefährdet und müsste umgehend nach Deutschland repatriiert werden.
Bevor ich mich dieser Empfehlung anschloss, wollte ich zunächst mit
besagtem Oberstabsarzt persönlich sprechen. Er saß mir als menschliches Wrack gegenüber, fuhr sich ständig fahrig mit den Händen
durchs Gesicht, durch die Haare, über den Körper. Er weinte unkontrolliert und zitterte am ganzen Körper. Er war schwerst traumatisiert
ungeachtet der Tatsache, dass er bei dem Anschlag gar nicht persönlich zugegen war. Er musste sofort nach Deutschland zurückgeführt
werden, zu seinem eigenen Schutz und dem der Fallschirmjägertruppe, für die er eher eine Belastung wurde denn eine Hilfe. Ich fragte
ihn, warum er derart traumatisiert sei. Unter Tränen schilderte er mir,
dass er drei Jahre zuvor bereits in Kunduz eingesetzt worden sei.
Auch damals hatte das PRT tote Soldaten zu beklagen (in Rustaq, bei
der Entschärfung von gefundenen Boden-Luft-Raketen), und obwohl
er damals wie heute nicht unmittelbar betroffen gewesen war, musste
er den Einsatz abbrechen und sich in Deutschland einer psychiatrischen Behandlung unterziehen. Diese Behandlung war vor dem jetzi-
gen Einsatz de facto noch gar nicht abgeschlossen gewesen, dennoch
hätte er sich freiwillig für Kunduz beworben, vielleicht auch deshalb,
weil er sich beweisen wollte, dass er einen derartigen Einsatz durch-
stehen konnte. Einer seiner Truppenarztkameraden schrieb ihn daher
auf sein Verlangen hin "Einsatzverwendungsfähig", und das, obwohl
klar war, dass er eigentlich noch der psychiatrischen Behandlung bedurfte. Er erklärte mir, er könne kein Blut sehen. Er wünschte sich
eine mögliche zivile Arztanstellung ohne den Zwang, Blut sehen zu
müssen. Wie sich das darstellen sollte, das vermochte er mir hingegen
nicht zu erklären. Ich habe ihn selbstverständlich sofort abgelöst und
nach Hause zur psychiatrischen Anschlussbehandlung geschickt.
Doch ich war wütend, nicht so sehr auf ihn, denn er war in gewisser
Hinsicht ein – wenn auch selbstverschuldetes – Opfer, so doch auf
seine Vorgesetzten, die ihn wider besseren Wissens nach Kunduz
schickten. Ich war vor allem wütend auf den Truppenarzt, der ihn
"einsatzverwendungsfähig" geschrieben hatte. Das alles fasste ich in
einem Brief an den Kommandeur des zuständigen Sanitätskomman-
dos zusammen, von dem ich ein paar Wochen später eine lächerliche

Antwort erhielt. Der zuständige Truppenarzt aber, der die Einsatzbegutachtung vorgenommen hatte, wurde natürlich nicht zur Verantwortung gezogen. Auch wurde mein Truppenarzt nicht aus dem Dienstverhältnis bei der Bundeswehr entlassen. So läuft das oftmals bei den Sanitätern. Eine Krähe hackt der anderen kein Auge aus. Wie wohltuend hoben sich davon meine Kampfsanis ab. Auf die lasse ich nichts kommen, denen vertraue ich.

16. Gottesburg, Pfarrer und Truppenpsychologe

Auch diese Männer und Frauen gehören zu den stillen Helden in Kunduz. Da sind zunächst einmal die Militärpfarrer, egal ob evangelisch oder katholisch. Wir hatten jeweils den einen oder anderen mit uns. Der Militärpfarrer „residierte" in einer behelfsmäßigen Kirche, bestehend aus zwei ISO-Containern. In dem einen Container wohnte er selber und nutzte ihn für Gespräche mit Soldaten in vertrauter Atmosphäre. In dem anderen wurden Gottesdienste durchgeführt, dem sogenannten „Raum der Stille", in dem man sich auch abseits der Gottesdienste zurückziehen konnte, um seinen eigenen Gedanken in Ruhe nachzugehen. Beide Container sind mit einem behelfsmäßigen Dach verbunden, unter dem man sitzen und diskutieren kann. Das Ganze wird „Gottesburg" genannt. Es ist tatsächlich eine Burg inmitten des Feldlagers, und das aus verschiedenen Gründen. Zum einen bietet sie Schutz denjenigen, die seelisch Beistand suchen, ganz so wie es jede kirchliche Einrichtung per se ist. Dann ist die Gottesburg mit HESCO-Wällen zum Schutz gegen Raketenangriffe versehen. Rein optisch entsteht hierdurch von ganz alleine der Eindruck einer Wehranlage, einer Trutzburg, und das war und ist die Gottesburg sicherlich im übertragenen Sinne auch. Ohne Militärpfarrer könnte ich mir den Einsatz gar nicht vorstellen, und das obwohl ich keiner Konfession angehöre. Der Militärpfarrer hatte „Ohr an Masse". Er suchte den Kontakt mit allen Soldaten, war für sie stets gesprächs- und ansprechbereit. Er war mein Frühwarnsystem, wenn es galt, Stimmungen und Schwankungen in der Gemütslage der Soldaten zu erkennen. Er war mein Berater bei zwischenmenschlichen Problemen, die es unter derartigen Einsatzbedingungen zuhauf gab. Er war meine unverzichtbare Stütze bei Trauerfeiern, Tod und Verwundung von Soldaten, auch für mich ganz persönlich. Er war zugleich Hort der Ruhe und stets und immer hervorragender Kamerad. Jeden Sonntagabend gegen 19:00 Uhr war Gottesdienst, der leider meist nur schwach besucht wurde. Für mich war die Teilnahme am Gottesdienst Ehrensache und persönliche Notwendigkeit zugleich. Als Kommandeur muss man zum Gottesdienst gehen, alleine der Vorbildfunktion wegen. Als gläubiger Mensch ohne Konfessionsbekenntnis wollte ich zum Gottesdienst gehen. Geht das, wird man vielleicht fragen, gläubiger Mensch sein und sich dennoch zu keiner Konfession bekennen? Ja, das geht, denn ich bin evangelisch erzogen und nur aus wirklich privaten Gründen aus der Kirche vor langer Zeit ausgetreten. Dessen unbenommen bin und bleibe ich Christ. Im Übrigen finden viele Soldaten durch den Einsatz wieder Zugang zur Kirche, so auch ich. Nach dem Gottesdienst fand der sogenannte „Kirchencocktail" statt. Der Pfarrer gab einen aus, und es blieben einem ca. 30 entspannte Minuten für Gespräche mit Jedermann, bevor es wieder an den dienstlichen Alltag ging. Was für ein wunderbarer Luxus! Der Militärpfarrer zeigte sich oft recht spendabel, verfügte er doch über den einen oder anderen Fond, um so manche kleinere Feier anzureichern. Er war nicht nur deswegen gern gesehener Gast bei allen Kompanien und genoss größtes Ansehen. Er verfügte über einen Betreuungssatz, zu dem auch eine Orgel und eine Gitarre gehörten. Mein Vorzimmerfeldwebel, Hauptfeldwebel Heibel, spielte fleißig den Kantor bei Gottesdiensten. Selbst Taufen wurden organisiert und nach christlichen Ritualen vollzogen.

Der "Zwillingsbruder" vom Militärpfarrer war der Truppenpsychologe bzw. die Truppenpsychologin. Stellvertretend für viele sei hier Frau Silke Hielscher genannt, ein wahrer Schatz, die sich so unendlich um die Truppe verdient machte, als wir die schlimmsten Anschläge kassierten. Auch sie gehörte zu meinem Frühwarnsystem. De facto gab es den Einen nicht ohne den Anderen. Ich habe mich turnusmäßig einmal die Woche mit beiden offiziell getroffen, inoffiziell weitaus öfter. Viele Probleme, die sonst übergekocht wären, konnten wir auf diese Weise frühzeitig eindämmen. Besonders bewähren sollten sich beide beim Umgang mit Tod und Verwundung. Wir haben in Abständen, wenn es die Zeit erlaubte, gemeinsam zu Abend gegessen, nicht in der Truppenküche, sondern in der „Weinstube", einer Art Gartenlaube. Zu uns stießen dann zumeist noch mein Stellvertreter und mein Chef des Stabes, beides meine allerbesten und engsten Vertrauten. Derartige Treffen waren selten, aber wenn sie zustande kamen, dann genossen wir es in vollen Zügen. Das eine Mal gab es Spaghetti mit selbstgemachter Tomatensoße – ein Genuss! Nur leider flogen gerade beim ersten Bissen mal wieder Raketen durch die Luft. Wir mussten das herrliche Abendessen stehen lassen und rannten unter den anfliegenden Raketen hindurch zum Gefechtsstand. Es war schon abenteuerlich. Man hörte die Raketen und wusste aufgrund des Geräusches, ob sie gefährlich nah waren oder nicht. Im Notfall machte man einen Hechtsprung in den nächsten Graben, wartete den Raketeneinschlag ab, rappelte sich auf und rannte weiter. Gelebte Praxis in Kunduz.

Ich nutzte diese Kameraden aber auch, um hin und wieder über mich selber zu sprechen. Es half mir, den Druck abzubauen, den ich tagtäglich empfand, und der untrennbar mit der Verantwortung zusammenhängt, die ich nicht abschütteln konnte und sicherlich auch nicht abschütteln wollte. Dennoch, das vertraute Gespräch half auch mir, so wie immer mehr Soldaten den Weg zu ihnen fanden, weil die Belastung vor allem für ihre Seele unerträglich wurde. Das müssen nicht immer aktuelle Probleme sein, die mit der Bedrohung zu tun haben. Weit öfter sind es zwischenmenschliche Probleme, die zuhause in Deutschland liegen. Ehe- und Partnerschaftsprobleme, die ungelöst blieben oder im Zuge des Einsatzes virulent wurden. Finanzprobleme, drohende Arbeitslosigkeit nach dem Einsatz. Der Katalog ist unendlich lang. Derartige Probleme machen vor Dienstgraden nicht halt. Am schlimmsten ist es sicherlich, wenn der Mann (oder die Frau) im Einsatz erfährt, dass der Lebenspartner fremdgeht oder willens ist, sich von ihm zu trennen. Das entzieht fast immer dem Soldaten den Boden unter den Füßen. „Heimat" ist für den Soldaten weniger Deutschland als vielmehr seine Familie, seine Ehefrau und Kinder, seine Eltern, Freunde und Bekannte. Wenn das wegbricht, dann ist auch der ansonsten tapferste Soldat oftmals nicht mehr handlungsfähig. Ich habe gestandene Männer erlebt, die sich allesamt im Einsatz bewährt hatten, oftmals größte Tapferkeit bewiesen, die aber in Angesicht derartiger Nachrichten aus Deutschland in sich zusammenbrachen. Ich habe Männer erlebt, die in mein Dienstzimmer stürmten, hemmungslos weinten, die Pistole luden und sich die Waffe an die Schläfe hielten. Sie flehten mich an, sie zu entwaffnen und drohten mit Selbstmord. Wenn man dann kein funktionierendes Rettungssystem wie einen erfahrenen Militärpfarrer und einen guten Truppenpsychologen hat, dann kann das Schlimmste passieren. Gott sei Dank fand ich in meinen "Zwillingen" menschliche Stützen vor, die für mich unverzichtbar waren, derartige Krisen durchzustehen.

17. Fallschirmjäger!

Ich erhielt im Februar 2008 nationale Verstärkungen in Form einer Fallschirmjägerkompanie. Sie ergänzte das PRT in ihrer Kampfkraft überaus wirkungsvoll. Zwar verfügte ich bereits über eine Schutzkompanie gestellt durch Panzergrenadiere, die ihrerseits über einen ebenso ausgezeichneten Ausbildungsstand verfügten, doch sind Fallschirmjäger schon eine ganz besondere Truppengattung. Ohne andere Truppengattungen abwerten zu wollen, so erlaube ich mir an dieser Stelle, von den stolzen Fallschirmjägern zu berichten.

Es ist dies von ihrem Selbstverständnis her eine stolze Truppe, die nach außen oftmals ein kleinwenig arrogant daherkommt, nach innen aber durch einen beispiellosen Zusammenhalt auffällt. Für Nicht-Fallschirmjäger ist es oftmals schwierig nachzuvollziehen, was diese Truppengattung eigentlich so besonders macht! Ich verfügte über Panzergrenadiere, Panzermänner, später auch Panzerartilleristen, die ihre Aufgaben nicht weniger professionell erledigten und allesamt einen guten Ausbildungsstand aufwiesen. Und dennoch waren die Fallschirmjäger etwas ganz Besonderes. Ich setzte die Fallschirmjägerkompanie zur Nahbereichssicherung ein. Der Nahbereich wurde definiert durch den Wirkungsradius der BM-1 Rakete, die durch die Taleban in immer dreisterer Weise auf das Feldlager abgeschossen wurden. Ihre maximale Reichweite war 8 km. In diesem Raum patrouillierten die Fallschirmjäger ständig, bei jedem Wetter, im Schwerpunkt vor allem nachts. Ihr Auftrag war es, Raketenangriffe zu unterbinden. Das gelang anfangs auch in beeindruckender Weise, bis der Gegner lernte, sich in seiner Taktik auf den Einsatz der Fallschirmjäger einzustellen. Ich habe mich lange mit dem Kompaniechef und den Zugführern der Fallschirmjägerkompanie besprochen. Sie favorisierten die abgesessene, infanteristische Vorgehensweise, die den Nachteil mit sich führte, räumlich und zeitlich begrenzt zu sein, die aber den entscheidenden Vorteil mit sich brachte, die technologische Überlegenheit in der Nachtkampffähigkeit der Fallschirmjäger zur Wirkung zu bringen. Obendrein glaubte man zu Recht, somit den IED-Anschlägen eher aus dem Weg gehen zu können. Die tatsächliche Entwicklung der Lage gab den Fallschirmjägern Recht, denn wann immer wir durch IED-Anschläge angegriffen wurden, so geschah dies immer dann, wenn wir aufgesessen unter Nutzung unserer Gefechtsfahrzeuge unterwegs waren. Die Fallschirmjäger waren sich darüber hinaus sicher, infanteristisch auch dem erfahrensten Taleban überlegen zu sein. Mit diesem Selbstvertrauen ausgestattet operierten die Männer unter schwierigsten Bedingungen. Jede Nacht war die Truppe draußen und jagte Raketenschützen. Bei größter Hitze, extremster Kälte, Regen oder sonstigen Wetterunbilden waren die Männer draußen. Die Truppe schlug sich hervorragend und steckte manch einen Anschlag bravourös weg.

Am 27.03.2008 wurde ein gepanzertes Fahrzeug, in dem drei Fallschirmjäger saßen, durch eine IED-Sprengfalle angesprengt. Das 14 t schwere Fahrzeug wurde in die Luft katapultiert. Die drei Männer überlebten zum Teil schwer verletzt. Zwei Tage später traf es wieder die Fallschirmjäger. Dieses Mal sprengte sich ein Selbstmordattentäter in die Luft, als eine gepanzerte Kolonne an ihm vorbeifuhr. Wir hatten Glück, aber es traf überwiegend – zumindest in dieser Zeit – immer die Fallschirmjäger. Ich war und bin schon beeindruckt von der Leistungsfähigkeit dieser Soldaten, deren Vertrauen nur schwer zu gewinnen ist. Später, gegen Ende meiner Einsatzzeit im Oktober/November 2008, haben mir die Fallschirmjäger die größte Ehre erwiesen, die ich als Panzergrenadier erfahren durfte. Nachdem ich zwei gefallene Soldaten der Fallschirmjägertruppe persönlich nach TERMEZ überführt hatte und danach nach Kunduz zurückkehrte, standen alle Fallschirmjäger Spalier, als ich aus dem Flugzeug stieg. Bei aller Belastung und manch einer Träne, die im Einsatz floss, so war dies mit der schönste Moment meiner beruflichen Laufbahn. Das Vertrauen dieser stolzen Truppengattung als Nicht-Fallschirmjäger gewonnen zu haben, darauf bin ich schon ein bisschen stolz. Dabei spürte ich anfangs eine besondere Zurückhaltung – wenn nicht Reserviertheit – mir gegenüber. Ich habe die Truppe zur Begrüßung antreten lassen. Skepsis schlug mir entgegen. Fallschirmjäger lassen sich nun einmal nur von Fallschirmjägern etwas sagen bzw. befehlen. Ihr Vertrauen muss man sich erst erarbeiten. Dann führte ich immerzu Gespräche mit den Männern und suchte auch den Kontakt beim Bier am Abend, wenn die Truppe aus dem Einsatz zurückkehrte. So langsam tauten die Burschen auf. Später, als die Anschläge immer mehr zunahmen, verschwammen die Unterschiede gänzlich. Gegen Ende meiner Dienstzeit in Kunduz haben mir die Fallschirmjäger dann ihren sogenannten „Coin" geschenkt, eine Plakette mit dem Emblem der Fallschirmjägertruppe. Es ist dies eine herausragende Ehrung, auf die ich damals wie heute stolz bin. Allerdings hat die Sache einen Haken. Der "Coin" verpflichtet mich, ihn ständig bei mir zu tragen. Trifft mich ein Fallschirmjäger an, so zeigt er mir seinen "Coin". Kann ich meinerseits meinen "Coin" nicht sofort vorzeigen, muss ich ihm ein Bier ausgeben. Bis heute trage ich den "Coin" ständig bei mir. Man weiß ja nie!

18. Mein Chef des Stabes: Oberstleutnant Freuding und Oberstleutnant Neumann

Auch dieses sind Helden, die namentlich genannt sein müssen. Oberstleutnant Christian Freuding war Chef des Stabes des PRT Kunduz im 15. und 16. Kontingent. Er blieb freiwillig acht Monate auf dem Dienstposten im Einsatz. Der Dienstposten als Chef des Stabes ist so ziemlich der heißeste Schleudersitz, der im PRT-Stab zu vergeben ist. Freuding ist ein Arbeitstier, überaus intelligent und dazu auch noch menschlich von allererster Güte. Ich habe in meiner gesamten Laufbahn nie vorher und nie hinterher einen derartig charakterlich integren und zugleich befähigten Offizier kennengelernt wie gerade ihn. Es gab so gut wie keine Situation, in der er mal die Ruhe verlor. Sein analytisches Vermögen war bemerkenswert. Unter höchstem Druck stehend, behielt er sich einen klaren Kopf und artikulierte sich entsprechend. Kurzum, er war ein Spitzenmann. Ihm oblag es vor allem, die Verbindung auf der Arbeitsebene zum Regionalkommando Nord zu halten. Er hatte es daher ganz unmittelbar mit dem unseligen Wirken von Oberstleutnant A. zu tun, der für mich immer mehr zum Roten Tuch wurde.

Freuding und ich fuhren einmal im Monat für zwei Tage nach Mazar-e-Sharif und besprachen mit allen wesentlichen Abteilungsleitern nicht nur die Lage, sondern auch unsere Wünsche, Absichten und Anträge. In vielfacher Hinsicht gelang es uns auf diese Weise, Einfluss zu nehmen auf anstehende Entscheidungen, die sonst wohlmöglich nicht zum Vorteil von Kunduz ausgefallen wären. Akribisch bereitete Freuding derartige Abstimmungsgespräche vor. Ich konnte mich hundertprozentig auf ihn verlassen. Freuding hielt ebenso Kontakt zum Einsatzführungskommando in Potsdam. Auch hier bereitete er so manche Entscheidung auf der Arbeitsebene vor oder erklärte unsere Situation, bevor es auf der Leitungsebene im Ministerium zu Verwerfungen kam. Freuding war bekannt wie ein stadtbekannter Hund, und zu jederzeit konnte man sich darauf verlassen, dass er die Dinge schon richten würde. Mit unglaublicher Gelassenheit arbeitete er auch den noch so kurzfristigen Auftrag aus Potsdam ab, und so mancher Vortrag, den Sachbearbeiter in Potsdam dem Befehlshaber des Einsatzführungskommandos geben mussten, stammte aus seiner Feder. Freuding war am Ende seiner acht Monate auf dem Dienstposten am Rande seiner scheinbar unerschöpflichen Energien angekommen. Ich machte mir ernsthaft Sorgen, dass er zusammenbrechen würde. Ein ums andere Mal schickte ich ihn früh ins Bett. Am nächsten Morgen saß er bereits wieder zur nachtschlafenden Zeit am Schreibtisch. Es war unglaublich.

Oberstleutnant Lutz Neumann war impulsiver als Freuding, vielleicht sogar etwas wagemutiger und zupackender. Er war ein vollkommen anderer Typus, aber auch er beherrschte sein Metier meisterhaft. Er hatte, wie sich später herausstellen sollte, zusammen mit dem Stellvertreter des PRT-Kommandeurs im 17. Kontingent so seine liebe Mühe und Not mit meinem Nachfolger. Es ist ihm und Oberstleutnant Reichstein zu verdanken, dass das PRT nicht auseinanderfiel, als mein Nachfolger eine Führungskrise heraufbeschwor, die schlussendlich zu seiner Ablösung und meiner Rückkehr führte.

19. Meine Stellvertreter – Oberstleutnant Klaffus, Oberstleutnant Abed und Oberstleutnant Reichstein

Zu den entscheidenden und wichtigsten Beratern, mit denen ich mich mehrfach tagtäglich umgab, gehörten meine Stellvertreter. Da ich drei Kontingente führte, erlebte ich nacheinander drei verschiedene Stellvertreter, die unterschiedlicher nicht hätten sein können. Eines hatten sie aber alle gemeinsam: sie waren hervorragende Offiziere und fantastische Kameraden.

Oberstleutnant Klaffus, den ich bereits an anderer Stelle erwähnte, hatte es unter Oberst Setzer, von dem ich im Januar 2008 übernahm, nicht eben leicht. Setzer hatte bei all seinen unbestrittenen Fähigkeiten die Angewohnheit, im Wesentlichen alles selber machen und regeln zu wollen. Er konnte schlecht delegieren. De facto nutzte er seinen Stellvertreter kaum, der fortan ziemlich in der Luft hing. Setzer traute Klaffus auch wenig zu. Er machte im Rahmen der Übergabe an mich die eine oder andere abfällige Bemerkung, die geeignet gewesen wäre, Zweifel an der Belastbarkeit und geistigen Wendigkeit von Klaffus zu hegen. Klaffus hatte zudem das eine oder andere Problem mit einzelnen Offizieren seines eigenen Bataillons, die mit ihm nach Kunduz verlegten. Ich vermochte das nicht nachzuvollziehen, doch auch mir fiel auf, dass Klaffus eigentlich über kein konkretes Aufgabenfeld verfügte. Was ihn auszeichnete, war seine Fähigkeit, den Dialog mit den Soldaten zu suchen. Er war sich nicht zu schade, auch spät abends noch durch die Unterkunftsbereiche zu wandern und mit den Leuten zu sprechen. So hatte er stets den Puls an der Truppe, was in einem derartigen Umfeld unendlich wichtig war.

In die Führung des PRT, selbst bei Anschlagssituationen im Gefechtsstand, war er dagegen so gut wie gar nicht eingebunden. Tatsächlich erwies es sich auch für mich als nicht gerade einfach, die Aufgabengebiete des Kommandeurs des PRT und die seines Stellvertreters und des Chefs des Stabes so klar voneinander zu trennen, dass es keine Überschneidungen bzw. Unstimmigkeiten gab. Das hört sich danach an, dass einer der beiden, mein Stellvertreter oder mein Chef des Stabes, überflüssig waren. Dies entsprach in keiner Hinsicht weder der Einsatzrealität noch meinen Vorstellungen. Als Oberstleutnant Abed später von Klaffus übernahm, fragte mich Abed rundheraus, was er denn hier solle, wenn er denn nicht über ein klar abgestecktes Aufgabenfeld verfügen würde. Ich beauftragte Klaffus (und nach ihm Abed) daher, die Koordination der Stabsarbeit in allen Fragen der Operationsplanung vorzunehmen, während der Chef des Stabes, Oberstleutnant Freuding, für alle anderen Fragen der Stabsarbeit mit Ausnahme der Operationsplanung verantwortlich blieb. Dieses Konstrukt erwies sich als tragfähig, weil Freuding auch ohne Operationsplanung bereits seit längerem am Rande seiner beachtlichen Leistungsfähigkeit angekommen war. Klaffus tat sich anfangs schwer, in diese Rolle zu schlüpfen, fand aber zusehends Gefallen daran. Was ich an ihm in besonderer Weise schätzte, war seine unbeugsame Loyalität und Kameradschaft, die er mir entgegenbrachte. Ich sehe ihn noch heute, wie er im März 2008 zum Flughafen Kunduz gefahren wurde, um nach Hause zu fliegen. Der baumlange Kerl passte mal gerade mit viel Mühe auf die Ladefläche des MUNGO, und ich sah ihn noch lange winken. Zu der Zeit hatte ich noch vier Einsatzmonate vor mir, und mich beschlich Wehmut. Ob man es denn nun will oder nicht, aber auch ich hatte mittlerweile angefangen, die Tage bis zum Abflug zu zählen. Meine Tageszahl war noch deprimierend groß, und irgendwie beneidete ich Klaffus. Er hatte sich seine Meriten aber ehrlich verdient, und ich gönnte ihm die Rückkehr nach Deutschland natürlich von ganzem Herzen. Sein Weggang markiert zugleich eine neue und bislang nicht da gewesene Steigerung in der Anschlagsintensität, die wir fortan bis in den Sommer hinein spüren sollten.

Oberstleutnant Abed ist ein vollkommen anderer Typ als Klaffus. Er ist ein begnadeter Truppenführer durch und durch. Er hat Ausstrahlung und Charisma und immer den Schalk in den Augen. Bei aller Lustigkeit und Freundlichkeit wusste er aber glasklar, was er wollte und setzte das auch durch. Die Art und Weise, wie er das tat, hat uns mehr als einmal die Lachtränen in die Augen getrieben. Man braucht solche Typen im Einsatz, denn sie lockern die Stimmung auch dann noch auf, wenn man schon fast am Verzweifeln ist. Abed wollte führen, das merkte ich in jeder Bewegung und Äußerung, die er vornahm. Wann immer er konnte und durfte, fuhr er mit der Truppe nach draußen. Er kam dann zumeist total verdreckt und erschöpft, nichtsdestotrotz mit einem stolzen Lächeln in den Augen abends

90

wieder rein. Hitze und Kälte, Durst und Hunger, all das ertrug er mit größter Gelassenheit und einer Würde, die wohl nur Panzermänner ausstrahlen können, wie er einer war. Er verfügte über ein sehr geschicktes Händchen in allen Fragen der Operationsplanung und viel taktischem Geschick. Immer wieder standen wir beide an der Lagekarte und hielten „Kriegsrat". Es war ein Genuss, mit ihm zusammenzuarbeiten. Ich ließ ihm immer mehr Freiraum, und er blühte mit jedem Tag mehr auf. Als dann eine Operation im entfernten Eshkamesh-Gebirge anstand, die wir zusammen mit Kräften der afghanischen Armee durchzuführen hatten, war sofort klar, dass Abed diese Operation führen würde, während ich in Kunduz blieb und meinen originären Aufgaben weiter nachging.

Abed gelang es sofort, das besondere Vertrauen gerade der afghanischen Soldaten zu gewinnen. In dieser Woche, in der er abgesetzt vom PRT eigenständig führen durfte, zeigte er seine besondere Klasse. Wie sehr Abed von seinen Männern, dem Panzerbataillon 104 aus Pfreimd, vergöttert wurde, zeigte sich in vielfacher Art und Weise und beinahe täglich. Neben Oberstleutnant Freuding halte ich auch in der Rückschau Oberstleutnant Abed für den stärksten und besten Stabsoffizier, dem ich jemals begegnet bin. Ich konnte mich glücklich schätzen, derart hervorragendes Personal in meinen Reihen zu haben. Kunduz benötigte Männer des Schlages wie Abed, denn die Belastung, die Anschläge und der psychologische Druck auf uns alle steigerten sich täglich. Es gab noch eine ganze Reihe von Männern und Frauen, die ebenso genannt werden könnten, aber Abed stach schon heraus. Als er Monate später in Pfreimd sein Panzerbataillon an seinen Nachfolger übergeben musste, hatte er mich zur Übergabe eingeladen. Obwohl ich zu der Zeit in England stationiert war, habe ich es mir nicht nehmen lassen, zu Ehren von Oberstleutnant Abed der Übergabe beizuwohnen. Viele Kameraden aus der gemeinsamen Zeit in Kunduz konnte ich wiedersehen.

Abed wird in der Bundeswehr Karriere machen; er hat es verdient. Sein Schicksal war schlussendlich, dass er noch vier Wochen in Kunduz blieb und unter meinem Nachfolger, Oberst M., dienen musste. Oberst M. und er konnten von der ersten Sekunde nicht miteinander. Schlussendlich stellte Oberst M. die Kommunikation mit seinem Stellvertreter nahezu vollständig ein. Oberstleutnant Abed verkörperte wie kein Zweiter den Erfolg des 16. Kontingentes des PRT Kunduz. Der Erfolg basierte auf Grundvorstellungen und taktischen Vorgehensweisen, die Abed und ich Zug um Zug umgesetzt hatten. Wir hofften, dass es Abed gelingen würde, diese Haltung und die damit verbundenen Ideen an Oberst M. weiterzugeben, um die Kontinuität zum 17. Kontingent unter Oberst M. zu wahren. Wie sich sehr schnell herausstellen sollte, dachte Oberst M. von Anfang an nicht daran, Bewährtes aus dem 16. Kontingent zu übernehmen. Abed ist fast daran verzweifelt und sehnte den Augenblick herbei, endlich aus Kunduz wegzufliegen. Nach nur vier Wochen unter Oberst M. hatte er „die Schnauze gestrichen voll". Das sagt eigentlich schon alles über die verhängnisvolle Entwicklung, die mit Oberst M. im PRT Kunduz Einkehr halten sollte.

Im 17. Kontingent folgte Oberstleutnant Reichstein als Stellvertreter und übernahm direkt von Oberstleutnant Abed. Reichstein und ich kannten uns sehr gut. Er war zunächst Chef des Stabes der Panzerbrigade 21 zu der Zeit, als General Weigt als Kommandeur der Brigade und ich als sein Stellvertreter nach Augustdorf kamen. Dann übernahm Oberstleutnant Reichstein das Panzerartilleriebataillon 215, ebenfalls in Augustdorf. Reichstein ist ein ruhiger und rundweg analytischer Typ, weniger der charismatische Truppenführer wie Abed. Er beherrscht die Verfahren der Stabsarbeit wie kein Zweiter. Wie alle anderen auch, ist er bis auf die Knochen loyal. Seine Loyalität brachte ihn sehr schnell in einen Gewissenskonflikt im Umgang mit Oberst M., seinem Kommandeur in Kunduz. Reichstein und der damalige Chef des Stabes, Oberstleutnant Neumann, sind an Oberst M. fast verzweifelt. Mit Entsetzen registrierten sie, wie Oberst M. das PRT vor die Wand fuhr. Sie spürten mit geradezu seismographischer Genauigkeit, dass Oberst M. durch seine Sturheit, Unbelehrbarkeit und vor allem durch seine unabweisbaren Mängel in der Menschenführung Zug um Zug alle Leute gegen sich aufbrachte. Als Oberst M. schlussendlich Anfang September 2008 abgelöst wurde, übernahm Oberstleutnant Reichstein zunächst die Führung des PRT. Die vergangenen knapp sechs Wochen hatten ihn an den Rand seiner nervlichen Belastbarkeit gebracht, und er atmete verständlicher Weise tief durch, als ich erneut das PRT übernehmen musste.

Wir verstanden uns sofort blind und hatten ein unerschütterliches Vertrauensverhältnis zueinander. Gleiches galt für den Chef des Stabes, Oberstleutnant Neumann. Es ist das große Verdienst dieser beiden hervorragend qualifizierten Offiziere, dass das PRT Kunduz unter Oberst M. nicht auseinanderbrach. Mit den beiden habe ich bis November 2008, unter für mich extrem schwierigen Verhältnissen, alle Herausforderungen meistern können. Ohne die beiden wäre ich vollkommen aufgeschmissen gewesen. Ich habe von Reichstein und Neumann ein Ausmaß an Kameradschaft erhalten, fast wäre ich geneigt zu sagen Freundschaft, wie es sich ein Vorgesetzter nur wünschen kann. Die furchtbarsten Stunden meiner gesamten militärischen Laufbahn, der Anschlag am 20.10.2008 mit unseren gefallenen Kameraden (Patrick Behlke und Roman Schmidt), hätte ich ohne die selbstlose Unterstützung von diesen beiden Männern nie überstanden. Sie stehen in ihrer Haltung und Professionalität stellvertretend für so gut wie alle Männer und Frauen, die ich von Oberst M. übernehmen musste.

20. Mein CPT-Team

Ich verfügte über insgesamt sechs Bodyguards, das sogenannte „Close Protection Team" oder auch kurz CPT-Team. Dies sind handverlesene und für ihren Auftrag besonders ausgebildete und vorbereitete Feldjäger im Dienstgrad Oberfeldwebel bis Stabsfeldwebel. Zwischen dem PRT-Kommandeur und seinem CPT-Team existiert schon deswegen ein besonderes Vertrauensverhältnis, weil der PRT-Kommandeur in der Regel nie ohne seine Personenschützer das Lager verlässt, diese mithin so gut wie alles mitbekommen, was der PRT-Kommandeur so sagt und spricht, und die Männer mit ihrem Leben für das seinige einstehen. Die Männer sind allesamt hoch professionell und genießen natürlich einen gewissen Sonderstatus. Grundlage der Zusammenarbeit ist das tiefe Vertrauen zwischen dem CPT-Team und dem PRT-Kommandeur.

Als ich mich in der Einsatzvorbereitung befand, nahm der Führer des CPT-Teams mit mir Verbindung auf. Hauptfeldwebel Heinze war ein besonnener und entschlossener Mann. Eher wortkarg behielt er stets den Überblick und wachte mit Argusaugen über meine

Sicherheit. Er führte sein sechs Mann starkes Team mit ruhiger, aber immer entschlossener Hand. Das Team teilte sich in drei Trupps mit je zwei Mann auf. Grund dafür war die Anzahl der gepanzerten Jeeps, die wir nutzten. Wir verfügten über derer drei, die allesamt identisch aussahen, um einem Gegner die Identifikation zu erschweren, in welchem Fahrzeug ich gerade saß. Meistens fuhr ich im zweiten Fahrzeug, und immer saß ich hinten rechts. Mit angezogener Splitterschutzweste war das zuweilen reichlich eng, und Fahrten über holprige Pisten konnten schon mal zur Tortur ausarten. Die Panzerung des Fahrzeuges war so gut, dass ein Schuss aus einem Gewehr das Fahrzeug nicht durchschlagen konnte. Selbst Angriffe von Selbstmordattentätern widerstand das Fahrzeug. Dagegen war das Fahrzeug nur unzureichend gegen die Detonationswucht einer Sprengfalle geschützt. Der „Feind" kam daher von unten, und IEDs stellten unsere größte Sorge dar.

Hauptfeldwebel Heinze hatte mir Verhaltensregeln eingebläut. Wenn er die Situation als zu gefährlich einstufte, dann übernahm er das Kommando, um mich in Sicherheit zu bringen. Vor allem bestand er darauf, dass ich unter keinen Umständen meine Waffe zog, wenn ich mich in Gefahr wähnte. Er hatte wohl mehr vor mir als vor Taleban Angst und befürchtete, von mir erschossen zu werden. Wie auch immer, käme es zum Äußersten, dann kämpften meine Bodyguards mit ihrem Leben für meines. Mein Fahrzeug war mit zwei Funkgeräten ausgestattet, mit denen ich die notwendigen Funkkreise abhören konnte. Wir verfügten zudem über einen sogenannten „Jammer", der so etwas wie eine elektronische Schutzglocke um das Fahrzeug aufbaute und verhinderte, dass elektronische Auslösesignale zur ferngesteuerten Auslösung von IED wirksam wurden. Leider unterdrückte der Jammer auch meine Funkgeräte und selbst Mobiltelefone. Wollte ich also funken oder telefonieren, dann musste der Jammer ausgeschaltet werden mit entsprechender Gefährdung für mich und die Besatzung.

Ich wusste, dass auf mich ein Kopfgeld ausgesetzt war und hielt mich logischer Weise an die Anweisungen meines CPT-Führers. Es kam natürlich vor, dass ich Entschlüsse fasste, die meinem CPT-Team nicht schmeckten. Besonders nervös wurden sie immer dann, wenn ich meinte, mit Besuchern oder in Begleitung einer Fußpatrouille abgesessen und zu Fuß vorzugehen. Dann hatte das CPT-Team immer das Problem, wie sie mich im Notfall sicher und schnell aus einer Gefahrensituation herausbringen konnten. Ich konnte und wollte mich aber als Kommandeur des PRT nicht in meinem Fahrzeug verstecken, sondern blieb meiner Linie treu. Die Männer sorgten sich um mich und machten mir das Leben so einfach wie möglich. Sie wussten, dass ich während der Fahrt gerne aus meinem MP3-Player Musik hörte oder die Augen zumachte, um Schlaf nachzuholen. Sie schwiegen und vermieden es dankenswerter Weise, mich in unnötige Gespräche zu verwickeln. Ich vertraute ihnen vollkommen. Wollten wir irgendwohin fahren, dann erkundeten die Männer die Wegstrecke vorher. Niemals mischte ich mich in ihre Aufgaben ein. Ich ließ sie machen und achtete alle sechs Mann über alle Maßen. Wenn ich mich in meine Unterkunft zurückzog und ein Raketenangriff stattfand, dann konnte ich darauf wetten, dass Hauptfeldwebel Heinze umgehend an meiner Tür klopfte und mich zum Gefechtsstand begleitete. Dort wartete er geduldig, bis ich weitere Anweisungen erteilte. Die anderen Männer des Teams stellten auch ohne Befehl Marschbereitschaft her, weil sie richtiger Weise davon ausgingen, dass ich rausfahren wollte. Solche Prozesse schweißen das Team zusammen, zu dem ich auch mich zählte. Mein Adjutant gehörte wie selbstverständlich dazu, und auch mein Vorzimmerfeldwebel fand sich immer öfter ein, wenn wir mal einen gemeinsamen und geselligen Abend durchführten. Dann schauten wir uns zumeist einen Videofilm an, aßen eine Pizza und tranken ein Bier. Wir waren eine Schicksalsgemeinschaft, und wenngleich die Dienstgradunterschiede nie missachtet wurden, so entstanden doch ein besonderes Vertrauensverhältnis und zuweilen auch ein besonderer Umgangston, den es immer bei Schicksalsgemeinschaften gibt, wo die eine Hand in die andere greift. Ich fühlte mich bei meinem CPT-Team sauwohl und glaubte, dass es den Männern ähnlich ging.

Gegen Ende der ersten sechs Monate als Kommandeur in Kunduz stand mithin auch der Wechsel des CPT-Teams an, denn Oberst M. brachte selbstverständlich sein eigenes Team mit (das ich später „erben" sollte), und meine Jungs wollten verdienter Weise nach Hause. Alle sechs Mann hatten sich bravourös geschlagen und sich ihre Meriten verdient. Von daher erstaunte es mich nicht, dass Hauptfeldwebel Heinze bei mir mit der Bitte vorstellig wurde, allen sechs Soldaten wegen vorbildlicher Pflichterfüllung eine Förmliche Anerkennung als Ausdruck und Dank für ihre Leistungen zu erteilen. Ich rechne es Hauptfeldwebel Heinze auch in der Rückschau hoch an, dass er sich für alle ihm unterstellten Männer so vorbildlich einsetzte. Auch glaube ich, dass seine Männer eine hohe Erwartungshaltung an ihn und insbesondere an mich hatten, die nur mit einer Förmlichen Anerkennung gewahrt werden konnte. Ich hatte damit aber ein grundsätzliches Problem. Alle sechs hätten eine Förmliche Anerkennung redlich verdient gehabt, aber das galt für so ziemlich jeden Soldaten im PRT gleichermaßen. Ich konnte und wollte aber nicht ca. 800 Förmliche Anerkennungen im Gießkannenprinzip verteilen. Damit hätte ich mich der Lächerlichkeit preisgegeben. Schwer wog für mich auch das Argument, dass eine querschnittliche Belobigung meiner engsten Mitstreiter einen negativen Effekt entfachen konnte. Förmliche Anerkennungen entwickeln so ihr Eigenleben. Neidisch blicken alle Männer und Frauen auf die Belobigten. Wenn dann noch ruchbar wird, dass überwiegend meine engsten Mitarbeiter mit dem Segen einer Förmlichen Anerkennung rechnen durften, dann waren zwar sechs Mann glücklich und zufrieden, die anderen fast 800 Mann hingegen nicht.

Ich erklärte Hauptfeldwebel Heinze meine Einwände, die er begriff und akzeptierte. Zudem sah ich schon noch graduelle Unterschiede. Er, Hauptfeldwebel Heinze, und sein unmittelbarer Stellvertreter als Kommandoführer strahlten trotz der unbestreitbaren Leistungen aller anderen doch noch ein kleinwenig heraus. Ich war daher durchaus gewillt, ihm und seinem Stellvertreter eine Förmliche Anerkennung zu erteilen, nicht aber allen in Bausch und Bogen. Dies lehnte Heinze jedoch umgehend ab. Heinze versuchte, diese meine Haltung zu kommunizieren und scheiterte. Seine Männer waren tief enttäuscht und artikulierten das auch ganz offen. Ich rief sie alle zu mir und erklärte noch einmal meine Haltung. Doch der Bruch war vollzogen. Von den sechs Männern verweigerten drei Mann fortan jede Kommunikation mit mir und versagten sich auch jedem Bemühen meinerseits, mich wenigstens von ihnen zu verabschieden. Ein gemeinsam geplanter Abschiedsabend fiel mangels Interesse aus. So blieb eine menschliche Enttäuschung, die mich schwer getroffen hat.

Man kann natürlich meine Entscheidung kritisieren als das, was sie war. Aber das Verhalten zumindest von drei der sechs Mann konnte und kann ich auch heute nicht nachvollziehen. Mit meiner Weigerung, eine Förmliche Anerkennung auszusprechen, war ja in keiner Weise meine grundsätzliche Wertschätzung tangiert, die ich ganz offen und immer wieder allen sechs Männern entgegengebracht hatte. In der Rückschau waren die letzten Tage mit meinem ersten CPT-Team eigentlich die einzige menschliche Enttäuschung, die ich im Umgang mit den mir unterstellten Männern und Frauen in neun Monaten Stehzeit in Afghanistan erlebt hatte.

Ganz anders entwickelte sich dagegen das Verhältnis zu meinem zweiten CPT-Team, das ich von Oberst M. übernahm. Die Männer waren auf Oberst M. eingeschworen und hatten natürlich allesamt die Entwicklungen in der einen oder anderen Weise mitbekommen, die schlussendlich zur Ablösung von Oberst M. führten. Es kann daher nicht verwundern, dass das CPT-Team neugierig, erwartungsfroh, zugleich aber auch reserviert war, als mit mir der „Neue" ankam. Doch ebenso wie mit dem Team um Hauptfeldwebel Heinze entwickelte sich die Zusammenarbeit mit dem Team von Oberfeldwebel Angerbauer überaus positiv. Angerbauer und seine Männer kamen aus Ulm. Genauso wie das Team von Hauptfeldwebel Heinze waren Angerbauer und seine Männer von einer geradezu fantastischen Professionalität und Loyalität. Auch das CPT-Team von Oberfeldwebel Angerbauer erhielt von mir keine Förmliche Anerkennung. Anders als beim Team von Hauptfeldwebel Heinze hat das jedoch ein jeder verstanden und mitgetragen. So ist es auch kein Wunder, dass der Abschied im November 2008 besonders herzlich ausfiel. Ich bin aber stolz darauf, dass mit Heinze und Angerbauer beide CPT-Führer auch heute noch Verbindung zu mir halten. Offene Rechnungen sind Gott Lob nicht zurückgeblieben.

21.   Das Provincial Advisory Team (PAT) Taloqan

Mein Vorgänger, Oberst Setzer, hatte noch in 2007 angeregt, die Präsenz deutscher Kräfte in der Fläche der beiden Provinzen Kunduz und Takhar durch eine Reihe kleinerer Stützpunkte zu verbessern.

Der erste Stützpunkt, der am ehesten und einfachsten realisierbar erschien, war Taloqan, die Provinzhauptstadt von Takhar. Taloqan ist eine quirlige Kleinstadt, die durch die Hauptverbindungsstraße von Kunduz nach Taloqan von West nach Ost durchzogen wird. Eigentlich ist diese Straße ein einziger, riesiger Basar. Die asphaltierte Straße endete wenige Kilometer ostwärts von Taloqan und ging in eine – auch für beste Stoßdämpfer – furchterregende Piste über, die schlussendlich die Provinz Takhar infrastrukturell mit der östlichsten aller afghanischen Provinzen verbindet – Badakhshan – und damit mit der Grenze zu China[10]. In Takhar sind bereits deutlich die Ausläufer des Himalaya-Gebirges zu spüren. Die Gipfel erreichen ca. 5.000 m Höhe und setzen taktischen Bewegungen deutliche Grenzen. Es braucht Stunden, um auch nur 60 km weit ins Landesinnere mit geländegängigen Fahrzeugen vorzustoßen. Derartige „Ausflüge" sind eine Tortur für Mensch und Material, nicht zuletzt aber auch deswegen bei den Soldaten so beliebt, weil Takhar, ganz im Gegensatz zu Kunduz, weitestgehend sicher war, und bei den Männern und Frauen der Patrouillen so etwas wie Abenteuer-Feeling aufkam. Trotz aller Anstrengungen war es jedoch von Kunduz aus meistens fast unmöglich, den Raum um Taloqan und vor allem auch ostwärts davon im Zuge von Tagestouren zu erreichen. Zudem stieß die medizinische Versorgung an ihre Grenzen. Sollte irgendeinem Soldaten etwas zustoßen (was schon aufgrund der Befahrbarkeit der abenteuerlichen Pisten mehr als wahrscheinlich war), dann konnte aus Kunduz heraus unmöglich schnelle Hilfe organisiert werden. Das alles führte zu dem Entschluss, in Taloqan so etwas wie eine Außenstelle des PRT Kunduz aufzubauen und zu betreiben.

Hierzu hatte mein Vorgänger einen Gebäudekomplex inmitten der Stadt Taloqan erkundet und mit dem Besitzer entsprechende Vorverhandlungen durchgeführt. Der konnte sein Glück kaum fassen, denn die Deutschen zahlten weit mehr und besser, als jeder afghanische Mieter es auch annähernd tat. Als ich das PRT Kunduz übernahm, stand das PAT Taloqan somit nicht mehr in Frage. Es war mittlerweile nicht mehr die Frage, ob das PAT Taloqan ins Leben

---

[10] Meines Erachtens wurde die Straße ab ca. Mitte 2010 bis nach Badakhshan vollständig asphaltiert.

gerufen wurde, sondern nur noch wann. Die Idee, mit Taloqan so etwas wie einen Versuchsballon für weitere Außenstellen ins Leben zu rufen, hatte auch beim Bundesverteidigungsministerium viele Befürworter, die nun emsig darauf warteten, dass ich den Laden eröffnete, den ich geerbt hatte. Die Sache hatte nur mehrere Haken. Zunächst einmal lag das PAT Taloqan inmitten der Stadt und war natürlich durch seine unmittelbare Nähe zu Nachbargrundstücken und den darauf gebauten Häusern äußerst verwundbar. General D. artikulierte seine Ungeduld, den passiven Schutz des PAT Taloqan schnellstmöglich zu verbessern, nicht ohne Grund. Dann spotteten die Lebensbedingungen allen gesetzlichen Vorschriften Hohn, die das deutsche Infrastrukturrecht, die Hygienebestimmungen und solche der Lebensmittelaufbewahrung zu bieten hatten (um nur einige zu nennen). Es war so wie immer, wenn die Phalanx der deutschen Rechtsnormen auf einen Einsatz treffen, der hierfür noch gar nicht ausgelegt ist. Wir arbeiteten fieberhaft, doch das PAT Taloqan blieb eine riesige und unvollendete Baustelle auch dann noch, als wir die Liegenschaft mit viel politischer Prominenz am 23.02.2008 offiziell eröffneten. Zu der Zeit „lebten" knapp dreißig Mann mehr recht als schlecht im PAT Taloqan. Die Unterkünfte, die Sanitäreinrichtungen, die Arbeitsräume, alles war provisorischer Natur. Die Truppe kaufte sich auf dem Basar von Taloqan nicht nur Dinge des alltäglichen Bedarfs, sondern zudem auch Lebensmittel – zum Entsetzen der Lebensmittelhygieniker. Die Kühlkette konnte nicht aufrechterhalten werden, eines der Dogmen der modernen Lebensmittelhaltung. Aus gleichen Gründen scheiterte der Versuch, ein- oder zweimal pro Woche mit großem Aufwand und unter erheblicher Bindung von Schutzelementen Versorgungskonvois nach Taloqan durchzubringen. Die kamen zwar an, aber die Kühlkette war unterbrochen, was für ein Verbrechen!

Die Absicherung und der passive Schutz des PAT Taloqan waren kritisch. Gott Lob ist es nie zu einem entschlossenen Angriff auf die Liegenschaft gekommen, aber ich konnte mir sehr gut vorstellen, was das für deutsche Soldaten unter meinem Kommando bedeutet hätte. Militärische Verstärkungskräfte auf dem Landweg nach Taloqan durchzubekommen, hätte Stunden gedauert. Hubschrauber für den schnellen Lufttransport standen nicht zur Verfügung. Die Truppe hätte daher um ihr Überleben kämpfen müssen, bis wir zu ihnen durchgekommen wären. Wie viele der 30 Mann hätten ein derartiges Szenario überlebt?

Es gab also vielfachen Handlungsbedarf, als ein Mann eintraf, der segensreiche Arbeit verrichtete. Oberstleutnant Peters war ein Stabsoffizier der deutschen Nachschubtruppe, ein Logistiker. Er war ein Schlitzohr, ein mit allen Wassern gewaschener Filou auf zwei Beinen. Mit sagenhafter Energie und noch mehr Organisationstalent gelang ihm das Unmögliche. Im Sommer 2008 hatte das PAT Taloqan ein vollkommen anderes Gesicht. Oberstleutnant Peters war der Schrecken aller Truppenverwaltungsbeamten, aller Infrastrukturoffiziere, aller Vertreter von irgendwelchen Rechtsnormen. Die Männer und Frauen der Einsatzwehrverwaltung in Kunduz bekamen Schüttelfrost und Kreislaufprobleme, wenn Peters zu „Absprachen" im PRT Kunduz aufschlug. Seine Anträge waren genauso unverschämt wie pragmatisch. Ich mochte ihn sofort und ließ ihn gewähren. Solche Männer braucht man, wenn man etwas bewegen will. Man braucht Männer, die sich einen Scheißdreck um Vorschriften und Normen kümmern, vielmehr nach Wegen suchen, ein Problem auch tatsächlich zu lösen. Wie gesagt, er war ein ausgekochtes Schlitzohr. Wenn es dann selbst mir zu bunt wurde, dann lächelte er mich entwaffnend an und meinte „Das wollen Sie gar nicht wissen!". War mein Unbehagen zu groß, dann fragte ich nur noch, ob seine Maßnahmen denn legal seien? Das ist in den Augen eines Mannes vom Kaliber „Peters" ein dehnbarer Begriff. Ich wusste um meine Verantwortung, ließ ihn aber machen. Wie oft kamen die Vertreter der Einsatzwehrverwaltung wutschnaubend zu mir, beschwerten sich ob der Dreistigkeit von Oberstleutnant Peters, nur um vollkommen konsterniert von dannen zu ziehen, weil ich ein um das andere Mal Peters schützte.

Der kam sich vor wie im Schlaraffenland. Als Weltmeister der Organisation, der er war, kam er auf die abenteuerlichsten Ideen. Das Problem der Wasserversorgung löste er, indem er einen seiner vielfältigen Informations- und Verbindungskanäle dafür nutzte, ein Team heranzuschaffen, das Probebohrungen durchführte. Hierfür war eigentlich der Infrastrukturoffizier zuständig, aber das dauerte Peters (und mir) zu lange. An dieser Maßnahme war nichts legal. Alle Vorschriften wurden vorsätzlich missachtet. Im Ergebnis konnte jedoch in Windeseile ein Brunnen gebaut werden, der nicht nur für die

Trinkwasserversorgung, sondern auch noch für die Sanitäreinrichtungen benutzt wurde. Die Soldaten konnten auf einmal duschen!! Dann schaffte er Küchencontainer an, Betreuungszelte, Klimaanlagen, Überwachungskameras, Funkgeräte. Er ließ Wände zu Nachbargrundstücken einreißen und veranlasste, dass sich das PAT Taloqan ausdehnte und mehr Menschen Platz bot. Er organisierte Bürocontainer, damit selbst Vertreter der deutschen Polizei und auch des Auswärtigen Amtes getreu dem „Vernetzten Ansatz" in Taloqan leben und arbeiten konnten.

Den Vogel schoss er jedoch mit seinem „Kraftwerk" ab. Woher den Strom nehmen, den wir für alle Geräte brauchten, die jede Woche in schöner Regelmäßigkeit eintrafen? Taloqan verfügte über keine eigene Stromversorgung. Die weit überwiegende Masse aller Haushalte hatte nachts kein Licht, gar nichts. Als ich dann eines Tages mal wieder in Taloqan eintraf, empfing mich Oberstleutnant Peters mit einem breiten Grinsen auf den Lippen, das nichts Gutes versprach. Er nahm mich mit, bog um die Ecke, und mir fiel die Kinnlade herunter. Da standen zwei nagelneue Mega-Container, die zusammen ein Diesel-getriebenes Kraftwerk von gut 1.500 Kilowatt ergaben, das ausreichte, ganz Taloqan zu versorgen. Woher er dieses Kraftwerk hatte – niemand wusste es. Der Sachbearbeiter der Einsatzwehrverwaltung ist sicherlich zur Schnappatmung übergegangen, aber mir war das egal. Fortan brummte unser Kraftwerk brav vor sich hin, lieferte den erforderlichen Strom, so lange wir genug Diesel nachführten.

Als Oberstleutnant Peters dann im Sommer 2008 Taloqan verließ, hätte man ihm zu Ehren eigentlich ein Denkmal errichten müssen. Er war zudem ein Tierfreund und liebte Katzen. Damit stieß er bei mir offene Türen ein. Wie nicht anders zu erwarten, hauste alsbald eine Katze im PAT Taloqan, die von den Soldaten den charmanten Namen „Milzbrand" erhielt. Man baute ihr eine kleine Hütte und versorgte sie liebevoll mit Einsatzverpflegung. Die Katze wurde dicker und dicker, allerdings nicht durch zu viel Nahrungsaufnahme, sondern weil sie trächtig war. Wenig später erblickten fünf Kätzchen das Licht der Welt, und alle Soldaten rissen sich darum, die possierlichen Tierchen zu versorgen. Das Unheil nahte in Form des Veterinärs, der natürlich sicherstellen wollte, dass keine Tiere, egal welcher

Art, im PAT Taloqan gehalten wurden. Mit Entsetzen registrierte er, dass die Katzen ein für afghanische Katzen und für deutsche Veterinärbestimmungen abenteuerliches Leben führten. Die Tiere mussten weg, und zwar sofort. Oberstleutnant Peters sann nach Abhilfe, und ausnahmsweise wusste er sich keinen Rat. Also kam er zu mir und schilderte die missliche Lage. Die Katzen seien für die Moral der Männer und Frauen im PAT Taloqan genauso lebenswichtig wie gute Verpflegung und gekühltes Bier. Daher kamen wir beide auf die Idee, die Truppenpsychologin, Frau Hielscher, einzuschalten, die sofort ein Schreiben aufsetzte, dass es aufgrund von truppenpsychologischen Erwägungen wünschenswert wäre, wenn die Katzen bleiben dürften. Für „Milzbrand" kam dieses Schreiben zu spät. Das Muttertier wurde leider überfahren. Von den fünf Kätzchen wurden drei an die afghanischen Wachen verschenkt, die sich überschwänglich hierfür bedankten. Die letzten beiden Kätzchen blieben im PAT Taloqan. Der Veterinär schäumte vor Wut. Er drohte mir mit allen Paragraphen der Veterinärwelt, die es gab oder zukünftig vielleicht geben mag. Ob meine Nachfolger ihrerseits ein Herz für Katzen hatten, ich weiß es nicht. Für mich war jedenfalls fortan ein Abstecher zur Hütte der beiden Kätzchen genauso selbstverständlich wie das Gespräch mit den Soldaten, die in Taloqan ihren Dienst verrichteten.

In diesem Zusammenhang und quasi als Beispiel, welche Leute man *nicht* in einem derartigen Einsatz braucht, sei hier die Geschichte mit dem Lebensmittelhygieniker wiedergegeben, der meine Truppenküche sperren wollte. Lebensmittelhygieniker gehören wie Veterinäre und andere zu den Organen der öffentlich-rechtlichen Gesundheitsüberwachung. Sie leisten sehr gute Arbeit und überwachen in diesem Falle, dass alle Vorschriften zum Betrieb einer Verpflegungseinrichtung wie meiner Truppenküche eingehalten werden. Derartige Dinge müssen erfolgen, weil Salmonellen und andere Krankheitserreger so ziemlich das Letzte sind, was deutsche Soldaten brauchen. Diese Herren müssen ihr Kommen nicht anmelden. Sie sind frei in ihren Bewegungen. Sie sind aber gut beraten, ihr Tun und Handeln mit den verantwortlichen Kommandeuren abzustimmen, denn diese sind für die Abstellung der erkannten Mängel zentral verantwortlich. Doch weit gefehlt. Der Herr flog in Kunduz unangemeldet ein, stolzierte sofort in die Truppenküche und sah, dass die Truppenküche (ausgelegt für ca. 400 Mann) bei einer Verpflegungsstärke von nunmehr weit über 800 Mann nicht alle Hygienebestimmungen einhalten konnte. Souverän und aufgrund eigener Entschlusskraft sperrte er kurzerhand die Truppenküche. Mein Versorgungsoffizier kam gerade noch rechtzeitig zu mir gerannt, bevor der Lebensmittelhygieniker wieder abfliegen konnte. Ich zitierte ihn herbei, und er teilte mir kraft seines Amtes mit, die Truppenküche sei ab sofort geschlossen. Auf meine Frage, wie denn meine Soldaten verpflegt werden sollen, antwortete er gelassen, das sei ihm egal, das sei mein Problem, nicht seines. Also, wenn einer meine Truppenküche sperrt, dann ich und ganz sicher nicht er. Er kann eine Empfehlung aussprechen, mehr jedoch nicht. Und ich dachte noch nicht mal ansatzweise daran, meine Truppenküche zu schließen. Konsterniert und um eine Erfahrung reicher flog er wieder nach Mazar-e-Sharif zurück, und die nächste Beschwerde über diesen unrühmlichen PRT-Kommandeur in Kunduz war fällig.

Feldlager PRT Kunduz und Flughafen

Die Gottesburg

Tödliche Gefahr: IED – Improvised Explosive Device

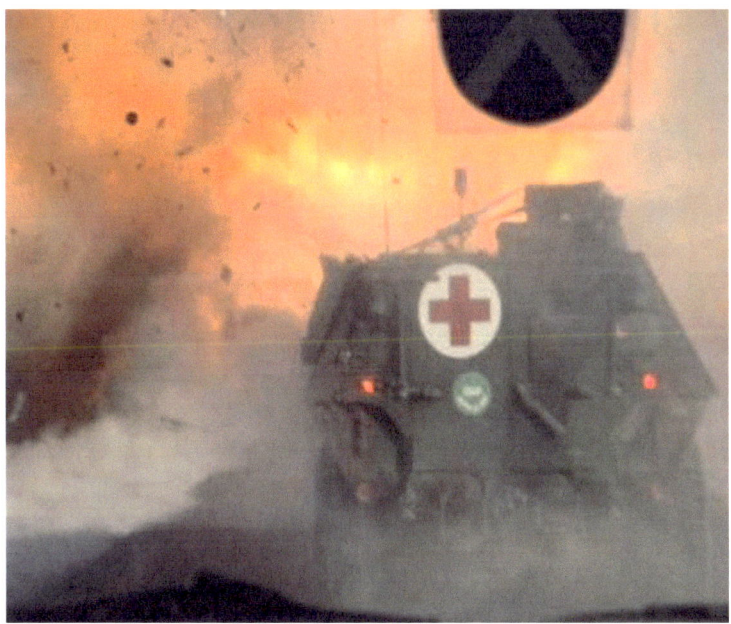

IED-Anschlag 23.09.2008: Der Moment, als sich der
Selbstmordattentäter in die Luft sprengt

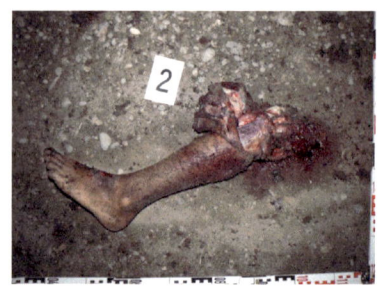

IED-Anschlag 29.03.2008: … was vom Attentäter übrig blieb

IED-Anschlag 27.03.2008: In diesem 14 t Fahrzeug überlebte die
Besatzung schwer verletzt

Raketenangriffe

Munitionsfunde

Trauerfeier „Mischa" Meier

Patrick Behlcke

Roman Schmidt

22. Verbindung nach Hause

Von nicht zu unterschätzender Wirkung ist die „Heimatfront". Mit wem ich auch immer sprach, ein jeder wurde nicht müde zu betonen, wie unendlich wichtig es ist zu wissen, dass zuhause alles in Ordnung ist. Die Sorge um die Lieben in Deutschland wiegt ungleich größer als die Angst vor der eigenen Verwundung. Viele Soldaten scheuen sich, ihren Angehörigen die Wahrheit zu sagen, wie es in Kunduz tatsächlich aussieht. Sie wollen ihre Frauen und Kinder nicht noch zusätzlich verängstigen und schweigen lieber. Ich bin da vollkommen anders gestrickt. Ich habe meiner Ehefrau immer alles so erzählt, wie es in der Realität auch war. Sie war durchgehend im Bilde, und mir war das auch wichtig. Ich verstehe aber auch den anderen Standpunkt. Wenn aber die „Heimatfront" wegbricht, dann zieht das jedem Soldaten den Teppich unter den Füßen weg. So manche Ehe hat der Belastung des Einsatzes nicht standgehalten. Da hilft es den Betroffenen wenig, dass fast in jedem Einzelfall bereits Eheprobleme vorlagen, die mit Abflug ins Einsatzland ungelöst blieben. Erhält der Soldat einen Brief seiner Ehefrau, in dem sie ihm mitteilt, dass sie ihn verlassen wird, dann fällt auch der härteste und beste Soldat zunächst einmal in sich zusammen. Ehekrisen und Trennungen sind bereits im „normalen" Leben schlimm und nicht selten katastrophal (auch finanziell). Unter Einsatzbedingungen sind sie der Ober-GAU. So gut wie keine Ehe, die bereits vor Einsatzbeginn zerrüttet war, steht einen Einsatz durch. Vielfach wird auch unterschätzt, wie schwer es die Ehefrauen haben, wenn ihre Männer in den Einsatz ziehen. Schlagartig stehen sie alleine vor allen Alltagsproblemen und fühlen sich verlassen – verlassen von ihrem Ehemann. Die Bundeswehr hilft, wo sie nur kann, aber das Kernproblem wird dadurch nicht behoben. Vor diesem Hintergrund sind Informationen aus dem Einsatz, aber auch von zuhause, für beide Seiten so extrem wichtig. Es gibt vielfache Möglichkeiten, Verbindung zu halten. Trotz modernster Computertechnologie entdeckt manch einer die Kunst des Briefschreibens aufs Neue. Der Poststelle kommt ungeahnte Bedeutung zu. Noch schöner sind Päckchen mit Süßigkeiten oder anderen Aufmerksamkeiten, die einem Soldaten wichtig sind. Ich habe Päckchen von Menschen erhalten, von denen ich es kaum für möglich gehalten habe. Ganze „Fresspakete" waren darunter, deren Inhalt ich unmöglich alleine auffuttern konnte, ohne aus den Nähten zu platzen. Ich habe daher so gut wie alles brav mit meinen Mitarbeitern geteilt. Die Chefin der Sanitätseinsatzkompanie aus dem 16. Kontingent schickte mir eine ganze Kiste mit leckersten Keksen, in deren Oberfläche auch noch der Namenszug „PRT Kunduz" eingebacken war. Ein jeder meinte, ich würde in Kunduz verhungern. Dosenfleisch, Kekse, Schokolade, Salami, die Liste ist unendlich lang. Und wenn man wusste, dass ich Lakritzschnecken für mein Leben gerne esse, dann wurde ich eben versorgt mit ganzen Postsendungen an Lakritzschnecken. Haribo ist auch so eine Sucht, der ich einfach nicht widerstehen konnte.

Besonders wichtig waren mir die täglichen Telefongespräche mit meiner Ehefrau. Ich hatte zu diesem Zweck extra ein uraltes Handy mitgenommen, das nach dem Einsatz sowieso entsorgt werden sollte. In Kunduz gab es einen Anbieter, der wirklich günstige Handytarife verkaufte. Von dem habe ich mir einen Chip gekauft und munter drauflos telefoniert. Wenn ich vergleichend an meine Einsatzzeit im Kosovo anno 1999 denke, dann erlebt man den Quantensprung der IT-Technologie gerade im Einsatz hautnah. Ich hätte auch eine Flatrate haben können. Hätte ich meinen Computer dabei gehabt, dann wäre das Surfen im Internet zu einem vergleichsweise billigen Pauschalpreis kein Problem gewesen. Wirkliche Computerfreaks hatten noch eine Webcam dabei und sendeten bewegte Bilder nach Hause. "Skypen" nennt man das wohl. In den Gesprächen mit meiner Ehefrau drehte es sich eigentlich weniger um die Dinge, die mich bewegten. Mir war wichtig zu hören, dass es ihr und den Lieben gut ging. Sie zögerte anfangs, mir die kleinen und größeren Dinge ihres Alltages zu berichten, weil sie meinte, es könnte mich angesichts der erlebten Einsatzbelastung nicht wirklich interessieren. Genau das Gegenteil ist der Fall. Umso mehr ich Banales aus dem Alltag mitbekam, umso mehr fühlte ich mich verbunden mit einer Normalität, die ich so sehr vermisste. Meistens telefonierten wir abends. In Kunduz war es dann bereits stockdunkel. Da ich in meinem Dienstzimmer keinen Handyempfang hatte, bin ich vor das Unterkunftsgebäude gegangen, wo bereits viele Soldaten mit ihrem Handy am Ohr gleiches vorhatten wie ich. Der afghanische Nachthimmel erstrahlte zumeist in seiner gesamten Pracht, und es wäre durchaus romantisch gewesen, wenn denn nicht die Einsatzrealität gestört hätte. Das ein oder andere Gespräch musste ich dann schon einmal unterbrechen, weil mal wieder eine Rakete angeflogen kam. Auch daran hatte sich meine Ehefrau schnell gewöhnt. Auf meinem Dienstcomputer war Internet installiert worden, das ich auch nutzte, um mit meiner Familie oder mit Freunden in Deutschland zu kommunizieren. So ließ ich es mir nicht nehmen, meiner Ehefrau als allererstes früh morgens einen Morgengruß via Internet nach Hause zu schicken. Sie schaute sich nach dem Aufwachen sofort ihre E-Mails an und war beruhigt, wenn ich nichts Außergewöhnliches berichtete. Kam ich morgens auf mein Dienstzimmer, dann hatte mein Vorzimmerfeldwebel stets zusätzlich zur Dienstpost meine private Post auf den Schreibtisch gelegt. Dort standen die Bilder meiner Ehefrau und meiner Nichten, mithin mein privates Umfeld, das mir hoch und heilig ist. Die privaten Briefe habe ich immer sofort als allererstes gelesen. Aus Zeitgründen habe ich sie zunächst nur kurz überflogen, um sie dann abends vorm Schlafengehen genauer und ausgiebiger zu studieren. Besonders gefreut habe ich mich stets, wenn Bilder den Briefen beigelegt wurden.

Zu meinem Geburtstag wurde ich natürlich geradezu überschwemmt mit Glückwünschen aller Art aus Deutschland. Mein Vorzimmerfeldwebel, Hauptfeldwebel Heibel, hatte im Vorfeld meines Geburtstages meine Ehefrau angerufen und darum gebeten, dass meine Golfausrüstung (!) kurzerhand als Überraschungsgag nach Kunduz geschickt wurde. Ich staunte daher nicht schlecht, als ich am 31. Mai 2008 als erster Golfspieler die „provisorische Driving Range des Golfplatzes Kunduz" eröffnen musste. Auf dem Antreteplatz schlug ich drei bis vier Bälle über die Außenmauer und bin seither als Gründungspräsident des Golfplatzes in die Annalen eingegangen. Zugegeben, dieses Beispiel ist schon besonders ausgefallen, aber es muss ja nicht gleich die Golfausrüstung sein, die man geschickt bekommt (ganz abgesehen von dem Problem, wie man diese wieder nach Deutschland zurückbekommt). Kleine Aufmerksamkeiten des Lebens reichen vollkommen aus, um die Seele des Soldaten zu erfreuen. Denn genau darum geht es, eine kleine Nische im Alltagsleben in Kunduz zu erhalten, die so unendlich wichtig ist.

Soldaten, die keine Post aus Deutschland bekommen, fallen irgendwann auf. Der Kompaniefeldwebel merkt es, wenn er denn ein guter Vertreter seiner Zunft ist. Er wird sich um diese Soldaten besonders kümmern, weil fast immer ein menschliches Problem dahinter steckt, das schnellstmöglich geklärt werden sollte, bevor es für den Soldaten unerträglich wird. Ich habe während des Einsatzes sehr wohl registriert und auch genau beobachtet, wer sich von meinen Freunden zuhause nicht nur um mich, sondern auch um meine Ehefrau gekümmert hat. Für mich waren das klare Kriterien, die über die Qualität einer Freundschaft vieles ausdrücken. Zwei Freundschaften haben den Einsatz nicht überstanden, eine davon mein angeblich bester Freund, den ich seit 30 Jahren kenne. Er zog es vor, uns links liegen zu lassen. Ich habe nie wieder etwas von ihm gehört und bin vor diesem Hintergrund auch nicht wirklich traurig darum. Andere, mit denen ich nie gerechnet hätte, kamen hingegen auf mich und meine Ehefrau zu und kümmerten sich in der einen oder anderen Weise um uns in einer vollkommen selbstlosen Art. Das sind dann diejenigen Menschen, denen ich mich verbunden fühle. Auf alle anderen kann ich verzichten.

23. Die immer wiederkehrende Frage nach ausreichender Ausrüstung

Diese Frage begleitete nicht nur mich, sondern stellt sich zwangsläufig immer dann, wenn deutsche Soldaten in einen Auslandseinsatz geschickt werden. Sie stellt sich reflexartig vor allem dann, wenn deutsche Soldaten verunfallen, verwundet werden oder gar fallen. In schöner Regelmäßigkeit treten dann umgehend die gleichen Schlaumeier in der Öffentlichkeit auf, die zumeist keine Ahnung haben, worüber sie tatsächlich reden. Das sind zunächst einmal Politiker, und hier in erster Linie diejenigen der Opposition. Wann immer ein deutscher Soldat zu Schaden kam, schon trat Herr Ströbele von der Partei „Die Grünen" vor die Fernsehkameras und verkündete mit nachdenklicher Miene, dass deutsche Soldaten schlecht ausgerüstet wären. Es galt, politisches Kapital aus der Tragik zu ziehen, der sich deutsche Soldaten im Einsatz ausgesetzt sahen. Bis zum Ende meiner Stehzeit in Afghanistan, genauer von 2003 bis 2008 (denn so lange dauerte der Afghanistan-Einsatz Deutschlands mittlerweile an), hatte Herr Ströbele nie einen Fuß auf afghanischen Boden gesetzt, geschweige denn deutsche Soldaten besucht und mit ihnen gesprochen. Wie will er dann beurteilen, ob die Ausrüstung der Soldaten ausreicht oder nicht? General a.D. Kujat, der ehemalige Generalinspekteur, fehlt bei keiner Talkshow und gibt gefragt oder nicht bei allen möglichen Sachfragen seine Meinung kund, so natürlich auch immer dann, wenn es sich um die Ausrüstung der Soldaten dreht. In Afghanistan habe ich ihn allerdings nie gesehen. Wie will er dann als selbsternannter Fachmann in allen Fragen der Bundeswehr authentisch rüberkommen, wenn seine aktive Zeit doch schon seit langem vorbei ist?

Reporter stürzten sich natürlich begierig auf dieses Thema. Das Schicksal der Soldaten interessiert dabei nur in einem nachgeordneten Umfang. Hier dreht es sich um Politik und um die einmalige Gelegenheit, zunächst den Verteidigungsminister und mit ihm am besten die gesamte Bundesregierung, also den politischen Gegner, bloß zu stellen. Schuldige mussten gefunden werden und Köpfe mussten möglichst rollen, daraus lässt sich Kapital schlagen! Dann trat unweigerlich der damalige Vorsitzende des Deutschen Bundeswehrverbandes auf, Oberst Gertz, und posaunte in die gleiche Richtung, dieses Mal aus verbandspolitischen Gründen. Der Effekt war jedoch der gleiche. Gertz hatte zwar deutsche Einsatzkontingente hin und wieder besucht, aber so wirklich Ahnung von den Realitäten hatte er nun auch wieder nicht. Mir sind diese Besserwisser immer zuwider gewesen. Ich wurde natürlich von Reportern immer wieder auf dieses Thema angesprochen. Verfügt die Truppe über die bestmögliche Ausrüstung und das in den erforderlichen Mengen? General D. hat das mal wie folgt auf den Punkt gebracht: ein Kommandeur wird immer mehr fordern, das ist er sich und seinen Männern schlichtweg schuldig!

Im Großen und Ganzen aber erhalten die Soldaten schon die bestmögliche Ausrüstung, und wo das nicht möglich war, wurde alles unternommen, ungeachtet noch so großer Haushaltsdefizite im Verteidigungshaushalt, derartige Fähigkeitslücken zu schließen. Natürlich gab es Mängel, zum Teil sogar ganz gravierende. Ich bleibe aber dabei, dass deutsche Soldaten auch im internationalen Vergleich sehr gut ausgestattet und ausgerüstet in den Einsatz geschickt werden. Sehr beliebt war in dieser Betrachtung die Frage nach „geschützten" bzw. „gepanzertem" Transportraum. „Geschützter" Transportraum schützt eigentlich gegen so gut wie gar nichts, schon gar nicht gegen

Sprengfallen, die zusehends zum größten Killer auf dem Gefechtsfeld wurden. Sie schützten allenfalls gegen Splitter oder Druckwellen, also Sekundäreffekte bei Sprengfallen. Von diesen Fahrzeugen hatten wir Anfang 2008 viel zu viele. Noch mehr verfügten wir leider über vollkommen ungeschützte Fahrzeuge wie den Jeep „WOLF", der in dieser Version erfolgreich in Bosnien und im Kosovo genutzt wurde. Nur, auf dem Balkan gab es auch keine IED-Gefahr! Wirklich gepanzert, d.h. weitestgehend gegen IED geschützt, waren zu meiner Zeit nur der Transportpanzer FUCHS und der DINGO, ein gepanzertes Transportfahrzeug mit Radchassis. Davon hatten wir allerdings viel zu wenig. Es muss aber auch der Ehrlichkeit halber vermerkt werden, dass die Truppe Anfang 2008 bis fast in den Sommer 2008 keine größeren Forderungen an gepanzerte Transportfahrzeuge gestellt hatte. Die Fallschirmjäger und die Soldaten der Schutzkompanie des 15. und 16. Kontingentes fuhren überwiegend mit ungepanzerten Fahrzeugen durch die Gegend.

Das änderte sich natürlich mit Auftreten der IED-Gefahr. Schlagartig bekam man keinen einzigen Soldaten mehr auf einen ungepanzerten WOLF. Alles schrie nach gepanzertem Transportraum. Da ich trotz der einen oder anderen Beschaffungsmaßnahme unverändert nicht über ausreichenden gepanzerten Transportraum verfügte, habe ich in einer Güterabwägung den am meisten bedrohten Kräften die wenigen gepanzerten Transportfahrzeuge zur Verfügung gestellt, während ich andere, die beispielsweise nur zum nahegelegenen Flugplatz fahren mussten oder in der vergleichsweise ruhigen Provinz Takhar operierten, mit weniger geschützten Fahrzeugen ausstattete. Das war zwar unpopulär und bedurfte vieler Gespräche mit den betroffenen Soldaten, letzten Endes war es aber alternativlos. Natürlich wurde argwöhnisch auf das Regionalkommando Nord in Mazar-e-Sharif geschaut, wo Soldaten, die aus Kunduz anreisten, angeblich Massen von gepanzerten Fahrzeugen nutzlos stehen sahen. Ich habe diesen Fabelgeschichten nie wirklich Glauben schenken wollen. Es oblag mir auch nicht, an den Ausstattungsentscheidungen des Regionalkommandos Nord Kritik zu üben. Denn sowohl der Kommandeur des Regionalkommandos Nord, General D., wie späterhin auch General Weigt sowie die verantwortlichen Politiker der Bundesregierung hatten ein Eigeninteresse daran, die Soldaten bestmöglich auszurüsten. Natürlich wurden Ausstattungsmängel gemeldet und auf mögliche Konsequenzen verwiesen. Aber ich bekam, was ich in Anbetracht einer realistischen Beurteilung der Lage erwarten durfte. Das war natürlich nicht ausreichend, aber eben kurzfristig oftmals nicht zu ändern.

Vielfach haben sich die Soldaten in zuweilen abenteuerlicher Weise beholfen. Die Truppe regelt das schon, darauf ist wie immer Verlass. So montierten Soldaten ein Maschinengewehr auf den Überrollbügel des ungepanzerten Jeeps WOLF, den sie abgeplant nutzten, um bei Feindkontakt mit dem Maschinengewehr sofort das Feuer erwidern zu können. Das sah verwegen aus und war von eher zweifelhafter Wirkung. Es stärkte aber die Moral der Soldaten und kräftigte ihr Vertrauen in die eigene Stärke. Flugs kam mein Technischer Stabsoffizier zu mir gelaufen und bestürmte mich, diesem Treiben ein Ende zu bereiten. Die Straßenverkehrszulassung dieses Fahrzeuges würde bei derartigen Umbauten erlöschen, und das ginge nicht an. Was kümmerten mich die Straßenverkehrszulassungsbestimmungen in Deutschland, wenn meine Soldaten in Afghanistan um ihr Leben kämpften? Ich unterschrieb einen Befehl, womit ich diesen Umbau unter Auflagen gestattete, und mein Technischer Stabsoffizier zog wutschnaubend davon. Dann beobachtete ich Soldaten, die vom russischen Panzerfriedhof nahe dem Flugplatz Infrarotscheinwerfer von kaputten russischen Panzern abbauten. Ich stellte sie zur Rede, was der Unsinn soll. Sie erklärten mir in entwaffnender Offenheit, sie würden die Scheinwerfer an ihre Aufklärungspanzer FENNEK bauen und provisorisch an die Fahrzeugbatterie klemmen. Tatsächlich funktionierten diese Scheinwerfer noch, und der Fahrer des FENNEK, der bei Nacht mit seiner Nachtsehbrille kaum 70m weit sehen konnte und nur ein sehr eingeschränktes Sichtfeld hatte, konnte unter Nutzung des IR-Lichtes russischer Scheinwerfer wesentlich besser und vor allem weiter schauen. Das leuchtete mir ein, und ich erlaubte dieses Treiben. Mein Technischer Stabsoffizier wagte gar nicht erst, mich erneut zu belehren. Natürlich, die Straßenverkehrszulassung, ich weiß. Und ja, selbstverständlich gilt auch im Einsatz die deutsche Rechtsprechung und entsprechende Normen, die im öffentlichen Straßenverkehr die Nutzung von Nachtsehbrillen und improvisierten IR-Scheinwerfern ausschlossen. Aber interessierte mich das wirklich?

Wohl kaum. Später hat das Bundesverteidigungsministerium dann derartige Scheinwerfer in klarer Erkenntnis ihres Nutzens beschafft und ein Einbauverfahren erlassen, das selbst meinen Technischen Stabsoffizier beruhigte, und alle waren zufrieden. Derartige Beispiele gibt es viele. Wenn man aber das Ganze vor seinen Teilen sieht, dann bleibe ich dabei, dass damals wie heute das Menschenmögliche getan wird, trotz aller Mängel der Truppe die beste Ausrüstung und Ausstattung zuteil kommen zu lassen. Und wenn denn ein Kommandeur meint, wegen mangelnder Ausrüstung eine militärisch notwendige Operation nicht verantworten zu können, dann hat er als gestandener Mann und Vorgesetzter immer noch die Möglichkeit zu befehlen, dass die Operation schlichtweg nicht stattfindet – Punkt. Ich habe für einen derart dramatischen Entschluss, trotz aller Widrigkeiten, nie eine Notwendigkeit gesehen.

24. Besucher und Reporter

Es sind dies ganz schlimme Plagegeister, die mich zuweilen in den Wahnsinn getrieben haben. Sie kamen alle, die meinten, vorbeischauen zu müssen. Besucher und Reporter haben ihre Berechtigung, und sehr oft bot sich uns hierdurch eine sehr willkommene Gelegenheit, Nachrichten zu transportieren, die sonst wohl eher nicht den Zugang in die Öffentlichkeit gefunden hätten. Aber Zuviel ist nun einmal Zuviel. Als erstes seien an dieser Stelle Politiker genannt. Diese Zielgruppe war uns besonders wichtig, weil Mandatsträger schon wissen und erleben sollten, unter welchen Bedingungen deutsche Soldaten in Afghanistan kämpften. Allerdings wurden wir fast überschwemmt mit Politikern aller Couleur, Mitgliedern des Bundestages, Obleuten des Verteidigungsausschusses, Vertretern der Innenministerkonferenz, Landespolitiker, Kommunalpolitiker, Staatssekretäre und Minister. Leider war es mir nicht vergönnt, die Bundeskanzlerin, Frau Angela Merkel, oder unseren ehemaligen Bundespräsidenten, Herrn Köhler, in Kunduz begrüßen zu können. Ansonsten hatte ich die gesamte Politikprominenz Deutschlands fast lückenlos – wenigstens einmal – in meinem Feldlager zu Gast. Und alle wollten das Rundum-Sorglos-Programm haben.

Ich holte die Damen und Herren zusammen mit dem Zivilen Leiter des PRT im Regelfall immer persönlich am Flugplatz in Kunduz ab. Das gab zuweilen schon protokollarische Verwicklungen. Oftmals handelte es sich um ganze Besuchergruppen. Der Ranghöchste unter ihnen fuhr zumeist in meinem Jeep mit, so dass der Zivile Leiter in meinem Wagen keinen Platz mehr hatte. Das skizziert recht anschaulich, wer hier wirklich das Sagen hatte. Alle anderen, auch der Zivile Leiter, hatten sich in einer zuweilen beachtlichen Wagenkolonne weit hinten einzureihen. Da der Flugbetrieb in Afghanistan halt nicht immer mit der Präzision der deutschen Lufthansa zu vergleichen ist, waren lange Wartezeiten auf dem Flugfeld keine Seltenheit. Die Transall landete dann doch irgendwann, und mich beschlich stets das beklemmende Gefühl, was denn wohl passieren würde, wenn Taleban auf die Idee kämen, so einen Riesenvogel abzuschießen. Das wäre für mich und das Bundeswehrengagement sicherlich der Ober-GAU gewesen. Gott Lob kam es dazu nie. Das Gepäck unserer Besucher wurde auf Lastwagen verladen, und schon fuhren wir ab in Richtung Feldlager, das man innerhalb von nur fünf Minuten sicher erreichte.

Die weit überwiegende Masse aller Besucher hatte sich adäquat auf ihren Aufenthalt in Afghanistan vorbereitet. Das merkte man sofort beim Anblick der Kleidung und vor allem der Schuhe. Wer sich auch nur oberflächlich mit Afghanistan beschäftigt, dem dürfte klar sein, dass es in Afghanistan im Allgemeinen und in Kunduz im Besonderen eher staubig und heiß, bzw. im Winter nass und bitterkalt ist. Asphaltierte Straßen gibt es kaum. Man kann sich schon glücklich schätzen, wenn man geschotterte Pisten vorfindet. Nur zu oft rumpelt man entlang von Pfaden und ausgewaschenen Wegen. Wenn man aber, wie die eine oder andere Kommunalpolitikerin, die meint, auf Wahlkampfreise zu sein (und es sich hierbei geziemt, Soldaten ihres Wahlkreises zu besuchen), im Rock mit schicker Bluse und offenen flachen Schuhen oder Sandalen daherkommt, dann muss man mir nichts weiter erklären. Wirklich ernst kann es der Dame mit dem Truppenbesuch in Kunduz nicht gewesen sein. Besagte Dame hatte dann selbstverständlich so ihre Schwierigkeiten, im engen Rock auf die Ladefläche eines gepanzerten Fahrzeuges zu klettern und musste von hilfswilligen Soldaten „angeschoben" werden, sonst wäre sie nie raufgekommen. Das macht bei den Soldaten einen verheerenden Eindruck. Ähnliches geschah mit männlichen Vertretern dieser Zunft, oftmals erheblich übergewichtig und schwitzend. Beiden Gruppierungen war gemein, dass sie unaufhörlich jammerten und sich beschwerten. Die Hitze, nein wie fürchterlich. Und dann mussten sie auch noch eine Splitterschutzweste tragen! Es gab keine Einzelunterkunft für sie. Auch waren sie wie alle anderen auf Gemeinschaftssanitäreinrichtungen angewiesen, denn Einzelzimmer mit Nasszelle hatten wir nun einmal nicht.

Der Ehrlichkeit halber muss ich sagen, dass sich die weit überwiegende Masse der Besucher professionell verhielt und tapfer alle Entbehrungen ertrug, die es nun einmal zwangsläufig gab. Mich aber nervte derartiges Verhalten zutiefst. Alle Besucher erhielten natürlich einen Lagevortrag über Kunduz. Sicherlich verfügten wir über einen Standardvortrag, aber meistens musste der Vortrag den besonderen Interessen der Besuchergruppe und der aktuellen Lage angepasst werden. Das erforderte viel Arbeitszeit im Stab, der sicherlich noch andere Aufgaben hatte. Ich machte es mir zur Regel, dass die Besucher, vor allem die Politiker aller Couleur, einen persönlichen Eindruck mitnehmen sollten, unter welchen Bedingungen der Einsatz tatsächlich abläuft. Ich fuhr mit ihnen hinaus ins Gelände, zu Übersichtspunkten, um ihnen exemplarisch die Lage vor Augen zu führen. Mit voller Absicht setzte ich die Besucher auf offene Ladeflächen unserer Fahrzeuge, damit sie die Staubbelastung persönlich erfahren, denen sich die Soldaten ausgesetzt sahen. Die Besucher mussten selbstverständlich die Splitterschutzweste tragen. Sie sollten schwitzen und verdreckt wieder zurückkehren, nicht um sie zu ärgern, sondern um Problembewusstsein zu schaffen. In der weit überwiegenden Zahl der Fälle wurde dieser Ansatz trotz aller Unbilden dankbar aufgenommen. Was mir nicht gelang war, das Gefühl bedroht zu sein wirklich unmittelbar zu vermitteln. Ich zeigte den Besuchern das Einschlagsloch der BM-1 Rakete in der Feldküche, was meist schon ausreichte, um Beklommenheit aufkommen zu lassen. Ich zeigte ihnen Videoaufnahmen von IED-Anschlägen, Bilder abgerissener Gliedmaßen von Selbstmordattentätern, zerstörte Autowracks und andere Grausamkeiten. Aber obwohl in meiner Zeit ca. 70 Raketen aufs Lager abgefeuert worden waren, erlebte kein einziger Besucher je einen

Raketenangriff. Schade eigentlich, aber irgendwie spielten die Taleban hier nicht mit. Als ob sie es gewusst hätten.

Dann muss ich natürlich auf die Schar der Reporter eingehen. Ich erlaube mir hier einmal eine Lanze für besagte Reporter zu brechen. Zwar störten auch sie unseren Betriebsablauf in nicht unerheblicher Art und Weise, aber sie waren fast rundweg hoch professionell, bestens vorbereitet, mit viel Sachverstand ausgestattet, in ihrer Berichterstattung fair. Natürlich wurden kritische Fragen gestellt. Gewarnt wurde ich von meinem Pressestabsoffizier vor allem vor Frau Susanne Koelbl, der berühmt berüchtigten Spiegelkorrespondentin, „Raketen-Susi" genannt. „Der Spiegel" war für Soldaten eigentlich stets ein rotes Tuch. Man blieb gegenseitig auf Distanz. Vor dem Einsatz hatte ich ein Medientraining mitgemacht (kann ich jedem Kommandeur nur wärmstens empfehlen), das mich einigermaßen sicher im Umgang mit der Presse machte. So gewappnet trat ich Frau Koelbl gegenüber. Frau Koelbl würde notfalls ihre weiblichen Reize ausspielen, so warnte man mich, um an entsprechend sensitive Informationen zu gelangen. Nun ist die Beurteilung von weiblichen Reizen sicherlich eine höchst private und subjektive Angelegenheit, aber ohne Frau Koelbl wehtun zu wollen, sie sah zwar recht nett aus, aber eine wirkliche Gefahr ging von ihrer Weiblichkeit nun wieder auch nicht aus. Ich fragte meinen Pressestabsoffizier im Scherz, ob ich denn auf der Hut sein müsste, falls Frau Koelbl den obersten Knopf ihrer Bluse aufmacht. Dazu ist es dann erfreulicher Weise nicht gekommen. Frau Koelbl verhielt sich überaus korrekt, nicht nur, was ihre Weiblichkeit angeht.

Vertreter von Printmedien kamen vorbei, Fernsehreporter, und alle wollten am liebsten den O-Ton des Kommandeurs haben, um danach mit den Patrouillen raus zu fahren. Ich hatte eigentlich nie das Gefühl, dass hier Sensationsjournalismus betrieben wurde. Ganz im Gegenteil, Männer wie Ulli Gack vom ZDF, Frau Koelbl vom Spiegel, um nur die wichtigsten aufzuzählen, waren gern gesehene Gäste. Ich habe de facto auch nie einen Hehl aus meiner Meinung gemacht und relativ offen und frei gesprochen. Ich habe Reporter stets als Partner angesehen, denen ich Bilder und Meinungen mit auf den Weg geben konnte, die mir wichtig waren. Am meisten beeindruckt war ich von Herrn Theo Sommer, dem ehemaligen Mitherausgeber der „Zeit" und Assistent von Helmut Schmidt. Mittlerweile 78 Jahre alt, überzeugte er mich und meine Soldaten durch eine Gelassenheit, innere Ruhe, messerscharfen Verstand und eine Unbekümmertheit im Umgang mit Soldaten. An einem späten Abend bat er mich zu einem Hintergrundgespräch, das er mit den Worten einleitete: „Nun stellen wir uns mal vor, wir hätten einen intellektuell veranlagten Verteidigungsminister". Minister Jung war gemeint, und diese Gesprächseröffnung sagte eigentlich schon alles aus über die Wertschätzung, die Minister Jung bei den Medien genoss – nämlich keine. Für mich war es natürlich nicht immer einfach, den Spagat zwischen Loyalität auf der einen Seite und Artikulierung meiner Sorgen auf der anderen Seite hin zu bekommen. Zuweilen bewegte ich mich auf wirklich dünnem Eis. Geschadet hatte es mir eigentlich nie. Wichtig war für mich immer, ob ich ehrlich genug blieb und noch in den Spiegel schauen konnte, ohne meine dienstlichen Verpflichtungen zu verletzen. Im Großen und Ganzen scheint mir das ganz gut gelungen zu sein. Ich wurde jedenfalls nicht bestraft, und die Reporter schienen mit mir zufrieden zu sein.

Um der Heerschar an Besuchern habhaft werden zu können, verfügte ich über einen „Besucheroffizier", im Fachjargon „VISO" (Visitor Officer) genannt. Dies war im Regelfall ein junger, dynamischer und notwendiger Weise äußerst belastbarer Oberleutnant, der über gute Nerven und viel Organisationsgeschick verfügen musste. Zuweilen kam es ihm und mir so vor, als wenn er mit wenigstens sechs Bällen gleichzeitig jonglieren musste, ohne den Überblick zu verlieren. Er besprach die Besuche mit dem Stab und den betroffenen Kompanien. Es gab ganze Teileinheiten, die neben ihrer Patrouillentätigkeit unaufhörlich Zusatzaufträge erhielten, irgendwelche Besuchergruppen oder Reporter entweder auf Patrouillen mitzunehmen oder Soldaten für Gesprächsrunden abzustellen. Denn das Interesse der Besucher und Reporter fokussierte sich natürlich zu allererst auf diejenigen Soldaten, die „draußen", außerhalb des Feldlagers, agierten. Die „Drinnies", also solche, die eigentlich eher immer im Feldlager verbleiben, für die interessierte sich kaum jemand. So waren es einmal mehr meine Fallschirmjäger, die Soldaten der Schutzkompanie, die Feldjäger und Aufklärer und natürlich meine Sanis, die von den Besuchern heimgesucht wurden.

Der VISO hatte dann die angenehme Aufgabe, mir die vielen Besuchstermine zu melden und mit mir und dem Zivilen Leiter Termine und Programme abzustimmen. Da er wusste, wie sehr ich das liebte, erschien er meist mit Unbehagen und dem Gesichtszug „Ich kann doch nichts dafür" auf seinem Antlitz. Derartige terminliche Abstimmungen nahmen wir jeden Donnerstag in der sogenannten „calendar coordination group" vor. Neudeutsch ausgedrückt handelt es sich dabei um eine Terminkoordinationskonferenz. In unserer Terminübersicht war eine wenigstens vierwöchige Phase blau gekennzeichnet, die den Zeitraum des Kontingentwechsels beschrieb. In dieser Zeit herrschte „Besuchersperre". Wutentbrannt habe ich irgendwann befohlen, sowohl die blaue Kennzeichnung als auch den Begriff als solchen aus allen Übersichten zu streichen. Kein Mensch hielt sich je an die Besuchersperre. In schöner Regelmäßigkeit strömten Besuchergruppen in das Feldlager. Alle Beschwerden beim zuständigen Einsatzführungskommando in Potsdam halfen nichts. Dort versicherte man uns mit Vehemenz, dass man schon alles menschlich Mögliche unternommen hätte, um diesen Irrsinn auf ein noch vertretbares Etwas zu begrenzen. Es half alles Jammern nichts.

Besuchergruppen sind ein unvermeidliches Übel und eine lästige Begleiterscheinung des Truppenalltages im Auslandseinsatz. Mein VISO hatte zudem noch die Verantwortung, für die Unterbringung und Versorgung der Besucher zu sorgen. Da das Feldlager nahezu voll belegt war, konferierte er in schöner Regelmäßigkeit mit den Kompaniefeldwebeln, um freie Betten für unsere Besucher zu gewinnen. „Bettenmanagement" war ein geflügeltes Wort im PRT Kunduz und als solches durchaus ernst gemeint. An einem späten Tage im Oktober 2008 haben wir dann den Rekord gebrochen. Es erschienen die Obleute des Verteidigungsausschusses, allesamt für uns Very Very-Important-VIP!! Die Abreise der Gruppe verzögerte sich, und ich war noch mit deren Verabschiedung beschäftigt, da landete bereits der Parlamentarische Staatssekretär des Bundesverteidigungsministeriums, Herr Kossendey, ebenso ein VVIP! Der zeigte sich beleidigt, dass mein Stellvertreter und nicht ich persönlich zu seiner Begrüßung am Flugplatz erschien. Ich verfüge aber leider nur über einen Hintern, und der war mit den Obleuten des Verteidigungsausschusses noch gebunden. Kossendey war noch vor Ort, da flog die dritte Gruppe ein, diesmal Vertreter internationaler „Think Tanks", die mit uns fachsimpeln wollten. Gott Lob erbarmte sich unser Ziviler Leiter und nahm sich dieser Gruppe an. Alle aber erhielten ein maßgeschneidertes Briefing und die Rundum-Sorglos-Behandlung. Mein Chef des Stabes, zu der Zeit der umsichtige und normalerweise nicht aus der Ruhe zu bringende Oberstleutnant Lutz Neumann, und mein VISO wurden fast wahnsinnig. Ich stellte mir in einer der wenigen ruhigen Augenblicke des Tages vor, was denn passieren würde, wenn ich tatsächlich meiner eigentlichen Aufgabe hätte nachkommen müssen, nämlich das PRT Kunduz zu „führen". Mein Stab, der Zivile Leiter und ich waren in solchen Zeiten vollends damit beschäftigt, Besucher zu handhaben. Das kann bei allem Verständnis nicht meine Primäraufgabe sein. Jeder sagte mir natürlich, ich solle bloß keinen Aufwand betreiben. Aber nach ihrem Status wahrgenommen werden wollten sie dann schon.

Die Masse der Besucher verhielt sich schon professionell, daran gibt es keinen Zweifel. Als mir dann aber noch der Schauspieler Ralf Moeller angekündigt wurde, der medienwirksam seinen ramponierten Ruf als Schauspieler durch eine Spende von Fitnessgeräten aufpolieren wollte, da platzte mir dann doch der Kragen. Diesen Pausenclown lehnte ich ab. Moeller ließ sich dann in Mazar-e-Sharif martialisch in Fleckentarnuniform und mit einer brennenden Zigarre lässig im Mundwinkel hängend fotografieren. Was für ein "Held"!

Ein anderer verweigerte sich, obwohl seine Soldaten im Einsatz standen. Der damalige Kommandeur der 1. Panzerdivision hielt zuhause in Hannover markige Ansprachen. „Tapferkeit", „Blut und Tränen", „Härte", „Durchhaltefähigkeit", „Professionalität", „Tod und Verwundung", er ließ keine Tugend aus, die er seinen Soldaten "DER ERSTEN" abverlangte, weil diese Division nicht nur "DIE ERSTE" aller anderen Divisionen war, sondern auch noch die einzige der Kategorie „Eingreifkräfte", quasi eine Elitedivision mit ihm als elitären Kommandeur. Er verkaufte sich meisterhaft, doch im Einsatz, da ließ er sich nicht blicken. Er gratulierte mir nicht, als ich im Einsatz Geburtstag hatte, er fragte kein einziges Mal bei mir oder meinen Männern nach, wie es uns erging. Er verweigerte sich, als ich das erste Mal aus dem Einsatz zurückkehrte, und verweigerte sich erneut, als ich Hals über Kopf wenig später erneut in den Einsatz musste. Er war angekündigt in Begleitung des ehemaligen Verteidigungsministers Dr. Peter Struck. Doch als der absagte, zog auch unser General es vor, nicht zu kommen. Er mag viele Gründe dafür gehabt haben, die jeder für sich genommen vielleicht plausibel waren. Dieses zu beurteilen steht mir nicht zu. Aber was auch immer seine Gründe waren, er gehörte nach vorne, zu seinen Soldaten. Wenn er denn einigermaßen glaubhaft bleiben wollte, dann musste er wenigstens einmal seine Soldaten "DER ERSTEN" in Afghanistan besuchen, sei es in Mazar-e-Sharif, in Kunduz oder in Faizābād. Ich hatte alle Divisionskommandeure des deutschen Heeres bei mir. Manch einen sogar mehrfach. Auch der Befehlshaber des Heeresführungskommandos aus Koblenz, zu der Zeit General Otto, war gern gesehener und vielfacher Gast in Kunduz. Sie kamen alle, und sie kamen gerne, weil ihre Männer und Frauen ihren Kopf im Einsatz – auch im Namen der jeweiligen Division – hinhielten. Nur der Kommandeur "DER ERSTEN", den schien dies wenig zu interessieren. Er hatte offenbar andere Schwerpunkte – schade, eine verpasste Gelegenheit mehr.

25. Key Leader Engagement

Die Gespräche und Kontakte zu afghanischen Persönlichkeiten des öffentlichen Lebens gehörten zu meinen Schwerpunktaufgaben, die ich so gut wie immer zusammen mit meinem Zivilen Leiter durchführte. Man nennt das neudeutsch „Key Leader Engagement". Durch derartige Kontaktpflege erhofft man sich, zumindest indirekten Einfluss auf die Ereignisse ausüben zu können. „Key Leader Engagement" war so etwas wie die deutsche Zauberformel. Dialogbereitschaft, Konsensbildung, kommunikative Strukturen wurden bewusst der vermeintlich aggressiven Vorgehensweise, vor allem der Amerikaner, gegenübergestellt. Daran ist zumindest wahr, dass der Dialog mit afghanischen Vertretern des öffentlichen und nichtöffentlichen Lebens alternativlos ist, wenn man nicht als Besatzungsmacht auftreten will. Das haben auch die Amerikaner längst erkannt. Die Idee ist nicht wirklich neu. Sie hat sich in Bosnien und im Kosovo bewährt und ist seitdem etabliert.

Zunächst einmal hatte ich es wöchentlich mit dem Gouverneur der Provinz Kunduz und der Provinz Takhar zu tun. Hierzu führten wir turnusmäßig meist am Sonntagvormittag in Kunduz und am Montagvormittag in Takhar das sogenannte „Security Meeting" durch. Dies ist eine durch den jeweiligen Gouverneur geleitete Konferenz, an der von afghanischer Seite zusätzlich zum Gouverneur der Polizeichef der afghanischen Polizei ANP (Afghan National Police), der Vertreter des afghanischen Geheimdienstes NDS (National Directorate of Security) sowie der Kommandeur des afghanischen Infanteriebataillons der afghanischen Armee ANA (Afghan National Army) teilnahmen. Manchmal war auch noch der Kommandeur der afghanischen Grenzpolizei ABP (Afghan Border Police) zugegen. Zusätzlich zu dem Zivilen Leiter des PRT nahm ich zumeist auch noch den Kompaniechef der Feldjägerkompanie mit, aus meinem Stab den Abteilungsleiter J2 (Militärisches Nachrichtenwesen), den Vertreter des deutschen Geheimdienstes in Kunduz sowie den Abteilungsleiter J9, der für zivil-militärische Zusammenarbeit verantwortlich zeichnete. Alliierte Vertreter, die für die Polizeiausbildung verantwortlich waren, durften auch nicht fehlen. Diese vertraten die EUPOL-Mission (europäische Polizeiausbildung). Sie wurden ergänzt durch wenigstens zwei amerikanische Offiziere, die sich ebenfalls für die Polizeiausbildung zuständig erklärten. Dann natürlich durfte Frau Gabriela Irribane nicht fehlen, die Vertreterin der örtlichen UNAMA-Mission (United Nations Assistance Mission for Afghanistan). Alles in Allem saßen in einem viel zu engen Raum ohne jede Air Condition im Sommer oder Heizung im Winter bis zu 20 Vertreter, die alle ihren Senf dazu geben wollten.

Der Gouverneur eröffnete die Konferenz in schöner Regelmäßigkeit. Engineer Omar, der Gouverneur in Kunduz, machte das recht souverän, wenn auch zuweilen etwas gelangweilt. Noch während er sprach, trat sein privater Kameramann ein, der mit seiner Videokamera alle mögliche Filmschnitte von ihm, dem Gouverneur, und allen Beteiligten machte. Mir ging dieser Videomann gehörig auf die Nerven. Aber er gehörte zu dem afghanischen Ritual wie der grüne Tee und die Süßigkeiten, die stets gereicht wurden. Nach dem Gouverneur sprachen der Polizeichef, der Geheimdienstchef und der Kommandeur des afghanischen Infanteriebataillons. Erst dann wurde mir das Wort erteilt, danach meinem Zivilen Leiter und dann dem Rest. Wirklich interessante und wichtige Dinge konnten in einem derart großen Rahmen nie erörtert werden. Hatte man wirklich Wichtiges zu besprechen, dann traf man sich vorher oder hinterher in einem kleinen, fast schon privaten Kreis. Der Gouverneur zeigte sich in kleiner Runde weitaus offener und zugänglicher als vor großem Publikum. Wenn man das wusste, war das sicherlich kein Problem.

Nachdem man in Kunduz mit dem „Security Meeting" gut zwei Stunden verbracht hatte, wiederholte sich am nächsten Tag der Vorgang in Taloqan, der Hauptstadt der Provinz Takhar. Hierfür ging zumindest ein kompletter Vormittag drauf, weil wir für die Hin- und Rückfahrt nach Taloqan alleine jeweils 60 Minuten benötigten. Ich habe das Security Meeting in Taloqan daher immer auch genutzt, um meine Männer und Frauen zu besuchen, die in unserem Ableger, dem Provincial Advisory Team (PAT) Taloqan, stationiert waren und die Fahne Deutschlands hochhielten. Andere Termine haben wir drum herum gebaut. So besuchte ich gerne den Provinzrat der Provinz Takhar am gleichen Tage. Der Provinzrat setzt sich aus gewählten Volksvertretern der afghanischen Bevölkerung zusammen. Er ist noch am ehesten mit demokratischen Strukturen wie die einer Volkskammer zu vergleichen. Zu meinem großen Erstaunen gehörten dem Provinzrat sowohl in Kunduz als auch in Takhar verhältnismäßig viele Frauen an, die energisch ihre Positionen vertraten. Der Provinzrat war jedoch politisch vollkommen bedeutungslos. Er war unmittelbar abhängig vom jeweiligen Gouverneur, der sich von dem Provinzrat nie kontrollieren oder behindern ließ. Eine parlamentarische Kontrolle auf Provinzebene konnte durch den Provinzrat sicherlich nicht durchgeführt werden.

Andere Besprechungen kamen dazu. Ich traf ethnische Führer in schöner Regelmäßigkeit. Ob nun Paschtunen, Tadschiken, Usbeken oder Hazara (um nur die wichtigsten zu nennen), alle musste und wollte ich wahrnehmen. Ich fuhr in die Distrikte und konferierte mit den Regierungsvertretern auf Distriktebene. Ich besprach mich mit geistlichen Führern, zumeist orthodoxe Islamgelehrte, die in der afghanischen Gesellschaft höchstes Ansehen genießen und nicht selten die eigentlichen Wortführer sind. Dorfälteste, Stammesälteste, Führungspersönlichkeiten des öffentlichen Lebens, zunehmend aber auch ehemalige Warlords (fast alle Kriegsverbrecher nach deutschen Wertevorstellungen) und sogar ehemalige oder noch aktive Taleban – mit allen suchten wir den mehr oder minder offiziellen Kontakt. Die Gespräche waren oftmals zäh und ermüdend. Afghanen fallen nicht mit der Tür ins Haus. Man setzt sich hin, nicht selten auf einen Teppich ohne jedes Mobiliar, und der Hausherr lässt Tee und Süßigkeiten, zuweilen auch Obst servieren. Sitzt man auf dem Teppich, so zieht man vorher seine Schuhe aus. Die Splitterschutzweste bleibt sowieso im Jeep genauso wie das Gewehr, das man ggf. dabei hatte. Ich trug immerzu eine Pistole, die ich aber bei diesen Gelegenheiten entmunitionierte. Man saß im Schneidersitz oder mit verschränkten Beinen auf dem Boden. Nach spätestens 30 Minuten taten mir in schöner Regelmäßigkeit die Beine weh. Afghanen müssen über Gummigelenke verfügen, anders kann ich mir ihre Fähigkeit nicht erklären, in derart verkrampften Sitzpositionen ohne sichtbare Ermüdung zu verharren.

Oftmals wurden wir zu privaten Essen eingeladen. Derartige Einladungen darf man nicht ausschlagen, weil der Afghane sonst zutiefst beleidigt gewesen wäre. Afghanen sind überaus und im Verhältnis zu ihrer Armut geradezu legendär gastfreundschaftlich. Sie garantieren auch die Sicherheit ihrer Gäste und dies selbst dann, wenn man eigentlich der „Gegner" ist. Kein Afghane würde je seine Gastgeberverpflichtungen brechen. Bei afghanischem Reis, durchsetzt mit Rosinen und gekochtem Hammelfleisch, wurde gegessen, getrunken und Smalltalk gehalten. Erst nach einer gewissen Zeit wechselte der Afghane zu dem eigentlichen Gesprächsthema. Dieses Ritual galt es einzuhalten. Man benötigte viel Geduld und zuweilen einen stabilen Magen. Alkohol trinken Muslime nicht, zumindest nicht offiziell. Bei keiner einzigen offiziellen Einladung wurde Alkohol ausgeschenkt. Ganz anders sieht das bei privaten Einladungen aus, die oftmals wesentlich informativer waren.

Der Chef des afghanischen Geheimdienstes in Kunduz lud mich im Hochsommer zu einem afghanischen Picknick ein. Ich traf ihn in einem riesigen Zelt, wie ein Beduine hausend, zusammen mit seiner Familie, irgendwo auf einer Weide im Niemandsland. Die Gegend war unauffällig, nichtsdestotrotz wirksam von seinen Männern abgesichert. Alkohol floss in Strömen. Vollkommen verdattert wies ich ihn darauf hin, dass er doch Muslim sei. Mit einem breiten Grinsen gab er zurück, da wir in einem Zelt säßen, könne Allah ja nichts davon sehen. 30 Minuten später war er sternhagelvoll. Derartige private Einladungen waren stets ein Zeichen der besonderen Wertschätzung. Am Ende führte mich der afghanische Gastgeber persönlich zu meinem Fahrzeug. Wenn er dann noch meine Hand beim Gang zum Wagen in seine Hand nahm, dann war das eine der größten Freundschaftsgesten, die ein Muslim einem Nicht-Muslim zuteilwerden ließ. Für uns Mitteleuropäer sah das homosexuell aus, für Afghanen ist dies Ausdruck größter Wertschätzung.

Natürlich sprachen wir Gegeneinladungen aus. In unserem Feldlager bewirteten wir die Afghanen, so gut wir es konnten. Selbstverständlich bereiteten wir afghanische Kost zu. Alkohol wurde nicht ausgeschenkt. Nach dem Essen, darauf war Verlass, standen die Afghanen auf und verabschiedeten sich umgehend. Auch dies war keine Unhöflichkeit, sondern afghanische Sitte. Alle Konversation lief notwendiger Weise nur und ausschließlich über Dolmetscher, die natürlich hierdurch eine außerordentlich wichtige Funktion wahrnahmen. Ich musste ihnen blind vertrauen können. Bis auf eine Ausnahme habe ich samt und sonders ausschließlich über hervorragende Dolmetscher verfügt, die mir nicht selten entscheidende Ratschläge geben konnten oder mich ganz unmittelbar warnten. In meiner Einsatzvorbereitung erhielt ich natürlich auch eine Einweisung in afghanische Landeskunde. In Erinnerung blieb mir vor allem, dass Afghanen niemals mit der linken Hand essen, weil diese als unrein gilt. Als ich dann noch mit Oberst Setzer an meiner Seite zum ersten Male mit einem Afghanen an einem Tisch saß, griff ich in die obligate Schüssel mit Süßigkeiten wie selbstverständlich mit meiner linken Hand, denn ich bin Linkshänder. Als ich mich dabei ertappte, muss ich im Gesicht rot angelaufen sein. Ich war gerade mal wenige Tage im Einsatzland und dann dieser Fauxpas! Wie ich sehr schnell lernen sollte, störte das niemanden, und ich erlaubte mir, sichtbar zu entspannen.

In der weit überwiegenden Anzahl der Fälle waren Gesprächstermine mit den Afghanen grundsätzlich freundlicher Natur. Nie wurde ich persönlich beleidigt, noch fühlte ich mich irgendwie bedroht. Ein einziges Mal drohte mir einer der Distriktgouverneure, und auch der Erzschurke in Kunduz, Mir Allam, meinte einmal, mich demütigen zu müssen. Ich habe beiden sofort zu verstehen gegeben, wie lächerlich ihre Haltung war, und schon agierten dieselben Gauner mit einer ausgesprochenen Liebenswürdigkeit. Der Versuch ist bekanntlich nicht strafbar, also konnte man es ja mal probieren. Ich lernte aber sehr schnell, wer mich belog und wer es ernst mit mir meinte. Entscheidende Wirkung hat das Key Leader Engagement hingegen nicht entfacht. Afghanen sind brutale Pragmatiker. Sie warten gelassen ab, was wir zu bieten haben. Sie brauchen lange, um Vertrauen aufzubauen. Erst dann tauen sie auf. Der größte Fehler ist gemeinhin, Versprechungen zu machen, die man dann nicht halten kann. So spürten die Afghanen ziemlich schnell, dass Deutschland eben nicht für ihre Sicherheit garantieren konnte. Das ist der perfekte Nährboden für die Taleban. Diese bedrohen die afghanische Bevölkerung und schüchtern sie brutal ein. Wer verdächtigt wird, mit uns zusammen zu arbeiten, der wird bedroht. Spätestens nach der dritten Drohung folgt dann zumeist die Exekution, d.h. die im Allgemeinen öffentlichkeitswirksame Hinrichtung desjenigen, der die Bedrohung nicht ernst nahm. In anderen Fällen wurden den Menschen die Ohren abgeschnitten, gerade neu eingeweihte Schulen, die mit unserer Hilfe gebaut wurden, angezündet und zerstört, Kinder gekidnappt und viele Dinge mehr, die nach unserer Rechtsvorstellung allesamt Gewaltverbrechen darstellen.

Key Leader Engagement wirkt hier nur, wenn unser Handeln glaubhaft und nachhaltig ist. Erkennt der Afghane, dass trotz aller vollmundigen Versprechungen die Taten in der Umsetzung fehlen, so wendet er sich an diejenigen, die ihm Schutz gewähren. Taleban gewähren Schutz vor sich selber. Wer dieses Grundprinzip nicht versteht, der hat die Wirkungsweise mafiöser Strukturen nicht verstanden. In mancher Hinsicht handelt es sich bei den Taleban um genau solche mafiöse Strukturen, wie wir sie aus Süditalien kennen. Damit ich Dich vor mir selber (und vor anderen) schütze, bezahlst Du mich, sonst verfällt der Schutz, und ich töte Dich. Mit Rechtsstaatlichkeit hat das nichts zu tun. Es sind dies eben genau diejenigen archaischen Strukturen, die in Afghanistan auch heute noch an der Tagesordnung sind. Egal, ob es sich um den Familienclan handelt, die Ethnie oder die Taleban. Das Grundbedürfnis ist zuerst einmal Schutz der eigenen Person und vor allem der eigenen Persönlichkeit. Derjenige, der das am besten und am nachhaltigsten bieten kann, dem folgen die Afghanen. Und deswegen stimmt es schon, dass das ISAF-Engagement nicht zum Ziele hat, die Taleban zu schlagen (im Sinne eines klassischen militärischen Sieges), sondern das Vertrauen der Bevölkerung zu gewinnen. Key Leader Engagement eignet sich leider nur bedingt, um Vertrauen zu produzieren.

Ich habe bei zahlreichen Eröffnungsfeierlichkeiten von Wiederaufbauprojekten teilgenommen. Schulen wurden mit deutschem Geld erbaut, und bei der Eröffnung der Schule waren afghanische Würdenträger und große Teile der afghanischen Dorfbevölkerung vor Ort. Reden wurden gehalten, die Deutsch-Afghanische Freundschaft gepriesen. Stets traten sowohl ich als auch der Zivile Leiter als Redner auf. Man saß hinterher beim typisch afghanischen Mittagessen zusammen und belobigte sich gegenseitig. Krankenhäuser, Straßen, Brunnen, kleinere Gewerbebetriebe, Wasserkanäle, Energieversorgung, all die wunderbaren Dinge, die man sich im Auswärtigen Amt und im Bundesministerium für wirtschaftliche Entwicklung und Zusammenarbeit auf die Fahnen geschrieben hatte, wurden mit Pomp und Getöse zelebriert und eröffnet. Wirklich geholfen haben sie genauso wenig wie das berühmte Key Leader Engagement. Es waren dies alles Maßnahmen mit kurzem Effekt. Sie wurden von den Afghanen bereitwillig konsumiert. Sie machen sich in jeder Statistik und in jeder Regierungserklärung sowohl in Afghanistan wie in Deutschland gut und werden nur allzu gerne als leuchtendes Beispiel deutscher Anstrengungen und deren Erfolge vermarktet. Sie sind aber nach meiner festen Überzeugung weitestgehend wirkungslos, weil der Afghane sich hiervon langfristig nicht davon abbringen lässt, zur Gegenseite überzulaufen, wenn er denn weiß, dass wir innerhalb von wenigen Jahren abziehen und niemand da ist, der als Nachfolger von ISAF der eigenen Familie Schutz vor den Taleban bieten kann. Alles Key Leader Engagement, so wichtig und alternativlos es auch ist, ändert nichts an dieser grundsätzlichen Erkenntnis. Gespräche sind gut, Wiederaufbau noch besser, doch es wird Jahre und Jahrzehnte brauchen, bis die afghanische Gesellschaft befähigt ist, auch nur auf niedrigstem Niveau das Schicksal in den eigenen Händen erfolgreich zu verwalten. Durch Key Leader Engagement, Mentoring, Partnering oder wie auch immer diese tollen Konzepte heißen, gelingt dieser Wandel in der afghanischen Gesellschaft nur dann, wenn man mit langem Atem an die Sache herangeht. Mit „langem Atem" meine ich eine Generationsaufgabe, ca. 20 – 30 Jahre!!! Ob die deutsche oder internationale Gemeinschaft hierzu die Kraft und den Willen hat, möge jeder für sich selber beurteilen.

26. Afghanische Sicherheitskräfte

Die afghanischen Sicherheitskräfte waren die natürlichen Ansprechpartner für mich als Vertreter und Führer des militärischen Arms des PRT Kunduz. Noch am Anfang meiner Einsatzzeit war das Verhältnis zwischen den afghanischen Sicherheitskräften und meinem PRT so gut wie nicht existent. Deutsche Kräfte operierten weitestgehend alleine ohne afghanische Beteiligung. In die Operationsplanung wurden afghanische Sicherheitskräfte weder eingebunden noch anderweitig beteiligt. Das lag zum einen an der Ignoranz von uns Deutschen. Das lag aber auch an der Unfähigkeit und dem Zustand der afghanischen Armee, des afghanischen Geheimdienstes und vor allem an dem Zustand der afghanischen Polizei.

Anfang 2008 fand so langsam ein Umdenkungsprozess auf beiden Seiten statt. Es wuchs die Erkenntnis, dass es so nicht weitergehen konnte. Deutsche Kräfte operierten seit 2003, d.h. seit fünf Jahren, in Kunduz, und Niemandem war wirklich klar, dass wir ja nicht bis in alle Ewigkeit in Afghanistan bleiben konnten und wollten. Doch wer sollte an unserer Stelle die Sicherheitsverantwortung übernehmen, wenn nicht die afghanischen Sicherheitskräfte? General D. insistierte daher zusehends, dass alle Patrouillen „Joint" durchzuführen seien, d.h. gemeinsam mit den Afghanen. Es existierten zwar schon seit längerem sogenannte „Operation Mentoring and Liaison Teams / OMLT", die von deutschen Soldaten gestellt wurden und es sich zur Aufgabe gemacht hatten, das in Kunduz liegende afghanische Bataillon (ein sogenanntes Infanteriekandak) auszubilden, doch war das zu der Zeit noch weitestgehend Stückwerk. Zug um Zug verbesserten wir die Zusammenarbeit. Der afghanische Bataillonskommandeur war ein stolzer Mann, der immer dann beleidigt reagierte, wenn er sich von uns überfahren fühlte. Zudem sah er natürlich, dass seine verwegene Truppe an tapferen Männern weitestgehend auf verlorenem Posten stand und ohne unsere Hilfe nie auf die Beine kommen konnte. Die afghanischen Einheiten waren es gewohnt, bei einem

Befehl von vorgesetzten Dienststellen einfach auf ihre Pick-up Fords aufzusitzen und loszufahren. Woher der Sprit für die Autos kam, die Verpflegung und Wasser, Munition, sanitätsdienstliche Versorgung, mithin die gesamte Logistik, war ihnen vollkommen fremd. Unser OMLT-Team wurde mehr als einmal kalt erwischt und eilte mit wehenden Rockschößen hinterher, weil natürlich kein einziger Afghane meine Männer jemals rechtzeitig informierte.

Wenig später erhielten wir dann die Horrormeldungen. Fahrzeuge waren wegen Spritmangel liegengeblieben, die Truppe hungerte und hatte nichts zu trinken. Mein OMLT-Führer ist in schöner Regelmäßigkeit wahnsinnig geworden. Wollten wir mit dem Infanteriekandak zusammenarbeiten, dann verzog der afghanische Bataillonskommandeur keine Miene, als er mich vor die Wahl stellte: Du gibst mir Sprit und Verpflegung, oder wir fahren nicht mit! So einfach ist das. Nur, irgendwann müssen auch die Afghanen lernen, dass sie für ihre eigene Logistik zu sorgen haben, wenn sie denn mal alleine operieren wollen. Dann beklagten sie einen eklatanten Munitionsmangel. Mein OMLT-Führer entschloss sich, höchst persönlich einen Container aufzubrechen, und siehe da, Munitionskisten schauten ihn an, allesamt ungebraucht. Ebenso fanden sich Kisten mit afghanischer Einsatzverpflegung, die jedoch noch nicht einmal einem Afghanen schmeckte. Dagegen erfreute sich die deutsche Einsatzverpflegung größerer Akzeptanz, allerdings nur der Typ III des sogenannten EPA. Gab es Typ I oder II, schmissen die Afghanen wutentbrannt die Nahrung weg. Das war der Zustand der deutsch-afghanischen Zusammenarbeit Anfang 2008, nach fünf Jahren gemeinsamen Handelns.

Seitdem hat sich vieles verbessert, manches sogar ganz entscheidend. Mit großer Energie und viel Aufwand wurde die Zusammenarbeit mit der afghanischen Armee auf vollkommen neue und wesentlich bessere Füße gestellt. Wir fanden Vertrauen zueinander, was auch daran lag, dass das Infanteriekandak mitsamt dem unfähigen Kommandeur gegen ein anderes ausgetauscht wurde, dessen Kommandeur kriegserfahren war. Nun auf einmal war es möglich, sich umfänglich abzustimmen und gemeinsam Operationsplanungen vorzunehmen. In immer größerem Umfang führten wir gemeinsame Operationen durch. Man kannte sich und wusste, den anderen einzuschätzen. Das alles funktionierte schon durchaus erfolgreich, auch wenn die Schwächen der afghanischen Armee und vor allem ihr unzureichender Ausstattungsstand nicht so schnell behoben werden konnten. Die afghanischen Soldaten verfügten so gut wie über keine Funkgeräte, und die, die sie hatten, waren mit den unseren nicht kompatibel. Sie verfügten über keine Nachtsehgeräte und keine gepanzerten Fahrzeuge, um nur die bedeutendsten Mängel herauszustreichen.

Dennoch waren sie überaus tapfer und entschlossen. Meine OMLT-Soldaten führten anfangs noch die afghanischen Einheiten, nur um Zug um Zug in ihre eigentliche Rolle überzugehen und die afghanischen Führer zu beraten und sie anzuleiten. Dieses Konzept hat sich vollends bewährt. Es ist eine Erfolgsgeschichte. Ich traue der afghanischen Armee langfristig schon zu, einfache Operationen weitestgehend eigenständig durchzuführen. Aber trotz aller Fortschritte, die es unstrittig auf diesem Sektor gab, glaube ich nicht, dass die afghanische Armee mittelfristig ohne internationale Unterstützung auskommen kann. Zwar gibt es größte Anstrengungen, so etwas wie ein Offizier- und Unteroffizierkorps aufzubauen und auszubilden, aber das dauert lange und fängt bei vielen afghanischen Kandidaten bei Analphabetentum an, das es zu überwinden gilt. Es kommt einer Herkulesaufgabe gleich, die leider viel zu spät in Angriff genommen wurde. Wenn man aber überhaupt von Erfolgsaussichten mit Blick auf die afghanischen Sicherheitskräfte sprechen kann, dann sicherlich bei der afghanischen Armee, der ANA.

Das sieht diametral anders bei der afghanischen Polizei aus, der ANP. Als ich in Afghanistan eintraf, fand ich afghanische Polizei vor, die miserabel ausgerüstet und lustlos in Hütten entlang der Hauptverbindungsstraßen hausten, die als Kontrollposten fungierten. Manch einer trug eine deutsche Polizeimütze. Wenige wedelten mit ihrer deutschen Polizeiwinkerkelle lustlos im chaotischen Straßenverkehr herum, ohne auch nur einen einzigen afghanischen Autofahrer von ihrer Wichtigkeit zu überzeugen. Das Hauptquartier der afghanischen Polizei in Kunduz war ein verdreckter Bau. Der Polizeichef, General Salanghi, ein bulliger und intelligenter Mann, führte seine Polizei nach Gutsherrenart. Nur er gab Befehle, und nur die wurden auch ausgeführt. Er unterhielt eine kleine Gruppe von ihm loyal verpflichteten Polizisten, die auf sein Kommando auf die Pick-up Fords sprangen und zu irgendeinem Anschlagsort losbrausten. Verwegene Typen, eher Bodyguards für den Polizeichef denn eine schnelle Eingreiftruppe. Die weit überwiegende Masse der Polizisten konnte weder schreiben noch rechnen oder Schriftstücke lesen. Es gab keine Computer, und wenn es sie gegeben hätte, dann wäre niemand in der Lage gewesen, diese zu bedienen. Kaum einer konnte eine Karte lesen geschweige denn eine Lagekarte führen.

Außerhalb der Stadt Kunduz waren die Verhältnisse noch schlimmer. In den Distrikten, fast ausnahmslos ländliche Räume, fand Polizeiarbeit de facto nicht statt. Wenn es denn Kontrollposten gab, dann hielten die afghanischen Polizisten lieber ihre Hand auf und forderten ihren Tribut von den Autofahrern und Passanten, um ihren kargen Lohn aufzubessern. Das war der Zustand der afghanischen Polizei Anfang 2008, fünf Jahre nachdem Deutschland die Raumverantwortung für Kunduz übernommen hatte. Es war in jeder Beziehung ein jämmerlicher Zustand. Ich habe der afghanischen Polizei nie wirklich getraut. Sie war hochgradig korrupt und von den Taleban unterwandert. Informationen über geplante Operationen gaben wir nur an den Polizeichef persönlich weiter, den ich durch gute persönliche Kontakte mittlerweile besser kannte, und dem ich trauen durfte. Anderenfalls wären unsere Operationen von vorneherein verraten gewesen.

Eine ganze Heerschar von Mentoren und Beratern machte sich ans Werk, aus dieser Masse an unfähigen Polizeibeamten eine Struktur zu schaffen, die auch nur annährend tragfähig war. EUPOL, die Polizeimission der Europäischen Union, schickte fünf Beamte, drei Tschechen und zwei Deutsche. Außer einem der beiden deutschen Beamten zeichneten sich alle anderen durch Lustlosigkeit aus. Sie verfügten obendrein über keinerlei Mittel, um ihren anspruchsvollen Job zu erledigen, keine Autos, keine Computer, keine Telefone, kein Geld. Dann gab es das „German Police Project Team", eine Einrichtung des Bundesministeriums des Inneren mit einem bombastischen Namen, hinter dem sich leider keine bombastische Durchschlagskraft verbarg. Die Kameraden erschöpften sich darin, Polizeistationen und deren Polizisten mit Uniformen, Winkerkellen und Mobiliar auszustatten. Sie beteiligten sich damals nicht an der Ausbildung der afghanischen Polizei. Auch die Amerikaner schickten einen

Oberleutnant der US-Army, der sich anmaßte, den afghanischen Polizeichef im Range eines Generals der Provinz Kunduz ausbilden und beraten zu wollen. Er wurde bei Ankunft von diesem sofort rausgeschmissen. Und dann gab es meine Feldjäger, die noch am wirkungsvollsten ausgebildet waren und ihre Arbeit verrichteten. Was fehlte, war eine übergeordnete Stelle, die aus der Gemengelage etwas Tragfähiges machte. Der Kompaniechef meiner Feldjägerkompanie nahm sich dieser Aufgabe an, weil sonst niemand hierzu bereit war. Trotz aller Bemühungen blieben diese Maßnahmen allesamt Stückwerk.

Die Dinge begannen sich ganz langsam zum Positiven zu wandeln, als die Amerikaner schlussendlich ein Ausbildungsprogramm für afghanische Polizisten aus der Taufe hoben, das „Field District Development Programm/FDD". Hierunter verbarg sich eine achtwöchige paramilitärische Ausbildung von Polizisten. Die Inhalte des Curriculums fingen bei Lesen, Schreiben und Rechnen an und hörten beim Schießtraining auf. So löblich das Programm als solches auch war, acht Wochen sind nicht eben gerade viel Zeit, um aus einem desolaten Haufen ein schlagkräftiges Instrument zu machen. Aber immerhin, es war ein Anfang! Jeder Distrikt der beiden Provinzen Kunduz und Takhar durchlief einmalig (!) ein derartiges Ausbildungsprogramm, danach blieb die militärisch angebrütete Polizei im Wesentlichen sich selbst überlassen. Als nächstes entsendeten die Amerikaner Soldaten als Beraterteams (Police Mentoring Teams), die mit der afghanischen Polizei ähnliches vollbringen sollten, wie unser OMLT mit der afghanischen Armee. Es war dies genau der richtige Schritt in die erforderliche Richtung. Mit großem Enthusiasmus kamen die amerikanischen Soldaten in Kunduz an, um nach nur wenigen Wochen vollkommen konsterniert und nahezu verzweifelt den Kopf zu schütteln. Es reichte hinten und vorne nicht. Beamte der deutschen Bundespolizei wurden nun endlich zur Verstärkung nach Kunduz geschickt, und das auch erst dann, als sich der Vorsitzende der hierfür zuständigen deutschen Innenministerkonferenz samt dem zuständigen Staatssekretär einen persönlichen Eindruck in Kunduz verschafft hatte. Die deutschen Bundespolizisten und die Amerikaner arbeiteten vorzüglich zusammen.

Dann versuchten wir, vernünftige Strukturen zu entwickeln. Das Polizeihauptquartier in Kunduz verfügte über keine Verbindungen in die Distrikte und zu den Chefs der afghanischen Polizei in den Distrikthauptstädten. Das einzige Medium, das genutzt wurde, waren Handys. Gemeldet wurde ausschließlich nur an den Polizeichef in Kunduz. War der nicht erreichbar, dann war das eben so. Wir setzten daher durch, dass unter Führung der afghanischen Polizei auf Provinzebene (später hat das die afghanische Armee übernommen) ein Hauptquartier oder sagen wir mal ein Gefechtsstand errichtet wurde, der gemeinsam von Vertretern der afghanischen Armee (des Infanteriekandaks aus Kunduz), der afghanischen Polizei und nominell auch des afghanischen Geheimdienstes, des NDS, betrieben wurde. Als Mentoren und Berater wirkten Amerikaner, mein Feldjägerführer und vor allem der einzige deutsche EUPOL-Beamte, der sich noch engagierte. Die Ausstattung wurde durch die Amerikaner bereitgestellt. Computer wurden installiert, Telefone geschaltet, Lagekartenbretter an die Wand genagelt, Karten drangehängt, Toiletten gebaut, Ruheräume geschaffen, Besprechungsräume eingerichtet. Mit Stolz und noch mehr Erwartung an die Zukunft wurden derartige Hauptquartiere in Kunduz und in Taloqan ins Leben gerufen. Wirklich geändert hat sich an der desolaten Lage jedoch wenig.

Wenn man nicht wie ein Luchs aufpasste, dann verschwanden die afghanischen Männer der Einfachheit halber, die eigentlich im Schichtdienst den Gefechtsstand betreiben sollten. Nachts war sowieso keiner da. Die Distriktpolizei, die angewiesen wurde, alle Meldungen nur und ausschließlich über den Gefechtsstand laufen zu lassen, scherte sich einen Dreck darum und meldete fleißig weiter unmittelbar persönlich an den Polizeichef. Die afghanische Armee traute der afghanischen Polizei nicht und weigerte sich rundheraus, Meldungen über ihre Kräfte im Raum bereitzustellen. In den Distrikten gab es bisher keine vergleichbaren Einrichtungen wie die Gefechtsstände in den Provinzhauptstädten. Irgendwann musste man dieses Prinzip in der Fläche ausfächern, doch dazu fehlten bislang die Mittel. Die Arbeit der Mentoren beschränkte sich vielfach darauf, den afghanischen Polizisten einfachste Techniken der Lagekartenbearbeitung beizubringen. Das fing schon damit an festzuhalten, wo eigentlich welche Polizeistationen im Raum vorhanden waren. Das wusste kaum ein afghanischer Polizist. Keiner war in der Lage, eingehende Meldungen auf eine Karte zu bringen. Die Masse konnte eine Karte noch nicht einmal lesen.

Computer verrotteten ungenutzt, weil niemand mit der Technologie klarkam. In ihrer Verzweiflung gingen die amerikanischen Mentoren wieder zu einem System der Karteikarten über, um irgendwie Buchführung betreiben zu können. Das setzt aber die Fähigkeit voraus, schreiben zu können, doch auch das konnte kaum ein Afghane. In den ländlichen Gebieten sah es noch schlimmer aus. Bis auf ganz wenige energische afghanische Polizeibeamte dösten Polizisten der ANP den lieben langen Tag in ihren Checkpoints herum. Niemand patrouillierte durch die Straßen, durch die kleinen Dörfer und Siedlungen. Folglich hatte auch niemand eine Ahnung, was dort wirklich vorging. Wären es Streifenpolizisten gewesen, die tatsächlich Streife laufen, dann wüssten sie, welche Ganoven in welchen Dörfern ihr Unwesen trieben. Daran hatten die afghanischen Polizisten überhaupt kein Interesse. Wir, die deutschen Soldaten, waren auf derartige Erkenntnisse angewiesen. Wer sonst als die ortskundige Polizei hätte uns denn sagen können, was in den Dörfern so vor sich geht? Da die Polizei aber fast ausschließlich mit sich selber beschäftigt war, blieben logischer Weise auch vernünftige Informationen aus, auf die wir so angewiesen waren. Wenn überhaupt, dann erschienen afghanische Polizisten, nachdem ein Anschlag passiert war. Dann brauchte ich sie im Allgemeinen nicht mehr.

Dabei zahlte die afghanische Polizei einen entsetzlichen Blutzoll. Checkpoints und Polizeistationen wurden immer wieder angegriffen. Das waren beileibe nicht immer die Taleban, die hinter den Angriffen steckten. Mindestens genauso oft waren es Verbrecher und Kriminelle, die durch die Angriffe ein klares Signal aussendeten: lasst uns in Ruhe und stört uns nicht bei unseren Machenschaften! Wir versuchten, mit der afghanischen Polizei gemeinsam Streife zu laufen und gemeinsam Checkpointoperationen durchzuführen. Dies geschah mit außerordentlich bescheidenem Erfolg, war aber alternativlos. Denn wie soll dieser desolate Haufen jemals in die Lage versetzt werden, auch nur auf niedrigstem Niveau Polizeiarbeit zu verrichten, wenn wir sie nicht tagtäglich anlernten? Von polizeilichen Ermittlungsverfahren und -techniken mal ganz zu schweigen! Anfang 2010 hatten die Amerikaner dann genug und nahmen die Polizeiausbildung im deutschen Verantwortungsbereich in die eigenen Hände. Zwar unterhielt Deutschland noch regionale Ausbildungszentren für die afghanische Polizeiausbildung, aber die US-Amerikaner kamen mit nahezu 5.000 Mann (!!!!), um neben Hubschraubern, Pionieren und anderen Fähigkeiten vor allem Polizeiausbilder in Massen bereitzustellen.

Deutschland hatte sich nun nahezu vollends aus der ehemals zugewiesenen Führungsverantwortung für die Polizeiausbildung verabschiedet. Wir schreiben das Jahr 2010, sieben Jahre nach Beginn des Afghanistaneinsatzes. Erklärtes Ziel ist es nunmehr, innerhalb der nächsten fünf Jahre nachzuholen, was man in den ersten sieben Jahren sträflich vernachlässigt hat. Die afghanische Polizei soll befähigt werden, zusammen mit und in Ergänzung zur afghanischen Armee die Sicherheit im Lande selber zu gewährleisten. Hierzu bedarf es Vielerlei. Die Stärke der afghanischen Polizei in den Provinzen müsste nach einhelliger Beurteilung aller Fachleute nahezu verdoppelt werden. Das ist zunächst einmal eine rein quantitative Betrachtung. Dann muss vor allem die Qualität der Polizei, ihr Ausbildungsstand und damit verbunden das Führerkorps der Polizei fast von Grund auf errichtet und qualitativ auf bisher nicht gekannte Höhen gestellt werden. Das sind alles richtige und logische Zielsetzungen. Alleine, mir fehlt der Glaube an deren Realisierbarkeit. Wenn es denn überhaupt einer schaffen könnte, dann nur die viel gescholtenen Amerikaner. Wir Deutschen haben unsere Unfähigkeit auf diesem Gebiet hinlänglich und eindrucksvoll genug unter Beweis gestellt.

Als drittes im Bunde der afghanischen Sicherheitskräfte ist der afghanische Geheimdienst, der NDS, zu nennen. Die Qualität des NDS ist in den Provinzen durchaus unterschiedlich. In Takhar war der NDS so gut wie unfähig, auch nur eine einzige brauchbare Information zu produzieren, mit der wir etwas anfangen konnten. Oberst Setzer hatte es sich zur Regel gemacht, nach den wöchentlichen Security Meetings den Chef des Geheimdienstes der Provinz Takhar im kleinen Kreis zu treffen. Begleitet wurde er immer von seinem Nachrichtenwesenstabsoffizier und vom Vertreter des BND in Kunduz, der auch für Takhar zuständig war. Ich habe dieses Procedere übernommen. Es war reine Zeitverschwendung. Der BND-Vertreter hat schließlich jeden Kontakt eingestellt, weil er dem NDS in Takhar nicht mehr trauen wollte. Ich hielt das zwar ungeachtet der verfahrenen Situation für einen Fehler, aber auch ich war reichlich ernüchtert über das Verhalten eines Geheimdienstes, der nach unseren Erkenntnissen eher mit dem Gegner gemeinsame Sache machte als ihn zu bekämpfen. Da die Sicherheitslage in Takhar damals noch überwiegend ruhig war, blieb der Schaden gering. Wir wussten aber, dass ehemalige Warlords Waffen und Munition im großen Stil aus Takhar nach Kunduz schmuggelten, eine Tatsache, die vom örtlichen Geheimdienst vehement bestritten wurde. Dies kann auch kein Wunder sein, denn am Waffenschmuggel verdiente der örtliche NDS kräftig mit. Gleiches gilt für den Drogenschmuggel.

Etwas anders stellte sich die Lage in Kunduz dar. Der dortige Geheimdienstchef, General Majid, arbeitete wesentlich produktiver mit uns zusammen. Bis in den Sommer 2008 hinein versorgte uns der NDS in Kunduz mit guten Informationen. Die persönlichen Kenntnisse und gegenseitigen Wertschätzungen zwischen meinem Nachrichtenwesenstabsoffizier als auch dem BND-Vertreter mit dem Führer des NDS in Kunduz halfen sicherlich enorm. Der NDS verfügte zudem in Kunduz über ein leistungsfähiges Netz von Informanten, die er bezahlte. Folgerichtig gelang es, den einen oder anderen Terroristen aufzuspüren, der vom NDS im Regelfall liquidiert wurde. In diesem Geschäft werden selten Gefangene genommen, da sind die Afghanen rigoros, und zwar auf beiden Seiten. Wir erhielten wirklich gute Warnhinweise vor Raketenangriffen, die uns befähigten, Schutzbauten zu beziehen, bevor die Raketen flogen. Wir nutzten die Hinweise ebenso, um mit der Truppe im Raum genau dort präsent zu sein, von wo die Raketenangriffe starten sollten. Leider erwischten wir keinen Raketenschützen, dazu fehlte uns zuweilen schlichtweg das Glück. Aber wir haben so manchen geplanten Raketenangriff vereitelt. Wir erhielten gute und tragfähige Hinweise auf Waffenlager und Verstecke. Den Hinweisen sind wir sofort nachgegangen und haben gemeinsame Operationen mit dem NDS und der afghanischen Armee durchgeführt. Der NDS war hier überaus kooperativ und beteiligte sich fast immer mit überaus kompetentem Personal. So gelang es uns, in fünf Monaten die bereits erwähnten ca. 7 t Munition aus dem Boden zu holen, vielfach Raketen oder Sprengsätze. Die eine oder andere Werkstatt, in der Sprengfallen gebastelt wurden, konnten wir hochnehmen.

Als ich im September 2008 erneut nach Kunduz kam, waren diese Informationskanäle weitestgehend versiegt. Das lag zum einen daran, dass es den Taleban Zug um Zug gelungen war, Informanten des NDS aufzuklären und zu töten. Der NDS war in wesentlichen Räumen nahezu blind geworden. Das galt vor allem für den Distrikt Chahar Darreh, wo die Taleban Fuß gefasst hatten und nahezu alle Anschläge gegen die Bundeswehr vorbereiteten und durchführten. Das lag nach meinem Dafürhalten aber auch am immer brüchiger werdenden Vertrauen des NDS in die Fähigkeit und Absicht des deutschen Engagements in Kunduz schlechthin. Man traute uns Deutschen nichts mehr zu und wendete sich ab, um neue Koalitionen zu schmieden. Der NDS in Kunduz verfügt über andere Loyalitäten, als es uns lieb ist. Vor allem unterhält er exzellente Verbindungen zu früheren Warlords wie dem berühmt berüchtigten Mir Allam. Ich bin überzeugt davon, dass der NDS mit Talebangruppierungen hinter den Kulissen zusammenarbeitet.

In der Summe blieb daher für mich ein durchweg ernüchterndes Zwischenergebnis über die Leistungsfähigkeit der afghanischen Sicherheitskräfte und das teilweise Versagen deutscher Anstrengungen. Der richtige Weg wurde, nach meinem Dafürhalten, dann im Sommer 2009 vom damaligen ISAF-Oberkommandierenden, dem US-General McChrystal, vorgegeben. Das Zauberwort heißt „Embedded Partnering". ISAF-Truppen, mithin auch deutsche Kräfte, sollten mit afghanischen Sicherheitskräften auf allen Ebenen den Schulterschluss suchen, in gemeinsamen Liegenschaften leben und wohnen und nur noch gemeinsam Operationen planen, sie vorbereiten, durchführen und auswerten. McChrystal verlangte quasi ein dauerhaftes „Learning on the Job" und erwartete, dass sich auch Deutschland diesem Prinzip anschloss. Deutsche Kompanien sollten fortan mit Kompanien der afghanischen Armee und mit Polizeikräften der afghanischen Polizei zusammen in größeren und kleineren Einsatzliegenschaften in der weiten Fläche des Raumes leben und operieren.[11] Und schon ging ein Aufschrei durch Deutschland hin-

---

[11] So entstand später der sogenannte OP-North südlich von KUNDUZ.

durch. Die Medien stürzten sich genauso auf dieses Thema wie vor allem die Vertreter der politischen Opposition. Das ist ja gefährlich, so die einhellige Befürchtung! Ja, lieber Leser, wo sind wir denn! Natürlich ist das gefährlich, und die vielen amerikanischen und britischen Soldaten, die genau dies haarklein im Sinne von McChrystal umsetzten, hatten entsetzliche Verluste zu ertragen. Aber der Aufschrei in der deutschen Öffentlichkeit zeigte einmal mehr das gesamte Dilemma in der Haltung Deutschlands zum Einsatz bewaffneter Kräfte in Afghanistan. Es durfte nicht gefährlich sein, denn darauf war man nicht eingestellt. Wir waren doch in 2003 als Gutmenschen angetreten und haben einen „sauberen Krieg" führen wollen, ganz anders als die Amerikaner im Irak und anderswo. Wir wollten doch Brunnen bohren und durch „vernetzte Sicherheit" verhindern, dass es gefährlich wird. Nun auf einmal kommt ein amerikanischer General daher und postuliert eine Strategie, die für deutsche Soldaten gefährlich ist!

Dabei muss doch jedem Politiker klar sein, dass jeder noch so gut gemeinte Einsatz von militärischen Mitteln immer eine Gefahr und ein Risiko nach sich zieht. Und dass sich die Sicherheitslage auch im deutschen Sektor wesentlich zum Schlechteren verändert hatte, das war doch jedem, der nach Kunduz kam, spätestens ab dem 19. Mai 2007 klar, als der erste Selbstmordanschlag auf dem Marktplatz drei deutsche Soldaten in den Tod riss. Nun auf einmal rächte sich die permanente Verniedlichung der Gefahr, die man auch begrifflich beging. „Stabilisierungseinsatz", „humanitäre Hilfe", die unmögliche Debatte um die Frage, ob deutsche Soldaten gefallen, gestorben oder bei einem qualifizierten Dienstunfall verunglückt waren, handelt es sich um einen Krieg oder um kriegsähnliche Zustände? Was für ein Unsinn! Die Kanzlerin wurde zu einer Regierungserklärung genötigt, weil das deutsche Mandat einen „Krieg" oder „kriegsähnliche Zustände" angeblich nicht abdeckte. Und nun auch noch „Embedded Partnering" mit der Gefahr, dass es noch mehr deutsche Soldaten als Opfer zu beklagen geben wird.

Was glauben deutsche Politiker eigentlich, was in Afghanistan jeden Tag so vor sich geht? Liest denn niemand Zeitungen und wertet die Flut an Meldungen aus, die tagtäglich eintreffen? Natürlich ist es gefährlich, aber die Strategie ist richtig, wenn man denn den Einsatz und die Ausbildung der afghanischen Sicherheitskräfte ernst nimmt und hieraus die erforderlichen militärischen Schlüsse zieht. Aber selbst 2010 war und ist das noch vielen Menschen in Deutschland höchst suspekt gewesen. Ein höheres Risiko für einen Einsatz eingehen, dessen Sinn sowieso kaum noch jemand nachvollziehen mag, damit gewinnt man in Deutschland keine Wahlen mehr. Dabei halte ich das Prinzip von „Embedded Partnering" für nahezu alternativlos vor allem dann, wenn man erklärter Maßen bis Ende 2014 die Sicherheitsverantwortung gänzlich an die Afghanen übergeben will. Entsprechende Planungen wurden selbstverständlich von deutscher Seite auch vorgenommen, von militärischer Seite wohlgemerkt, während sich andere ministerielle Ressorts, die sich eigentlich daran beteiligen müssten, mal wieder verweigerten. Wenn man aber in der öffentlichen und politischen Wahrnehmung jedes Risiko vermeiden will, dann habe ich dafür ein ganz einfaches Mittel parat: sofortiger Abzug aus Afghanistan, und zwar ohne Wenn und Aber. Damit würde man die Forderungen mancher Ideologen aus dem linken Spektrum der Parteienlandschaft erfüllen und die Afghanen ins Chaos stürzen, man würde allen Opfern Hohn sprechen, die wir bislang hatten, man würde sich als deutsche Nation international der Lächerlichkeit preisgeben, aber man würde halt jedes Opfer vermeiden. Es geht nur das Eine oder das Andere. Es gibt keinen „sauberen Krieg", keinen risikolosen Einsatz. Auch wenn ich persönlich bei der Trauerfeier am 20.10.2008 wegen der beiden gefallenen Soldaten nahezu die Fassung verloren hatte, wegen Patrick Behlke und Roman Schmidt, so war mir doch vollkommen klar, dass Opfer und gefallene Soldaten der Preis des Einsatzes militärischer Gewalt sind und immer sein werden. Wer das nicht will und das Risiko scheut, der darf als verantwortlicher Politiker keine Soldaten in den Einsatz schicken.

Ich erinnere mich noch zu gut an die Unterredung mit dem erfahrenen und in Ehren ergrauten Reporter des Magazins „Die Zeit", Theo Sommer, der mir folgende Frage stellte: „Wenn wir denn heute schon zu wissen meinen, dass der Einsatz nicht erfolgreich beendet werden kann, weil der politische Wille fehlt, den Einsatz in der hierfür erforderlichen Zeitspanne durchzustehen (womit er auf ca. 20 – 25 Jahre anspielte, die ich für einen erfolgreichen Einsatz für nötig hielt und auch heute noch halte), warum warten wir dann 15 oder 18 Jahre, bevor wir die Reißleine ziehen, um den Einsatz zu beenden?"

Das ist genau die Frage, um die es sich hier dreht. Die Verantwortung in die Hand der Afghanen zu übergeben ist genau der richtige Weg. Nachdem man aber sieben Jahre sträflich vergeudet hatte, um das Notwendige zu erschaffen, braucht man weit mehr als nur noch vier bis fünf Jahre, um das Versäumte nachzuholen. Es ist nach meinem festen Dafürhalten Selbstbetrug zu meinen, dass man die afghanischen Sicherheitskräfte, ganz und zuvorderst die afghanische Polizei, in derart kurzen Zeiträumen befähigen könnte, die Sicherheit im Lande selber wahrzunehmen. Es ist unverantwortlich, derartiges zu fordern und einzuklagen. Es ist unverantwortlich gegenüber den Afghanen, unverantwortlich gegenüber der deutschen Öffentlichkeit und vor allem und zu allererst unverantwortlich gegenüber den deutschen Soldaten, die in Kunduz und anderswo für derartige Unterlassungssünden den Kopf hinhalten.

27. Die Rolle der Vereinten Nationen

Die Vereinten Nationen waren vor Ort durch eine Außenstelle vertreten, der UNAMA (United Nations Mission for Afghanistan). Das Büro wurde durch Frau Gabriela Irribane geführt. Frau Irribane war rührselig, überaus klug und professionell. Sie stand bereits seit drei Jahren in Amt und Würden und verfügte über wirklich ausgezeichnete Kenntnisse über Land und Leute. Als Neuer war man gut beraten, auf ihren Rat zu hören. Sie führte einen kleinen Stab internationaler Berater sowie eine Vielzahl afghanischer Helfer. Ich hatte im Kosovo meine ersten Erfahrungen mit den Vereinten Nationen machen dürfen, die allesamt nicht geeignet waren, meine existierenden Vorurteile über die Leistungsfähigkeit und Durchschlagskraft der Vereinten Nationen zu widerlegen. Im Kosovo führte eine Kolumbianerin eine anfangs 16 Mann starke Außenstelle in Prizren, die für sich in Anspruch nahm, die Verwaltung einer Stadt zu bewerkstelligen, die fast 300.000 Einwohner zählte und in der Mord und Totschlag an der Tagesordnung waren. Die Dame war damit genauso überfordert wie Frau Irribane in Kunduz.

Ich fragte mich damals wie heute, welchen Auftrag eigentlich die Vereinten Nationen mit ihren Außenstellen im Einsatzland wahrnehmen wollen und wahrnehmen können? In der Praxis bewies sich einmal mehr, wie hilflos, wenn nicht sogar wirkungslos, die Vereinten Nationen tatsächlich sind. Frau Irribane beobachte die Entwicklung und bot ihren Rat an, den niemand haben wollte. Sie nahm an allen wichtigen Besprechungen teil, insbesondere an den wöchentlichen Security Meetings mit den Provinzgouverneuren. Sie wurde von den Gouverneuren mit ausgesuchter Höflichkeit wahrgenommen. Genauso klar war aber auch, was sie von ihr hielten. Eine Frau in diesem chauvinistischen Land als Vertreterin einer Weltorganisation, die außer wohlfeilen Worten nichts zu bieten hat, das geht überhaupt nicht. Sie mahnte immer wieder an, dass die Gouverneure die Korruption bekämpfen sollten, dass Prinzipien der „Guten Regierungsführung", der gerechten Justiz, der effektiven Versorgung der Bevölkerung endlich eingeführt und umgesetzt werden. Nur wie man das machen sollte, das sagte sie nicht. Das waren allesamt löbliche und richtige Appelle, aber eben auch nichts Anderes. Die Afghanen hörten sich das gelangweilt an und kehrten zu ihren Praktiken zurück, die sie immer schon wahrgenommen haben.

Niemand war da, der tagtäglich als Berater, Mentor, Fachmann und auch als Erzieher an der Seite des Gouverneurs und seiner „Minister" stand, um diesen Dilettanten beizubringen, wie man einen Verwaltungsapparat effizient aufbaut und führt. Der Zivile Leiter des PRT Kunduz wollte und konnte es nicht, die UNAMA und Frau Irribane auch nicht. Nach damals gut fünf Jahren Wiederaufbauarbeit und Maßnahmen, um den unfähigen und korrupten Provinzgouverneuren wie dem in Takhar auch nur die einfachsten Grundlagen beizubringen, wie man einen Regierungsapparat aufbaut und führt, bleibt ein niederschmetterndes Zwischenzeugnis. Ibrahimi und seine Schergen waren noch nicht einmal ansatzweise in der Lage, ihre Ämter vernünftig und zum Wohle des Volkes auszuüben. Als bei einem Security Meeting der Stellvertreter von Ibrahimi in dessen Abwesenheit die Leitung der Sitzung übernahm, schlief er, vollständig unter Drogen stehend, der Einfachheit halber ein. Das ist gelebte Praxis und Realität in Afghanistan, wohlgemerkt nach sage und schreibe fünf Jahren internationaler Anstrengungen wie der von der UNAMA, das Land zu befähigen, eines Tages mal selber die Verantwortung zu übernehmen.

Das ganze Dilemma zeigte sich exemplarisch, als es im Winter 2008 zu Hungersnöten kam und die danach anstehenden Fluten der Schneeschmelze die Frühjahrsaussaat zu zerstören drohten. In Takhar jammerte der unfähige Gouverneur Ibrahimi, wie schlimm es um seine hungernde Bevölkerung bestellt sei. Er war nicht in der Lage, auch nur die einfachsten Hilfsmaßnahmen zu organisieren und wandte sich verzweifelt an das PRT Kunduz und an die UNAMA. Die Versorgung der hungernden Bevölkerung mit humanitären Hilfsgütern ist nun wirklich nicht mehr die Aufgabe des deutschen Militärs, also lehnte ich mich erst einmal abwartend zurück. Soll mein Ziviler Leiter doch mal beweisen, was Deutschland so zu leisten in der Lage ist. Vor allem aber wollte ich die Vereinten Nationen und die UNAMA nicht aus ihrer Verantwortung entlassen. Ich wusste nur zu genau, was unweigerlich passieren musste. Am Ende würden sich alle verzweifelt nach mir umschauen und die Bundeswehr anflehen, genau das zu tun, wozu sie eigentlich selbst verantwortlich zeichneten. Genauso ist es dann auch gekommen. Frau Irribane und ihre Berater stritten sich wochenlang um Listen von Bedürftigen, die durch den Provinzgouverneur zu erstellen seien. Nur dann würden die Vereinten Nationen aktiv werden. Mir wurde dieses lächerliche Treiben schließlich zu bunt, und wäre mein Ziviler Leiter nicht so klug gewesen, mich zu bremsen, ich hätte die ganze leidige Geschichte wohl oder übel in die eigenen Hände genommen.

Frau Irribane war verzweifelt. Sie wusste, wie hilflos und wirkungslos sie und die UNAMA waren. Sie konnte und wollte sich aber nicht das Heft aus der Hand nehmen lassen. Schließlich fand sich eine Organisation, die sich weitestgehend eigenständig um die Versorgung der notleidenden Bevölkerung kümmerte. Voraussetzung war einmal mehr, dass sich um Gottes Willen kein einziger deutscher Soldat blicken ließ, denn deutsche Soldaten sind so ziemlich das Letzte, was Hilfsorganisationen und mit ihnen die Masse der Helfer des Bundesministeriums für wirtschaftliche Entwicklung und Zusammenarbeit in ihrer Nähe dulden. Als ob das Militär die Ursache des Problems darstellt! Das war nun wirklich eine vollkommene Verdrehung der Tatsachen. Im Kosovo war das keinen Deut anders. Die Vereinten Nationen erwiesen sich einmal mehr als vollkommen unfähig, auch nur die einfachsten Probleme zu lösen. Die UN sind ein zahnloser Tiger, die über keinen operativen Arm, keine Durchschlagsleistung, verfügen und auch keine haben wollen. Es ist ein Debattierklub von Besserwissern und Moralaposteln, nicht mehr und nicht weniger. Das ist so gut wie das Letzte, was man in einer derartigen Lage vor Ort wirklich benötigt.

28. Die KUNDUZ ROCKETEERS

Mein Vorzimmerfeldwebel und ich fachsimpelten des Öfteren über das Hobby „Musik". Ich bin leidenschaftlicher Gitarrist, was nicht notwendiger Weise heißt, dass ich auch ein guter Gitarrist bin, aber für den Hausgebrauch reicht es wohl. Hauptfeldwebel Heibel ist Organist und versteht sich meisterlich darauf, mit einem Keyboard umzugehen. In früheren Jahren war er sogar Mitglied einer semi-professionellen Rockband, den „HOT SHOTS", die im Raum Kaiserslautern ihr Unwesen trieben. Also kam er auf die Idee, dass man in Kunduz doch versuchsweise ein kleines Konzert geben könnte zur Betreuung (und wie ich fürchtete, zum Amüsement) der Truppe.

Ich bin an die Sache zögerlich herangegangen. Als Kommandeur eines PRT auf der Bühne stehen und Rock-Musik zu spielen, live, vor den eigenen Soldaten, geht das denn oder mache ich mich wohlmöglich lächerlich? Immerhin, der ehemalige Verteidigungsminister Dr. Peter Struck stand in Prizren, im Kosovo, vollkommen spontan auf der Bühne und machte einen auf „Blues Brothers", zur größten Freude aller Soldaten. Sein Auftritt ist heute noch legendär. Wenn man denn als amtierender Verteidigungsminister auftreten kann, ohne Schaden zu nehmen, warum sollte ich es nicht können? Was uns noch fehlte, war ein Sänger, denn mein Gesang ist sehr grenzwertig, um es vorsichtig auszudrücken. Kein Problem, da gab es den Oberleutnant Perschke, der zur Aufklärungskompanie gehörte. Perschke war sofort bereit, mitzumachen. Also übten wir zwei bis drei Mal, soweit es die Zeit zuließ.

Heibel meinte, wir würden das als eine Art Versuchsballon durchführen. Bei den Sanitätern gab es einen Betreuungscontainer, dort könnten wir auftreten. Es würde eine eher private Veranstaltung werden mit vielleicht 40 Zuhören, alles kein Problem. Heibel verstand sich hervorragend auf die Handhabung der Bühnentechnik. Er nutzte sowohl den Verstärker als auch Keyboard und Gitarre des Militärpfarrers. Das Keyboard verfügte über die Möglichkeit, sogenannte „Midi-Files" mittels Diskette aufzunehmen und abzuspielen. Im Kern erzeugte er damit den fast vollständigen Sound einer Band. Wir spielten also mit Ausnahme des Keyboards, meiner Gitarre und des Gesangs quasi Playback. Das Ganze hörte sich selbst für meine kritischen Ohren ganz passabel an. Dennoch war ich nervös. Ich habe als Musiker noch nie auf einer Bühne gestanden und live gespielt. Aber was soll's, vor nur 40 Zuschauern, was sollte da schiefgehen?

Was ich natürlich nicht ahnte, war die Durchtriebenheit von sowohl Hauptfeldwebel Heibel als auch vor allem vom Kompaniefeldwebel der Sanitätseinsatzkompanie. Ich wunderte mich, von Soldaten angesprochen zu werden, wann denn „das Konzert" beginnen würde? Als wir dann schließlich am Abend der Durchführung zu dem Betreuungscontainer der Sanitäter gingen, fielen mir die Augen aus dem Kopf. Eine Menschenmenge hatte sich vor dem Eingang versammelt, und im Container platzte alles aus den Nähten. Vor dem Container war ein Transportpanzer quer aufgefahren worden, auf dem Soldaten zum „Public Viewing" Platz genommen hatten, die erwartungsfroh auf eine Großbildschirmleinwand schauten. Der Auftritt wurde tatsächlich live mit einer Videoanlage nach Draußen übertragen. Insgesamt hatten sich vielleicht 250 Mann versammelt, und für mich gab es kein Zurück mehr. Wir legten los, und nach ca. 15 Minuten sprang der Funke sowohl auf uns als auch auf die zuschauenden Soldaten über. Die Meute tanzte wie die Verrückten vor der Bühne vollkommen ausgelassen herum. Es bewahrheitete sich einmal mehr, dass die Truppe ein Ventil braucht, um aufgestauten Druck geordnet ablassen zu können. Derartige Betreuungsmaßnahmen eignen sich hierfür allemal besser, als wenn heimlich und im Verborgenen gesoffen und randaliert wird. Die KUNDUZ ROCKETEERS waren geboren. Der Name spielt natürlich auf die Raketenangriffe an, denen wir permanent ausgesetzt waren. Allen Beteiligten war klar, wenn auch nur eine Rakete fliegt, dann ist das Konzert sofort vorbei. Dieses Mal zeigten sich die Taleban aber gnädig, und wir hatten einen Mordsspaß.

Es kam dann, wie es kommen musste. Die Truppe verlangte nach einem weiteren Konzert, und Heibel war in seinem Element. Ich hatte mit den Vertrauensleuten und den Kompaniefeldwebeln abgesprochen, dass wir Ende Mai ein Kontingentfest durchführen würden. Dieses sollte an einem Freitagnachmittag beginnen. Neben entsprechenden Kuchen- und Verpflegungsständen wurde ein „Spiel ohne Grenzen" organisiert, an dem Mannschaften aller Kompanien sowie des Stabes teilnahmen. Ehrensache, dass sowohl ich als auch mein damaliger Stellvertreter, Oberstleutnant Abed, uns beteiligten. Manche Station war sportlich ganz schön anspruchsvoll, alle aber überaus kurzweilig und phantasievoll organisiert. Vorläufiger Höhepunkt war das Spiel „Cheffe-Versenken". Der Feuerlöschteich wurde zum Planschbecken umfunktioniert. Der Instandsetzungszug hatte einen Gabelstapler umgebaut, auf dem Ausleger einen Sitz montiert, der über einen Auslösemechanismus verfügte, der mit einem Ball aktiviert wurde, den man zielsicher werfen musste. Die Truppe durfte wählen, wen sie alles „versenken" wollte. Unter größtem Gejohle verschwand ein Führer nach dem anderen im Teich, so auch ich. Erlaubt war lediglich, die Schuhe auszuziehen, ansonsten ging es in voller Montur ins Wasser.

Hinter dem Feuerlöschteich war eine provisorische Bühne aufgebaut worden, und genau dort traten die KUNDUZ ROCKETEERS dann in leicht veränderter Besetzung gegen 21:00 Uhr auf. Oberleutnant Perschke war mittlerweile wieder zuhause. Er wurde ersetzt durch eine stimmgewaltige Frau Oberfeldwebel. Zweieinhalbstunden haben wir gerockt. Ich war am Ende genauso fertig wie die Soldaten. Die Fallschirmjäger ließen am meisten die Sau raus. Als Zugabe spielten wir noch „Highway to Hell". Danach gab es kein Halten mehr. Die Fallschirmjäger sprangen unisono in den Feuerlöschteich, und auch ich bekam mein Fett weg. Kurz, es war ein „geiler" Abend. Im 17. Kontingent habe ich dies erneut probiert, dann aber ohne Hauptfeldwebel Heibel. Auch dies war ein tolles Ereignis. Für mich persönlich waren diese Auftritte in zweierlei Hinsicht überaus befriedigend. Zum einen entstand eine sehr enge Bindung zwischen mir als Kommandeur und meinen Soldaten. Natürlich beruht ein derartig gutes Vertrauensverhältnis nicht nur und sicherlich nicht ausschließlich auf derartige Auftritte und Vorstellungen, aber es verstärkte eben den Bund zwischen Führer und Geführten, der bereits sehr stark ausgeprägt war. Zum anderen keimte in mir die Absicht auf, tatsächlich als Rentner mal Gleichgesinnte zu suchen, mit denen ich privat musizieren kann. Ich werde wohl eine Rentnerband aufstellen und es so richtig krachen lassen.

Hier nun bin ich natürlich noch die Erklärung schuldig, warum die Chefin der Sanitätseinsatzkompanie im 16. Kontingent, Frau Melanie Heyde, „Chefgroupie" genannt wurde. Heibel und ich machten uns zuweilen einen Spaß daraus, sie zu necken. Frau Heyde hatte die Angewohnheit, immer dann im Gesicht knallrot anzulaufen, wenn etwas Peinliches passierte, wohlmöglich ausgelöst durch sie selbst. Dann griff Heibel stets unaufgefordert in seinen Kühlschrank, holte eine eiskalte Cola Dose heraus und überreichte sie Frau Heyde – zum Abkühlen, nicht zum Trinken. Reichte diese Maßnahme nicht aus, ihr die Röte aus dem Gesicht zu treiben, verließ sie fluchtartig den Raum. Eines Abends gesellte sie sich zu uns, als wir gerade unseren Auftritt besprachen. Frau Heyde hörte begeistert zu, und ich fragte sie, ob sie denn nicht bei den KUNDUZ ROCKETEERS mitmachen wollte? Sie verneinte vehement, denn sie könne nicht singen. Das macht nichts, sie könnte ja als Go-Go-Girl auf der Bühne ihr Bestes geben. Entgeistert sagte sie, das käme überhaupt nicht in Frage. Eher noch wäre sie bereit, für die KUNDUZ ROCKETEERS als „Groupie" zu arbeiten. Sie meinte wohl, als „Roadie". Das sind diejenigen, die beim Auf- und Abbau der Bühne und der elektronischen Gerätschaften der Band mithelfen. Aber der Begriff „Groupie" war nun einmal gefallen. Vollkommen verdattert sah sie, wie Heibel und ich einen Lachanfall bekamen. Ich erklärte ihr schlussendlich, dass ein „Groupie" eher etwas für nach einem Konzert wäre, nicht vor oder während eines Konzertes. Da fiel bei ihr der Groschen, und sie lief knallrot an. Seitdem ist sie mein „Chefgroupie". Sie hört auf diesen Spitznamen und unterschreibt Briefe an mich mit der Signierung „Ihr Chefgroupie". Der Vollständigkeit halber sei erwähnt, dass Frau Melanie Heyde zwar begeistert mitgefeiert, sich aber ansonsten aus den KUNDUZ ROCKETEERS tunlichst rausgehalten hat.

Betreuungsmaßnahmen sind in ihrer Wirkung nicht zu unterschätzen. Ich habe derartige Dinge immer unterstützt, so lange sie im Rahmen blieben. Ein Oberstabsarzt hob eine Theatergruppe aus der Taufe, die Sketche von Loriot darbot. Einmal mehr bewiesen meine Sanis, dass sie auch feiern können. Wir haben uns gebogen vor Lachen. In der Pause wurde Eis verkauft, ganz so wie im Kino, und die auftretenden Soldaten wurden mit donnerndem Applaus belohnt. Jede Kompanie veranstaltete ihrerseits eine Abschiedsparty. Die Feldjäger bewiesen mit ihrer „Blaulichtparty" aus meiner Sicht besonderen Einfallsreichtum. Zeitweilig musste man schon aufpassen, dass nicht gegen Kontingentende statt Einsatz nur noch gefeiert wurde. So mancher Fallschirmjäger, der spät nachts von einer Patrouille reinkam, ärgerte sich nicht zu Unrecht, wenn er denn feiernde Kameraden sah, während er total verdreckt und übermüdet seinen Auftrag wahrgenommen hatte. Es ist dies sicherlich eine Gratwanderung. Die Truppe braucht ein Ventil, es darf aber nicht ausufern. Verbietet man es komplett, dann findet die Truppe illegale Wege, diesem Bedürfnis nachzukommen. Also steuere ich diesen Prozess lieber aktiv. Im Großen und Ganzen hat es sich gelohnt. Wir hatten nur sehr wenige Fälle von Alkoholmissbrauch. Und ständig ging der Blick in den Nachthimmel. Fliegen die Raketen heute wieder oder bleibt es ruhig? Das reichte zumeist, um Vernunft walten zu lassen.

29. Kommandoübergabe an Oberst M.

So im April 2008 erhielten wir Besuch von militärischen Führern des nächsten Kontingentes. Die sogenannte „Führereinweisung" ist ein zentraler und wirklich entscheidender Baustein der Einsatzvorbereitung. Ich durchlief diesen Ausbildungsabschnitt im September 2007. Nun war mein Nachfolger dran, Oberst M., der seinerseits zur ersten Einweisung in Kunduz eintraf. Ich kannte ihn überhaupt nicht, wusste nur, dass er aus dem Heeresführungskommando in Koblenz kam und dort den Dienstposten des CIMIC-Abteilungsleiters wahrgenommen hatte[12]. Für den Dienstposten in Kunduz stand Oberst M. per se in dem guten Ruf, ein ausgesprochener Fachmann auf dem Gebiet der zivil-militärischen Zusammenarbeit zu sein. Man nannte ihn bisweilen auch den „CIMIC-Papst" des deutschen Heeres. Nun bin ich von Hause aus kein Freund derartiger Superlative, aber dieser Hintergrund passte für Kunduz, also blieb ich zuversichtlich und unbesorgt.

---

[12] CIMIC = Zivil-militärische Zusammenarbeit

150

Das änderte sich schlagartig, als Oberst M. in Kunduz aus dem Flugzeug stieg. Oberst M. war „laut", d.h. er lachte über alles und nichts, und das in donnernder Lautstärke. Er war impulsiv und aufbrausend. Auf alle Fachargumente, die ich brachte, antwortete er sinngemäß „Kenne ich schon", „Weiß ich bereits alles", „Habe ich alles schon einmal gemacht". Na denn, so dachte ich mir, wenn Du denn ein derartiger Löwe bist, dann mach mal, wir werden ja sehen. Mir blieben erhebliche Zweifel, doch verhielt ich mich zurückhaltend. Es gibt im Leben eines Offiziers bekanntlich nur zwei schlechte Soldaten, und das sind der Vorgänger und der Nachfolger. Mir war sonnenklar, dass mit Oberst M. ein neuer Zug ins PRT einkehrte. Natürlich hatte er andere Vorstellungen, das war sein gutes Recht. Auch ich hatte zumindest in Nuancen andere Vorstellungen als mein Vorgänger, Oberst Setzer, und das ist auch gut so. Ansonsten würde über kurz oder lang Stillstand eintreten. Neue Männer bringen neue Ideen mit sich, nur so kann auf die Dauer eine positive Entwicklung eintreten. Es sollte aber tunlichst vermieden werden, dass mit jedem Wechsel eines Kommandeurs das Ruder komplett rumgerissen wird.

Neue Kommandeure, vor allem, wenn sie noch unerfahren sind, bleiben klug beraten, wenn sie erst einmal die Dinge nüchtern auf sich zukommen lassen. Der Vorgänger mit seiner Crew wird im Regelfall kein kompletter Idiot gewesen sein. Bei all der Bescheidenheit, für die ich landauf und landab bekannt bin, nehme ich von mir in Anspruch, kein Idiot zu sein. Meine Vorgesetzten waren mit mir zufrieden, und das PRT Kunduz war und blieb unter meiner Führung sicherlich ein kerngesunder Verband. Fehler machen wir alle mal, so auch ich, aber kein Fehler darf so schlimm sein, dass er existenzielle Folgen nach sich zieht. Oberst M. trat hingegen auf, als ob er die Weisheit mit Löffeln gefressen hätte. Ihm ging jede Bescheidenheit ab. Er prahlte mir gegenüber mit seinen Führungsqualitäten, zitierte seine Zeit als Kommandeur eines artilleristischen Beobachtungsbataillons und die als Zugführer eines Infanteriezuges, den er mal in grauer Vorzeit geführt hatte. Es kam mir so vor, als ob er sich mir gegenüber herausputzen wollte. Ich bin ein Kind der Kampftruppe, habe ein Panzergrenadierbataillon im Einsatz geführt (KFOR 1999) und war die weit überwiegende Zeit meiner militärischen Laufbahn mit Ausbildung und Führung von militärischen Verbänden der gepanzerten

Kampftruppen beschäftigt. Mir brauchte man nun wirklich nicht mehr zu erklären, was „Kampf" heißt.

Auch hatte ich gegenüber Oberst M. den entscheidenden Vorteil, das Gelände in Kunduz, die besonderen taktischen Probleme, von der Pike auf zu kennen. Ich hatte bereits eine Vielzahl von Angriffen und Anschlägen erlebt und mit meinen Männern durchgestanden. Oberst M. wäre daher gut beraten gewesen, erstens seine Klappe zu halten und zweitens genau zuzuhören. Er tat beides nicht. Als er dann nach nur drei Tagen Einweisung im Einsatzland wieder nach Deutschland zurückkehrte, atmeten wir in Kunduz kollektiv durch. Na, das kann ja heiter werden im 17. Kontingent, das Oberst M. ab Juli 2008 führen sollte. Meine Soldaten kamen in Scharen zu mir gelaufen und versicherten mir, wie glücklich sie seien, mit mir im Juli 2008 nach Hause zu fliegen. Unter Oberst M. wollten sie nicht dienen. Soldaten haben eine ganz feine Spürnase für Dinge, die gehen und solche, die nicht gehen. Sie misstrauten Oberst M. und wollten mit ihm nichts zu tun haben. Wie sich später herausstellen sollte, vollkommen zu Recht.

Das alles hat Oberst M. nie wirklich nachdenklich werden lassen. Er hatte davon überhaupt nichts mitbekommen. Er fühlte sich berufen, die Karre aus dem Dreck zu holen, in dem der deutsche Afghanistaneinsatz seiner Meinung nach steckte. Im Heeresführungskommando wurde er von seinen Aufgaben zwecks Vorbereitung auf den Einsatz drei Monate im Voraus entbunden. Was für ein Luxus! Ich blieb bis zuletzt voll verantwortlich auf meinen Dienstposten als stellvertretender Brigadekommandeur in Augustdorf und hatte kaum Zeit, mich näher mit dem Einsatz zu beschäftigen. In der Rückschau war das nicht unbedingt ein Nachteil. Ich verfügte über ausreichende Informationen, die ich im Zuge der vielfachen Stationen der Einsatzvorbereitung erhielt. So versuchte ich, locker und unvoreingenommen zu bleiben. Ich fühlte mich gut vorbereitet und der Sache gewachsen.

Zuviel Vorbereitungszeit kann auch ins Gegenteil umschlagen. Oberst M. jedenfalls fing an, den Koran zu studieren. Daran ist grundsätzlich nichts auszusetzen, wenn man sich denn nicht in den Wahn begibt, späterhin die strenggläubigen Afghanen meint belehren zu müssen, was im Koran steht und was nicht. Dann fing Oberst M. an, für seinen Einsatz ein Konzept zu entwickeln, das de facto im vollkommenen Gegensatz zu allem stand, was ich und meine Männer (auch meine Vorgänger) bislang in Afghanistan gemacht hatten. Auf der Grundlage von gerade mal drei Tagen Erkundung vor Ort entwarf er Grundsatzbefehle, die wir erstellt hatten, von Grund auf neu. Er plante militärische Operationen am grünen Tisch bar jeder Ahnung, was eigentlich genau in Kunduz abging. Natürlich, und das war absehbar, legte er außerordentlichen Wert auf die Stärkung aller CIMIC-Aktivitäten, denn darin war er ausgewiesener Fachmann. Er entwickelte ebenso Konzepte, wie er zusammen mit dem Auswärtigen Amt und dem Bundesministerium für wirtschaftliche Entwicklung und Zusammenarbeit die Entwicklungsarbeit und den Wiederaufbau in Kunduz entscheidend voranbringen wollte. „Der afghanische Weg", so prahlte er. Mit diesem Konzept ging er dann ins Auswärtige Amt, um es vorzustellen. Dort schüttelte man nur entgeistert den Kopf.

Oberst M. hatte sich in seiner freien Zeit bis ins Detail festgelegt. Mental war er derart eingeschworen auf „seinen" Weg und verbaute sich damit den Blick für die Realitäten vor Ort, bevor er überhaupt in Kunduz zur Übernahme aufschlug. Das sollte sich noch grausam rächen. Mein Stellvertreter, Oberstleutnant Abed, sonst durch nichts und gar nichts aus der Ruhe zu bringen, wurde unruhiger denn je. Denn er war es schlussendlich, der noch vier Wochen mit Oberst M. zusammenarbeiten musste, während ich Anfang Juli 2008 nachhause flog. Er musste den Staffelstab weitergeben und dafür Sorge tragen, dass es keinen Bruch in der Führung des PRT Kunduz gab. Wie sich sehr schnell zeigen sollte, war dieser Ansatz von der ersten Sekunde an zum Scheitern verurteilt. Kaum war ich weg, krempelte Oberst M. das PRT um. Abed und Oberst M. fanden nie zueinander. Oberst M. wollte von Abed nichts hören, den er für den letzten Vertreter einer verfehlten PRT-Strategie hielt, und Abed sah seine Felle davon schwimmen. Es dauerte nicht lange, und Oberst M. ignorierte Abed ganz einfach. Abed ist dann Ende Juli 2008 vollkommen frustriert nach Hause zurückgekehrt.

Als Oberst M. schlussendlich Anfang Juli 2008 in Kunduz zur Übernahme eintraf, da war uns allen sofort klar, wohin der Hase läuft. „Neue Besen kehren anders", so sage ich stets, wenn ein neuer Kommandeur kommt. Das stimmt grundsätzlich, nur sollte „anders" in diesem Falle sinnvoller Weise nicht „vollkommen anders" bedeuten. Hier drehte es sich auch um Wahrung der Kontinuität, doch von solchen Anfeindungen fühlte sich Oberst M. vollkommen verschont. Ich machte ihn natürlich mit allen afghanischen Ansprechpartnern bekannt. Die staunten nicht schlecht, als Oberst M. seine deutsche Version des Korans auf den Tisch legte, darin fleißig rumblätterte, um hieraus in Deutsch zu zitieren. Mahnend und besserwisserisch belehrte er den Gouverneur der Provinz von Kunduz, dass der Koran jede Korruption verböte, ergo hätte der Gouverneur sofort Korruption in seinem Verantwortungsbereich zu unterbinden. Mein Dolmetscher, selbst gebürtiger Afghane, schaute mich fragend und mit einem leichten Kopfschütteln an. Der Gouverneur bewahrte Haltung und tat so, als ob er derartige Hinweise aus dem Koran nicht gehört hätte.

Was Oberst M. selbstverständlich in seiner Eitelkeit übersah, war der schlichte Umstand, dass es in den Augen von gläubigen Muslims ein Vergehen ist, als Nicht-Muslim aus dem Koran in irgendeiner Sprache außer der Muttersprache des Koran zu zitieren, und das ist Arabisch. Es ist schon ein Affront, überhaupt eine andere Ausgabe des Korans auf den Tisch zu legen, außer der einzig autorisierten, der arabischen Version. Es ist geradezu eine Unverschämtheit, als Neuling und für den Gouverneur vollkommen unbekannte Person, quasi im Vorstellungsgespräch, derart oberlehrerhaft aufzutreten. Was für ein Entree!!! Nach diesem ersten Treffen meinte Oberst M. begeistert, wie toll es doch gelaufen sei. Er hätte dem Gouverneur gleich bei Anbeginn klargemacht, wo der Hammer hängt. So solle es weitergehen. Ich habe versucht, ihm klar zu machen, welchen Anfängerfehler er begangen hatte. Doch derartige mahnende Worte prallten an seinem Ego ab. Ich war heilfroh, als der Tag der Übergabe endlich gekommen war. Diejenigen, die mit mir ausflogen, beteuerten unisono, dass es keine vier Wochen dauern würde, bis Oberst M. in seiner Ignoranz das PRT Kunduz gegen die Wand fahren würde. Sie sollten leider Recht behalten.

Am 07. Juli 2008 war es dann schlussendlich soweit. General D., der drei Tage später selber an General Weigt übergeben sollte, übergab das PRT Kunduz von mir an Oberst M.. In seiner Ansprache würdigte General D. meine Leistung. Zwar meinte ich, zwischen der einen oder anderen Bemerkung auch versteckte Kritik aus seiner An-

154

sprache herauszuhören, doch war mir das in dem Augenblick mittlerweile vollkommen egal. Der Übergabeappell verlief in würdiger und schöner Form. Ich flog kurze Zeit später zusammen mit General D. nach Mazar-e-Sharif. In meiner unmittelbaren Begleitung waren meine Kameraden des Close Protection Teams, mein treuer Vorzimmerfeldwebel und Gründungsmitglied der Kunduz Rocketeers, Hauptfeldwebel Heibel, sowie mein Adjutant, Oberleutnant Reinke, genannt Ümet. Da wir alle an der Übergabe des Regional Command North von General D. an General Weigt beiwohnen sollten, blieb uns nichts Anderes übrig, als die Zeit tot zu schlagen. Bei einer Abendveranstaltung, die General D. als einer seiner letzten Amtshandlungen gab, traf ich dann Oberst M. wieder, nun als amtierender Kommandeur des PRT Kunduz. Man sah ihm die Freude an, nun endlich Kommandeur sein zu können. In seiner berühmt-berüchtigten Art lachte er donnernd mit einer Stimme, die jedem preußischen Kavallerieoffizier auf dem Kasernenhof alle Ehre gemacht hätte. Ich konnte sein Gedröhne kaum noch ertragen und machte mich zum frühestmöglichen Zeitpunkt aus dem Staub. Es galt schließlich, einen der letzten Zigarillos zu rauchen, bevor ich nach Hause kam. Ich musste mit dem Unsinn sofort aufhören, sonst hätte ich mit meiner Ehefrau sicherlich Ärger bekommen.

30. Erste Rückkehr

Am 10. Juli 2008 erfolgte dann die Übergabe des Regional Command North von General D. an General Weigt. Danach setzte man uns in einen Bus und fuhr uns aufs Flugfeld hinaus, wo eine Transportmaschine auf uns wartete für den Weiterflug nach Termez / Usbekistan. Ich sehe noch heute General Weigt am Flughafengebäude stehen. Er hatte sechs entbehrungsreiche Monate vor sich, ich hatte sie hinter mir. Auch wenn er in Augustdorf mein Brigadekommandeur war, so war ich doch sichtbar erleichtert, als wir uns verabschiedeten. Ich wünschte ihm „Viel Soldatenglück" und war mir sicher, dass ich Kunduz nie wiedersehen sollte. Mit dieser naiven Annahme hatte ich so ziemlich den größten Bock meiner Laufbahn geschossen. Weder Weigt noch ich ahnten, dass ich keine sechs Wochen später wieder genau hier stehen würde.

Wir flogen bester Laune nach Termez und hatten das Glück, noch am gleichen Tag von Termez weiter nach Köln zu fliegen. In Termez hängen zu bleiben, ist so ziemlich die Höchststrafe. Es gibt dort nichts, aber auch gar nichts zu tun. Also kommt man schnell auf dumme Gedanken. Die Betreuungseinrichtung war mir ja bereits durch den Hinflug bestens bekannt. Ich verspürte hingegen keinerlei Lust, mir das Treiben in Termez noch länger als unbedingt nötig antun zu müssen. In dem Flugzeug, das uns nach Hause brachte, traf ich dann meine guten Weggefährten aus Kunduz wieder, die mit mir die unendlich schwere Zeit im Frühjahr 2008 tapfer durchgestanden hatten. Ümet blieb wie immer an meiner Seite, und so manche Anekdote wurde erzählt. Über kurz oder lang legte sich die Aufregung sehr schnell. Viele schliefen selig vor sich hin. Was für ein herrlicher Luxus – Schlaf ohne Raketenalarm!! Nach knapp sechs Stunden Flug landete der Flieger dann in Köln. Es regnete und war kühl, eine Erfahrung, die wir fast in Afghanistan vergessen hatten. Vollkommen erstaunt erkannten wir, dass Deutschland „grün" ist. Blühende Landschaften, Vegetation, Überfluss wohin man schaut. So ganz traute ich aber meinen Sinnen nicht, bis ich endlich meine Ehefrau wiedersah, die sich für diesen Tag besonders hübsch hergerichtet hatte.

Wir fielen uns in die Arme, und ich musste schon mächtig mit mir kämpfen und verdrückte eine oder zwei Freudentränen. In einer Ecke der Empfangshalle sah ich vertraute Gesichter. Einige Offiziere der Panzerbrigade 21 aus Augustdorf ließen es sich nicht nehmen, mich mit einem kleinen improvisierten Sektempfang ebenfalls zu begrüßen. Sie waren eigens drei Stunden gefahren, wohl wissend, dass ich mit meiner Ehefrau erst einmal direkt nach Hause fahren würde und daher nur wenig Zeit hatte, mich um sie zu kümmern. Es war eine tolle Geste, die mir einmal mehr klar aufzeigte, dass ich willkommen war. Die Eltern von Ümet standen da und nahmen ihren Sohn in Empfang. Ich hatte beim Abflug in den Einsatz der Mutter von Ümet versprochen, ihren Sohn wieder heil zurückzubringen. Dieses Versprechen konnte ich nunmehr einlösen. Meine Ehefrau und ich blieben dann über Nacht bei Verwandten in Brühl. Wir fuhren am nächsten Tag weiter nach Hamburg. Dort hatte Martina bereits alles für einen wirklich tollen Empfang organisiert. Ich genehmigte mir zwei Wochen Urlaub auf Fehmarn, zu dem wir unsere Nichten mitnahmen. Man taucht als Rückkehrer vollkommen unkompliziert und vermeidlich unproblematisch ins Alltagsleben wieder ein. Aber ich war gesundheitlich angeschlagen. Ich schlief schlecht. Mein Blutdruck war hoch und unregelmäßig. Zuweilen hatte ich Albträume. Doch ich machte mir keine Sorgen, denn derartiges kannte ich von meinem KFOR-Einsatz aus 1999 nur zu gut. Ich benötigte schlichtweg etwas Zeit und Ruhe, dann würde ich schon wieder auf die Beine kommen.

Ich machte mir daher auch keine Sorgen, als ich im August 2008 die Führung der Panzerbrigade 21 in Augustdorf in Vertretung von General Weigt übernahm, der nun seinerseits im Einsatz stand. In Augustdorf nahm man mich begeistert wieder in Empfang. Ich gab sofort meine Afghanistanausrüstung ab, denn die, so meinte ich, würde ich ja nicht mehr brauchen. Allerdings verfolgte ich mit wachsender Sorge die Nachrichten aus Kunduz. Die Anschläge mehrten sich in besorgniserregender Sequenz. Am 27.08.2008 starb ein deutscher Fallschirmjäger, Hauptfeldwebel Mischa Meier, bei einem IED-Anschlag. Nur einen Tag später erschoss ein deutscher Oberfeldwebel irrtümlicher Weise eine afghanische Frau und ihre drei Kinder, die in einem Auto beim Erkennen eines Checkpoints die Nerven verloren hatte und zu flüchten versuchte. Der Oberfeldwebel agierte unter dem Eindruck, dass sich in diesem Auto, dessen Fahrer auf keines der vielen Warnzeichen reagierte, ein Selbstmordattentäter mitten in der Traube deutscher Soldaten in die Luft sprengen wollte. Die deutsche „Quick Reaction Force" war fast dauerhaft in Kunduz eingesetzt. Dies alles waren mehr als deutliche Signale, dass sich die Sicherheitslage wie von mir befürchtet dramatisch verschlechtert hatte. Ich bekam auch den einen oder anderen „zarten" Hinweis aus Kunduz, dass es zwischen den Soldaten des PRT und ihrem Kommandeur, Oberst M., erhebliche Probleme gab. Ahnungsvoll sagte ich meiner Ehefrau, hoffentlich wird Oberst M. nicht abgelöst, denn dann müsste ich wieder packen und erneut ins Einsatzland verlegen. Derartiges hatte es meines Wissens in der deutschen Nachkriegsgeschichte noch nicht gegeben, also verdrängten wir diesen Gedanken als puren Unsinn. Dann kam der 02.09.2008 und mit ihm der folgenschwere Anruf von General Weigt.

31. Erneute drei Monate

Ich saß an meinem Schreibtisch in Augustdorf, als meine Sekretärin, Frau Wegener, mit kreidebleichem Gesicht aufgeregt hereinkam und mir zurief: „General Weigt ist in der Leitung"! Sie schloss die Tür und stellte das Gespräch durch. General Weigt kam sofort zur Sache. Er hatte Oberst M. in Kunduz von der Führung des PRT Kunduz mit sofortiger Wirkung entbunden. Er erläuterte mir die Situation in knappen Worten. Oberst M. hatte durch eine Vielzahl von Ereignissen und Entscheidungen aus Sicht von General Weigt das Vertrauen seiner Männer und Frauen, den Soldaten des PRT Kunduz, verloren. Es hatte offenbar in den zurückliegenden, noch nicht einmal sechs Wochen seit meiner Rückkehr erhebliche Verwerfungen gegeben. Weigt betonte, wenn er denn nicht jetzt gehandelt hätte, dann hätten die Soldaten des PRT Kunduz „mit den Füßen gegen ihren Kommandeur abgestimmt". Ihm wäre keine andere Wahl geblieben, als Oberst M. noch unmittelbar vor dem am gleichen Tage anstehenden Besuch des Verteidigungsministers in Kunduz abzulösen. Die wichtigsten Mitarbeiter von Oberst M., sein Stellvertreter Oberstleutnant Reichstein und sein Chef des Stabes, Oberstleutnant Neumann, wären bei dem alles entscheidenden letzten Gespräch zwischen Oberst M. und General Weigt zugegen gewesen, und beide trugen diese Entscheidung im vollen Bewusstsein der damit verbundenen Tragweite mit. Kommissarisch würde Oberstleutnant Reichstein das PRT führen, doch war sowohl General Weigt als auch mir klar, dass eine für mich gravierende Führungsentscheidung sofort getroffen werden musste.

General Weigt bat mich, sofort wieder ins Einsatzland zu verlegen und das PRT Kunduz erneut zu übernehmen. Hatte ich eine Wahl? Theoretisch konnte ich natürlich nein sagen, aber in der Realität gab es nur eine einzige Entscheidung, die mir offenstand. Wenn mein Brigadekommandeur mich bittet und obendrein Soldaten in Kunduz führerlos standen, die zu meiner Brigade in Augustdorf gehörten, dann gab es überhaupt keinen Zweifel. Ich sagte daher sofort zu. Für General Weigt muss ein zentnerschwerer Stein von seinen Schultern gefallen sein, denn seine Entscheidungen waren auch für ihn nicht ohne Risiko. Oberst M. fühlte sich von General Weigt hintergangen (und von seinen eigenen Mitarbeitern) und nahm alle

Rechtsmittel in Anspruch, um sich zu rehabilitieren. Ich hatte logischer Weise zunächst mal ganz andere Probleme. Kaum hatte General Weigt aufgelegt, rief mich der Chef des Stabes des Heeresführungskommandos, General Hofmann, an und fragte mich nach meiner Entscheidung. Auch ihm war die Erleichterung anzumerken. Er hatte allen Grund dazu, denn wie sich später noch herausstellen sollte, war er an der Personalentscheidung „Oberst M." trotz manch warnender Hinweise maßgeblich beteiligt. Es war „sein Mann", der da abgelöst wurde. Dann telefonierte ich noch mit dem Einsatzführungskommando in Potsdam und vor allem mit der 1. Panzerdivision in Hannover, denn mit meiner erneuten Verlegung in den Einsatz war vollkommen ungelöst, wer denn nun in den nächsten drei Monaten in Augustdorf führen sollte. Dann musste ich natürlich meine Ehefrau informieren, die von der gesamten Dramatik nichts mitbekommen hatte. Ich rief sie in ihrem Büro an, was ich unter normalen Umständen nie tat. Sie kennt mich und meine Stimmlage zu gut und wusste sofort, was los war. Wie immer war sie überaus tapfer, wenngleich auch für sie diese Entscheidung einen schweren Schock darstellte. Wir hatten Pläne gemacht, Urlaub gebucht. Ich war ja noch nicht mal so richtig wieder in Deutschland angekommen und sicherlich von den vergangenen sechs Monaten noch gezeichnet. Ich hatte noch keine richtige Gelegenheit gehabt, das Erlebte zu verdauen und zu verarbeiten. All das musste schlagartig hintenanstehen.

Natürlich informierte ich mich telefonisch bei Oberstleutnant Reichstein, den ich sehr gut kannte, was denn in Kunduz vorgefallen war. Wir stimmten meine Einreisedaten ab und einigten uns im Groben über die anstehende Übergabe an mich. Dann durfte ich mich erneut einkleiden. Ich hatte ja in einem Anfall von Naivität meine gesamte Afghanistanausrüstung abgegeben. Hier bewies die deutsche Wehrverwaltung, wie weit sie von Einsatzrealitäten wirklich noch entfernt ist. Ich schickte meinen Kraftfahrer mit meiner Bekleidungsstammkarte los, die Dinge für mich „bei der Kleiderkammer" zu besorgen. Ich hatte schlichtweg keine Zeit mehr übrig, denn innerhalb von wenigen Tagen sollte ich bereits nach Kunduz abfliegen. Doch die Damen und Herren in der Kleiderkammer blieben weiterhin stur. Der Herr Oberst müsse schon selber kommen. Es würde nur persönlich an den Empfänger ausgegeben, nicht jedoch an einen Boten oder von mir autorisierten Soldaten. Mein Kraftfahrer wagte es nicht, mich mit dieser negativen Information noch zu belästigen und ging reichlich bedröbbelt zu meiner Sekretärin, Frau Wegener. Die schaltete den Chef des Stabes ein, der die Dame in der Kleiderkammer anrief und um Verständnis für die prekäre Situation warb. Doch die Dame blieb stur und weigerte sich rundweg, Flexibilität zu zeigen. Da platzte mir der Kragen. Ich nahm meinen Kraftfahrer und meine Bekleidungsstammkarte und fuhr zur Kleiderkammer. Dort traf ich gegen 15:00 Uhr ein und sah, wie besagte Dame freundlich lächelnd ihr Büro abschloss und auf die Ladenschlusszeit verwies. Sie hätte jetzt Dienstschluss und würde nach Hause fahren. Ich sollte am nächsten Morgen ab 09:00 Uhr wiederkommen. Es kostete mich alle noch vorhandene Selbstbeherrschung und Nervenkraft, doch ich brachte es tatsächlich fertig, sie mit „lieben" Worten zu überzeugen, mir keine weiteren Schwierigkeiten zu machen. Sie muss die Mordlust in meinen Augen gesehen haben, denn, oh Wunder, auf einmal funktionierte alles reibungslos, und ich zog nach 30 Minuten mit meiner Ausrüstung wieder ab.

Mir blieb dann noch ein Wochenende, um meine privaten Dinge so gut es ging zu regeln. Am nächsten Dienstag, genau eine Woche nach dem Anruf von General Weigt, wurde ich zuhause abgeholt. Ich staunte nicht schlecht, als gleich drei Offiziere des Brigadestabes aus Augustdorf morgens gegen 04:00 Uhr vor meiner Tür eintrafen und es sich nicht hatten nehmen lassen, mich persönlich nach Köln / Wahn zum militärischen Flughafen zu fahren. Fürwahr, eine tolle kameradschaftliche Geste. Am Flughafen warteten dann noch mein ehemaliger Vorzimmerfeldwebel, Hauptfeldwebel Heibel, und die Chefin der Sanitätseinsatzkompanie, Frau Melanie Heyde, die mit mir im ersten Halbjahr 2008 gemeinsam die Anspannungen in Kunduz durchgestanden hatten. Von allen wurde ich überschwänglich verabschiedet. Heibel überreichte mir dann noch ein kleines Abschiedspaket, in dem u.a. auch die obligaten Moods-Zigarillos vorhanden waren. Willkommen Nikotinsucht und auf ein Neues. Ich habe mir sofort eine Moods angesteckt. Der Einsatz konnte erneut beginnen.

32. Eine paralysierte Truppe

Ich traf in Mazar-e-Sharif ein und war eigentlich darauf eingestellt, dort noch über Nacht zu bleiben, wohlmöglich auch, um mich durch General Weigt in die aktuelle Lage und vor allem über die Hintergründe der Ablösung von Oberst M. detailliert einweisen zu lassen. General Weigt begrüßte mich warmherzig, doch viel mehr Zeit als für eine Tasse Kaffee blieb kaum. Wir flogen sofort zusammen weiter nach Kunduz. Noch am gleichen Tag trat das PRT an, Oberstleutnant Reichstein meldete General Weigt das PRT zur Übergabe, und schon war ich im Amt. So schnell kann das gehen und vor allem auch so pragmatisch. Weigt blieb dann nicht mehr lange, und bevor ich mich so richtig umgeschaut hatte, blickten mich viele erwartungsvolle Augenpaare an. Da war ich nun, und die Truppe brachte mir unausgesprochen ihre Erwartungshaltung entgegen: Bring uns aus diesem Schlamassel heraus, in dem wir stecken!! Das PRT Kunduz war in eine Art Schockstarre verfallen und zutiefst verunsichert. Die letzten Wochen hatten deutliche Spuren hinterlassen. Die vielen Anschläge mit schlimmen Verletzungen, der Tod von Hauptfeldwebel Mischa Meier, der Tod der Mutter und ihrer Kinder, die von einem deutschen Soldaten versehentlich erschossen wurden, all das hat das PRT bis ins Mark erschüttert. Was die Männer und Frauen aber fast verzweifeln ließ, war die Führungskrise, die Oberst M. durch sein Verhalten und seine Entschlüsse vollkommen ohne jede Not hervorgerufen hatte. Die Soldaten verlangten nach nichts Anderem als klare Führung.

Ohne an dieser Stelle auf Einzelheiten in der ganzen Breite einzugehen, so hatten die Soldaten sich fast unisono von Oberst M. abgewendet (ein Umstand, den er wohl bis heute nicht begriffen hat, und der Grund seiner Ablösung wurde). Ich habe mit allen Soldaten, wirklich mit allen, Gespräche geführt. Natürlich bediente ich mich zu allererst meines Stellvertreters, Oberstleutnant Reichstein, und meines Chef des Stabes, Oberstleutnant Neumann. Beide waren intime Kenner der Entwicklung und Zeitzeugen des Zerwürfnisses zwischen geführten Soldaten und ihrem Führer, Oberst M.. Die Kompaniechefs, die Zugführer, Vertrauenspersonen, Militärpfarrer und Truppenpsychologin (um nur einige zu nennen), alle verbalisierten die gleichen Vorwürfe: Oberst M. hatte durch ungeschickte Äußerungen, krasse Fehlentscheidungen und haarsträubende Fehler in der Menschenführung alle Männer und Frauen gegen sich aufgebracht. Am schlimmsten traf es die stolzen Fallschirmjäger. Der durch einen IED-Anschlag ums Leben gekommene Hauptfeldwebel Mischa Meier war einer der Ihrigen. So gut wie alle Fallschirmjäger machten Oberst M. mehr oder weniger für den Tod von Hauptfeldwebel Meier mitverantwortlich. Dieser Vorwurf traf aus meiner Sicht so nicht zu, aber ist ein Vertrauensverhältnis erst einmal zerrüttet, dann legt die Truppe jedes Detail gegen ihren Führer aus. Den Vertrauensvorschuss, den auch Oberst M. wohl mal hatte, den hatte er jedenfalls nachhaltig und fahrlässig verspielt.

Trotzig und unbeugsam ignorierte Oberst M. die Realitäten und erkannte nicht (eigentlich bis heute nicht), dass er sich selbst und das PRT in eine unheilvolle Lage manövriert hatte, aus der erst seine Ablösung wieder herausführen sollte. Ich war zutiefst erschrocken über die Verzweiflung der Soldaten, denn ich hatte Vergleiche zur Hand. Im ersten Halbjahr 2008 führte ich Soldaten aus insgesamt zwei Kontingenten, die alle in der einen oder anderen Weise Schlimmes erlebt hatten. Wir hatten unwahrscheinliches Glück gehabt, keine Toten beklagen zu müssen. Aber ansonsten zeichnete sich die Truppe im 15. und 16. Kontingent durch eine signifikante Robustheit und auch Leidensfähigkeit aus. Diese Truppe aber, die im Kern um keinen Deut schlechter war als ihre Vorgänger, war der Verzweiflung nahe und am Rande der Aufgabe – und das nach nur sechs Wochen!!! Wohin sollte das noch führen und vor allem, wie konnte ich der Truppe wieder Vertrauen in sich selbst einflößen? Was würde passieren, wenn wir in wenigen Tagen nach meiner Übernahme noch mehr Tote erhielten, weil uns das Glück nicht mehr hold war? Das waren für mich die entscheidenden Fragen.

Taktisch geändert habe ich nicht viel. Die Lage war und blieb prekär und meine Mittel waren limitiert. Es gelang mir aber nach und nach, den Soldaten Vertrauen zurückzugeben. Sie hörten mir zu, oftmals geradezu mit kindlicher Neugierde und Intensität. Sie suchten und verlangten nach Führung, nach einer Richtung, nach einem Halt, den sie von mir erwarteten. Ich machte ihnen klar, dass der Auftrag durch den Tod von Mischa Meier und durch die Ablösung von Oberst M. nicht beendet war, sondern weiter fortgeführt werden musste. Ich bestand darauf, dass wir endlich wieder offensiver vorgingen. Wie schon bei den Fallschirmjägern im 16. Kontingent unterhielt ich mich lange mit den Zugführern, um eine taktische Vorgehensweise einzuführen, die von den betroffenen Soldaten auch nachvollzogen und mitgetragen wurde. In unzähligen Gesprächsrunden auf allen Ebenen, oftmals bis tief in die Nacht hinein, warb ich um Vertrauen und betete meine Botschaft herunter: wir müssen wieder raus aus dem Feldlager. Wir stellen dem Gegner unsere Stärken entgegen. Wir suchen den Gegner, und wo wir ihn finden, schlagen wir ihn. Wir warten nicht wie das Kaninchen vor der Schlange ängstlich ab, bis die Schlange zubeißt. Wir wehren uns und vor allem: Ich vertraue Euch und stehe zu Euch!!! Mehr brauchte es nicht, um den Soldaten wieder Mut einzuflößen, aber das musste es schon sein.

Zug um Zug nahm das PRT wieder Fahrt auf. Es waren einmal mehr die Fallschirmjäger, die mit gutem Beispiel vorangingen. Wir planten zahlreiche offensive Operationen, die allesamt zwar nur mit bescheidenem Erfolg, dafür aber ohne Verluste und somit erfolgreich durchgeführt wurden. Die Truppe glaubte wieder an sich und ihre eigene Stärke. Was uns fehlte, war ein spektakulärer Erfolg. Ich gönnte es der Truppe und wünschte es ihr, dass wir ein Waffenlager finden würden oder einen gesuchten Terroristen fangen könnten. Mir hätte auch schon die erfolgreiche Abwehr eines Raketenangriffes genügt. Als wir dann endlich ein vergleichsweise bescheidenes Waffenlager fanden, ging ein Aufschrei der Erleichterung durch den Gefechtsstand. Dennoch, Erfolge, die uns im 16. Kontingent in durchaus imposanter Weise gelangen, blieben uns nunmehr weitestgehend versagt. Einer der Gründe für diese Entwicklung sah ich in der zunehmend abwartenden, wenn nicht sogar ausweichenden Haltung des afghanischen Geheimdienstes, der uns sonst immer dankbar unterstützt hatte. Doch von dem kam so gut wie überhaupt nichts Brauchbares mehr. Es schien, als ob der afghanische Geheimdienst längst die Seite gewechselt hatte. Der Einfluss der Taleban und vor allem der lokalen Warlords war unübersehbar gestiegen. Es setzte nun genau die Entwicklung ein, die uns allen in 2009 und 2010 noch größtes Kopfzerbrechen bereiten sollte.

Davon unbenommen entwickelte sich die innere Lage des PRT unübersehbar positiv. Die Männer und Frauen lachten wieder, sie hoben ihr Kinn und drückten im wahrsten Sinne des Wortes ihr

Kreuz entschlossen durch. Menschenführung im Einsatz ist wohl die wichtigste Fähigkeit, die ein Kommandeur in derartigen Lagen mitbringen muss, und über die verfügte Oberst M. nun einmal nicht. Dann kam der 23.09.2008 und mit ihm der erste IED-Anschlag auf eine deutsche Patrouille, seitdem ich nach Kunduz zurückgekehrt war. Ich hörte den Detonationsknall in meinem Gefechtsstand im Feldlager. Der Anschlag erfolgte quasi vor unserer Haustür, keine drei Kilometer vom Feldlager entfernt. Sofort ließ ich mein Personenschutzteam auffahren und fuhr zur Anschlagstelle hinaus. Die betroffene Patrouille war in zwei Teile zerfallen. Diejenigen, die vor der Anschlagstelle zum Stehen kamen, sicherten nach Süden ab. Diejenigen, die betroffen waren, stießen durch die Anschlagstelle einen guten Kilometer durch und gingen entlang der Hauptstraße nach Kunduz zur Rundumsicherung über. Gott sei Dank war kein Soldat verletzt worden, als sich ein Selbstmordattentäter in seinem Fahrzeug unmittelbar in der Kolonne in die Luft sprengte. Die Nerven der Soldaten lagen blank. Ich fuhr von hinten kommend an den Fahrzeugen vorbei, durchfuhr die Anschlagstelle, die ein Bild der Verwüstung bot. Als ich bei den Soldaten ankam, die knapp dem Anschlag entkommen waren, nahm zunächst niemand von mir Notiz. Von einer Seitenstraße näherte sich ein Fahrzeug, dessen Fahrer auf kein einziges Warnzeichen meiner Soldaten reagierte, die natürlich fürchteten, durch einen zweiten Selbstmordattentäter angegriffen zu werden. Mit Gewehrfeuer wurde der Kühlergrill des Fahrzeuges zerschossen, dessen Fahrer – wie sich später herausstellte – vollkommen unter Drogeneinfluss stehend nichts mehr mitbekam, was vor und hinter ihm vorging.

Ich stieg aus und legte dem ersten Soldaten meine Hand auf die Schulter und fragte: „Na, mein Junge, wie geht es Dir?" Vollkommen entgeistert rief der Soldat aus „Der Oberst ist hier, der Oberst ist hier!". Wie ein Lauffeuer verbreitete sich diese Nachricht, und alle wollten mich sehen, mit mir reden, mich anfassen. Ich brauchte eigentlich nicht viel zu organisieren, die Männer und Frauen wussten schon selber, was zu tun war. Alles, was ich machen musste, war, den Soldaten Mut in einer für sie grauenvollen Lage zuzusprechen. Wenn das stimmt, was mir die Soldaten immer wieder sagten, hatte sich Oberst M. bei Anschlägen nie bei den Soldaten blicken lassen. Er ging auch nicht zu verletzten oder erkrankten Soldaten ins

Rettungszentrum. Er verbot dem Kompaniechef der Fallschirmjäger und dem verantwortlichen Zugführer in einer vergleichbaren Situation, zu ihren verletzten Soldaten rauszufahren, zu helfen und die Führung zu übernehmen. Von Stund an hat kein einziger Fallschirmjäger mehr ein einziges Wort glauben wollen, das Oberst M. in noch so guter Absicht von sich gab. Wer so handelt, verliert seine Männer und jedes Vertrauen in seine Führungskompetenz.

Als ich wieder ins Feldlager zurückkehrte, bin ich ins Rettungszentrum gegangen, wo eine Frau Oberfeldwebel stationär aufgenommen worden war, die beim Aufsitzen auf ihr Gefechtsfahrzeug (als Teil der Alarmreserve) die Tür so unglücklich auf ihren Kopf erhielt, dass sie nicht mehr rausfahren konnte. Bevor ich irgendein Wort sagen konnte und ohne mich auch nur irgendwie zu begrüßen, fragte sie mich sofort: „Waren Sie draußen bei den Soldaten im Anschlag?" Diese Beispiele zeigen, wie sensibel Soldaten trotz aller Ausbildung und Erfahrung sind, wie entscheidend persönliche Zuwendung ist, und wie wenig es eigentlich bedarf, ihr Vertrauen zu gewinnen. Es zeigt zugleich auf, wie schnell ein Führer jeden Kredit verspielt, wenn er sich kaltschnäuzig über die Bedürfnisse seiner Truppe hinwegsetzt.

Ich bin zutiefst davon überzeugt, dass ein Vorgesetzter zu allererst Vorbild sein muss. Er muss zudem glaubhaft und authentisch sein. Die Truppe verzeiht ihm Vieles, wenn sie denn Vertrauen hat. Das Vertrauen seiner Männer und Frauen ist das höchste Gut, das erarbeitet und verdient werden will. Es fliegt einem nicht zu. Es ist auch keine Bringepflicht der Soldaten, die gehorchen, weil sie es müssen. Es ist eine Bringeschuld des militärischen Vorgesetzten. Er erreicht das nicht durch übertriebene Härte. Er erreicht das ebenso wenig durch Anbiederei und Kumpanei. Er erreicht es durch Dialogbereitschaft, menschliche Zuwendung und durch sein Vorbild, das er durch sein Verhalten setzt. Vorgesetzte, die das nicht können, haben als militärische Führer im Einsatz nichts zu suchen. Oberst M. hatte viele Fähigkeiten und Vorzüge. Er ist unbestritten ein absoluter Fachmann im Bereich der zivil-militärischen Zusammenarbeit. Nur eines kann er nicht: Menschen führen. Diejenigen, die ihn wider besseren Wissens dennoch für diese Aufgabe ausgesucht hatten, und das ausgerechnet auch noch im schwierigsten Einsatzraum in Kunduz meinten verwenden zu müssen, tragen eine enorme Mitverantwortung für das Desaster, das schlussendlich dazu führte, dass ich noch einmal und unter widrigsten Umständen in den Einsatz verlegen musste.

33. Ermittlungsauftrag Oberst M.

Die Ereignisse um Oberst M. waren schon schlimm genug. Fast schon unanständig wurde es, als ich vom Befehlshaber des Einsatzführungskommandos in Potsdam schriftlich beauftragt wurde, innerhalb von nur zehn Tagen umfangreiche Ermittlungen und Vernehmungen durchzuführen mit dem Ziel, die Vorgänge aufzuarbeiten, die zur Ablösung von Oberst M. geführt hatten. Oberst M. hatte sich im Rahmen seiner zustehenden Rechte gegen seine Ablösung durch General Weigt beschwert und zudem auch noch eine Eingabe an den Wehrbeauftragten geschrieben. Der zutiefst in seiner Ehre verletzte Oberst M. wollte seine Ehre wiederhergestellt wissen und die Schmach der Ablösung tilgen. Er machte Einwände, Vorwürfe und Anschuldigungen geltend, die neben General Weigt viele Soldaten betrafen, die nun unter meinem Kommando standen. In der Folge habe ich mehr als 30 Vernehmungen durchgeführt und so ziemlich ausnahmslos alle Vorgesetzten und wichtigen Führer vernommen, die unter Oberst M. gedient hatten. Es baute sich ein Gesamtbild auf, das für mich auch heute noch unfassbar ist. Es kamen Vorgänge, Aussagen und Verhaltensweisen ans Tageslicht, die ich einem intelligenten Mann wie Oberst M. eigentlich nie zugetraut hatte. Es zeigte abschließend, wie tief die innere Abneigung bis hin zum unversöhnlichen Hass gediehen war, die zwischen Oberst M. und seinen Soldaten bestand. Nie zuvor habe ich in meiner beruflichen Laufbahn einen derartigen und unversöhnlichen Bruch zwischen Führer und Geführten erlebt wie damals in Kunduz. Oberst M. witterte den Verrat seiner Vertrauten und Mitarbeiter. Er witterte den Dolchstoß und die Meuterei gegen sich. Er hat bis zum heutigen Tage nie begriffen und wird es auch niemals begreifen, dass er es selbst war, der das Fass hat zum Überlaufen bringen lassen. Und dennoch hätte ich es bevorzugt, wenn eine unabhängige Instanz mit den Ermittlungen beauftragt worden wäre. Durch meine Beauftragung brachte man mich in eine wirklich unangenehme Lage. Ich war der Vorgänger von Oberst M., sein Nachfolger und in gewisser Weise auch eines seiner Opfer. Wie konnte ich da glaubhaft neutral bleiben? Obendrein, und das sei nur am Rande vermerkt, hatte ich wahrlich anderes zu tun, als mich mit stundenlangen Vernehmungen zu binden. So ganz nebenbei galt es auch noch, ein PRT zu führen. Die Ermittlungen waren notwendig, aber sie brachten erneute Unruhe ins PRT, die ich eigentlich nicht brauchen konnte.

Wie sehr Oberst M. in seiner Ehre verletzt war, mögen die folgenden Ereignisse beleuchten. Ich hatte am Ende meines Einsatzes einen Erfahrungsbericht geschrieben. Derartige Berichte sind vollkommene Routine. Sie werden auf dem Dienstweg dem Einsatzführungskommando vorgelegt und von dort den Führungskommandos von Heer, Luftwaffe, Marine, Streitkräftebasis und Zentralem Sanitätsdienst zur Auswertung weitergereicht. In meinem Erfahrungsbericht hatte ich kurz die Situation skizziert und bewertet, die ich vorfand, als ich im September 2008 erneut das PRT Kunduz übernommen hatte. Unter anderem führte ich sinngemäß aus, dass Oberst M. taktische Fehler unterlaufen waren und das PRT vollkommen paralysiert gewesen wäre. Derartige Erfahrungsberichte werden gewöhnlich nicht veröffentlich. Von daher war ich schon erstaunt, als mir Oberst M. noch im Dezember 2008 einen unverschämten Brief schrieb.

Er bezog sich auf den Erfahrungsbericht und auf meine wertenden Äußerungen zum Zustand des PRT bei meiner Übernahme. Er hätte von mir erwartet, dass ich vor derartigen Wertungen mit ihm Rücksprache gehalten hätte. Meine Einlassungen seien vollkommen aus der Luft gegriffen. In einer Kette von wirren Schlussfolgerungen und Beweisführungen versuchte er, sich und sein Handeln als abgelöster Kommandeur des PRT reinzuwaschen. Er stellte sich als Opfer und nicht als Täter dar. Es war schon absurd. Das alles wäre mir egal gewesen, wenn er sich in diesem Brief nicht dazu verstiegen hätte, mir die Eignung zum Offizier abzusprechen. Er stellte mir ein Ultimatum. Ich hätte bis zum 14.01.2009 Zeit, meine „Anschuldigungen" zurückzunehmen (und zwar öffentlich). Wenn ich das nicht könnte oder wollte, dann hätte ich den Beweis derselben anzuführen. Wenn ich auch dazu nicht in der Lage oder willens wäre, dann würde er sich rechtliche Schritte gegen mich vorbehalten.

Diesen Brief verschickte er per „Euroverteiler" an alle zwischenvorgesetzten Dienststellen bis hin zum Einsatzführungskommando. Ich habe lange mit mir gerungen, ob ich überhaupt reagieren sollte und wenn ja, wie? Der Brief war unverschämt und anmaßend. Er war für mich aber auch Ausdruck einer gekränkten Seele, Zeugnis mangelnder Urteilsfähigkeit und vor allem Zeichen einer fast schon bizarren Wirklichkeitsverzerrung. Hier schlug einer um sich, der unfähig war, sachlich und selbstkritisch zu urteilen. Jede Antwort, die ich ihm gab, jedes noch so gut gemeinte Sachargument wäre nur geeignet gewesen, den Irrsinn anzufeuern, den Oberst M. losgetreten hatte. Wenn er mich denn beleidigte, so konnte ich locker über den Dingen stehen. Über meine Fähigkeiten als Offizier und Soldat urteilten andere, sicherlich aber nicht er. Ich war vom Befehlshaber des Heeresführungskommandos, General Otto, mit der Ehrenmedaille des Kommandos als fünfter Soldat überhaupt ausgezeichnet worden. Ich erhielt vom Befehlshaber des Einsatzführungskommandos die Einsatzmedaille in Sonderform für herausragende Führungsleistungen. Ich wurde gelobt und beglückwünscht von nahezu allen Seiten. Die Soldaten meines PRT, genau diejenigen, die unter Oberst M. so gelitten hatten, überschütteten mich mit Treuebeweisen. Was zählte vor diesem Hintergrund die Drohung von Oberst M.?

Sein Brief hatte aber Kreise gezogen. Bei einer dienstlichen Veranstaltung traf ich mit General Otto und General Hofmann (Befehlshaber Heeresführungskommando und sein Chef des Stabes) genau die beiden Offiziere wieder, die für die Personalauswahl von Oberst M. als Kommandeur des PRT Kunduz verantwortlich waren. General Otto, den ich überaus schätze, war verlegen. Man sah ihm dies förmlich im Gesicht an. Der Brief von Oberst M. war für ihn prekär. Er war auch für das deutsche Heer prekär, dem General Otto vorstand. Beide Generäle bedrängten mich, die Angelegenheit mit Oberst M. in einem Vier-Augen-Gespräch schnellstmöglich und möglichst geräuschlos aus der Welt zu schaffen. Man fürchtete, dass Oberst M. sonst noch weitere Einlassungen vornehmen würde, die allesamt dem deutschen Heer nur zusätzlichen Schaden zufügen konnten. Ich aber blieb bei meiner Haltung und verneinte. Aus meiner Sicht handelte es sich um eine private Angelegenheit zwischen Oberst M. und mir. Ich erläuterte kurz, warum ich beabsichtigte, den

Brief schlichtweg zu ignorieren. Ich fragte schließlich General Otto, wie es denn sein konnte, dass man ausgerechnet Oberst M. mit der Führung des PRT Kunduz beauftragt hatte. Oberst M. war Abteilungsleiter im Heeresführungskommando. Seine Stärken und Schwächen waren dort bekannt. General Otto antwortete mit entwaffnender Offenheit, er hätte über die Persönlichkeit von Oberst M. so gut wie nichts gewusst. Sein Chef des Stabes, General Hofmann, immerhin der Disziplinarvorgesetzte von Oberst M., schwieg verbissen. So entzogen sich diejenigen der Verantwortung für eine unheilvolle Personalentscheidung, die dafür zuständig waren.

Es kam der 15. Januar 2009. Das Ultimatum war abgelaufen, und schon klingelte morgens um 07:30 Uhr mein Telefon. Oberst M. war dran und fragte mich, ob ich denn seinen Brief erhalten hätte. Das konnte ich bejahen. Warum ich denn nicht bis zum 14. Januar reagiert hätte? Ich erklärte ihm meine Haltung und vor allem, warum ich weder jetzt noch in Zukunft auf seine Einlassungen einzugehen gedachte. Ich stünde zu meinen Aussagen im Erfahrungsbericht. Die zu bewerten oblag meinen Vorgesetzten und nicht ihm. Oberst M. schrieb mir daraufhin noch einen nichtssagenden Brief, in dem er meinte, ich hätte sowieso nichts gegen ihn in der Hand. Mir war das ziemlich egal. Oberst M. hatte noch lange und immer wieder versucht, andere Männer und Frauen, die zur fraglichen Zeit in Kunduz waren, zu drängen, ihre Aussagen zurückzunehmen, die sie seinerzeit in den Vernehmungen vorgenommen hatten. Alle blieben standhaft bei ihrer Meinung.

Schlussendlich hat niemand Oberst M. mehr für voll genommen und ihn ins Leere laufen lassen. Es ging Oberst M. eigentlich nie um die Sache, sondern nur und alleine um seine persönliche Rehabilitierung. Er verlangte, als Kommandeur des PRT Kunduz wieder eingesetzt zu werden. Nur und ausschließlich dann sah er sich und seine Ehre wiederhergestellt. Man muss sich das mal vorstellen! Im gesamten deutschen Heer wusste man mittlerweile, wer Oberst M. war, und worum es bei seiner Ablösung ging. Und er glaubte allen Ernstes noch nach Monaten, dass es auch nur einen einzigen Soldaten im deutschen Heer gab, der willens gewesen wäre, bei einer etwaigen Wiedereinsetzung vom Oberst M. als PRT-Kommandeur in Kunduz unter seinem Oberbefehl zu dienen? Oberst M. hat natürlich auch versucht, die Presse und damit die Öffentlichkeit für sich einzunehmen. Aber selbst die Presse, die sonst kaum eine Gelegenheit ungenutzt lässt, Sensationsmeldungen über die Bundeswehr medienträchtig an den Mann zu bringen, erkannte, was für ein Mann Oberst M. tatsächlich war. Wie man einen derartigen Mann ausgerechnet im heißesten und schwersten Einsatzgebiet einsetzen konnte, das es nach dem Zweiten Weltkrieg für Deutschland bis dato zu vergeben gab, habe ich nie begriffen.

34. Erschöpfung

Es gibt immer wieder die Diskussion, ob denn nun vier oder sechs Monate Einsatzzeit zweckmäßiger sind? Während meines KFOR-Einsatzes 1999 stand ich insgesamt gute vier Monate im Einsatz und fühlte mich hinterher ziemlich fertig. Im Afghanistaneinsatz war die Regelstehzeit für deutsche Soldaten vier Monate, für Führer und Schlüsselpersonal hingegen sechs Monate. Die US-Amerikaner sind viel rigoroser. Stehzeiten im Einsatz von bis zu einem Jahr sind durchaus üblich. Manch ein Veteran, der tapfer für fast ein Jahr im Irak kämpfte, wurde zur „Erholung" nach Afghanistan geschickt. Zugegeben, diese Zeiten sind vorbei, aber immerhin. Ich war jedenfalls nach meinen ersten sechs Monaten ziemlich „"aufgeraucht", um im Landserjargon zu bleiben. Der ewige Schlafentzug, das permanente Gefühl der Bedrohung, die allumfassende Verantwortung und die Sorge sowohl um den zu erfüllenden Auftrag als auch um die mir anvertrauten Männer und Frauen hatten Spuren hinterlassen. Ich vermochte es auch nicht, meine gewohnten sportlichen Aktivitäten beizubehalten. Normaler Weise laufe ich so drei- bis viermal pro Woche 10 km am Stück. Ich brauche Sport für meinen inneren Ausgleich. Fällt Sport weg, dann werde ich unruhig, und nicht selten schickt mich meine Ehefrau zum Joggen, wenn es zu schlimm wird. Ich schlafe dann im Regelfall auch schlecht. Immer habe ich Menschen beneidet, die sich einfach ins Bett legen, die Augen zu machen und tief und fest schlafen. Manch einer kommt mit nur 4–6 Stunden Schlaf pro Tag aus, weil er in dieser Zeit wirklich tief und erholsam schläft. Ich schlafe nicht tief und wache beim kleinsten Geräusch auf, das nicht „normal" ist, also nicht in den gewohnten Ablauf passt.

Als voll verantwortlicher Kommandeur ist das noch viel schlimmer. Jedes anormale Geräusch weckt mich auf. Sofort lausche ich. Ist etwas passiert, fliegt eine Rakete, explodiert irgendetwas? Klingelt das Telefon am Bett, springe ich auf, ziehe mich im Laufen an und rase in den Gefechtsstand. Wer das sechs Monate mitmacht, muss schon ziemlich abgebrüht sein, wenn er nicht müde wird. Ich war müde, sehr müde sogar, und ich sehnte mich nach Ruhe und Geborgenheit. Als ich dann wieder nach Kunduz musste, war ich noch gar nicht wiederhergestellt, da ging das Ganze wieder von vorne los. Es sollte sogar noch viel schlimmer kommen, denn der schlimmste Tag in meinem Leben stand mir erst noch bevor.

Wenn man in einen derartigen Einsatz verlegt, dann schont man sich nicht, schon gar nicht am Anfang. Mit voller Energie und viel Enthusiasmus stürzt man sich in die Aufgabe. Arbeitszeiten sind in solch einer Umgebung fließend. Es ist mir egal gewesen, wann ich ins Bett kam. Ich fühlte mich allgegenwärtig verantwortlich und kümmerte mich um nahezu alles. Nach so ca. 4–6 Wochen merkte ich, dass der Anfangselan verblasste. Die erste Aufregung und Neugierde waren verflogen. Alltag und Routine setzten ein. Die ersten Ärgernisse kamen. Es ging nicht mehr so glatt voran, wie man es sich anfangs erhofft hatte. Widerstände mussten überwunden werden. Doch man ist noch zu frisch und begeistert, um sich dies wirklich einzugestehen.

Nach drei Monaten wird es schwieriger, und spätestens nach fünf Monaten ist man müde und kaputt. Die letzten Wochen sind zäh und wollen nicht vorbeigehen. Der Körper und der Geist schreien nach Ruhe. Man wird kratzbürstiger und dünnhäutiger. Die innere Gelassenheit ist weg. Ich bin dann schon manchmal dazu übergegangen und habe schlichtweg einen Mittagsschlaf gemacht oder bin im Feldlager joggen gegangen. Ich hatte kein schlechtes Gewissen, denn was nutzt es, wenn ich in einer Notsituation übermüdet und eigentlich nicht mehr führungsfähig bin? Dann nämlich, im entscheidenden Augenblick, muss ich funktionieren. Um das zu können, darf ich mir auch mal eine Auszeit gönnen – vorausgesetzt, die militärische Lage gestattet es mir.

Als ich im September 2008 wieder in Kunduz eintraf, fühlte ich mich vom ersten Tage an eigentlich so, als wenn ich bereits vier oder fünf Monate in den Knochen hatte. Und im übertragenden Sinne stimmte das ja auch. Mein Körper sendete eindeutige Warnsignale. Ich bekam immer öfter rasende Kopfschmerzen, die sich manchmal zu Migräneattacken steigerten. Einmal war es so schlimm, dass mich unser Doktor für eine Nacht ins Krankenbett steckte und mich an den Tropf hängte. Dann bekam ich Magen- und Darmprobleme. Eigentlich ist jeder Soldat wenigstens einmal während seiner Zeit in Kunduz magenerkrankt. Durchfall entsteht schnell. Das liegt weniger an den Speisen, die im Regelfall eben nicht vom lokalen Markt gekauft werden. Es liegt an der Luft. Afghanische Bauern düngen ihre Felder mit Fäkalien. Der Wind und so mancher Sandsturm fegen mit dem Sand auch die Fäkalien durch die Luft, die wir einatmen. So gelangen die Erreger in den Organismus, und Montezumas Rache ist die Folge.

Strenge Hygienevorschriften dämmen diesen Effekt ein, können ihn aber nicht verhindern. Ich hatte bislang Glück gehabt und bin die ersten sechs Monate ungeschoren davongekommen. Nun aber, wohl auch aufgrund meiner allgemeinen Erschöpfung, schlug das Schicksal zu. Ich rannte ohne Unterlass aufs Klo und fing an, zu dehydrieren. Erneut zog mich der Truppenarzt aus dem Verkehr, und ich fand mich im Rettungszentrum an einem Tropf hängend wieder. Mein Stellvertreter übernahm für die Nacht, und alle Mann ängstigten sich um mich. Ich durfte nicht ausfallen, unter keinen Umständen. Am nächsten Morgen ging es mir ein kleinwenig besser, und unter dem milden Protest der sich liebevoll um mich kümmernden Krankenschwestern (Mehrzahl, wohlgemerkt, denn alle waren um mich bemüht!) stakste ich auf wackeligen Beinen in mein Büro.

Im Regelfall geht es der Truppe nicht viel besser. Die Fallschirmjäger beispielsweise sind jeden Abend rausgefahren, sind abgesessen zu Fuß mit ihren bis zu 40 kg Gepäck und Ausrüstung stundenlang Patrouille gelaufen, um frühmorgens reinzukommen, ein kleinwenig zu schlafen und sich auf den nächsten Auftrag vorzubereiten. Wenn man das vier Monate jeden Tag gemacht hat, dann ist man fertig. Urlaub nimmt die Truppe innerhalb ihrer vier Monate Einsatzzeit sowieso nicht. Denjenigen, die sechs Monate im Einsatz blieben, standen zwei Wochen Urlaub zu. Bis auf ganz wenige Ausnahmen hat kaum jemand von dieser Regelung je Gebrauch gemacht. Für mich kam dies überhaupt nicht in Frage. Man stelle sich mal vor, ich wäre in Hamburg im Urlaub, und in Kunduz gäbe es einen Anschlag mit Toten und Verwundeten. Ich hätte mir größte Vorwürfe gemacht und es mir nie verziehen, zur entscheidenden Zeit nicht bei meinen Soldaten zu sein. So blieb ich also durchgehend im Einsatzland. Als ich dann schlussendlich Mitte November 2008 nach insgesamt fast neun Monaten endgültig nach Hause zurückkehrte, war ich am Rande meiner körperlichen und psychischen Leistungsfähigkeit angekommen. Nichts ging mehr, ich war vollkommen alle. Und dennoch glaube ich, dass sechs Monate Einsatzzeit schon vernünftig und richtig dimensioniert sind – auch für einfache Soldaten. Der Grund ist einfach und plausibel: Man braucht wenigstens zwei Monate, bevor man überhaupt anfängt, Land, Leute und Auftrag zu verstehen. Und auch unsere afghanischen Partner hätten es leichter, weil sie sich nicht alle vier Monate immer wieder auf neue Gesichter einstellen müssten. Sechs Monate sind auch durchzuhalten, wenn man denn hinterher ausreichend Zeit zur Erholung erhält. Neun Monate aber, zumal in einem derartig schweren Umfeld, sind genau drei Monate zu viel. Ich sollte fast ein halbes Jahr brauchen, um wieder auf die Beine zu kommen.

35. Der schlimmste Tag meines Lebens

Hierzu trug in ganz wesentlicher Weise der 20. Oktober 2008 bei. Dieser Tag und seine Folgen werden für mich immer der schlimmste und schwerste Tag meines Lebens bleiben. An diesem Tag starben zwei deutsche Soldaten und fünf afghanische Kinder bei einer Operation, die ich geplant, befohlen und durchgeführt hatte.

Wie führten eine Operation in einer Ortschaft durch, die im Problemdistrikt Chahar Darreh liegt, einem Bereich, von dem aus so gut wie alle Anschläge auf das Feldlager und meine Soldaten durchgeführt wurden. Der Ort, Hadschi Amanullah, war uns bekannt als Taleban-Hochburg. Wir vermuteten dort Waffenlager, vor allem versteckte Raketen und Sprengfallen. Wir wussten, dass von den Ortsrändern immer wieder Raketen auf unser Feldlager abgeschossen wurden. Wir verfügten obendrein über Informanten, die uns ständig Hinweise auf Taleban-Gruppierungen gaben, die sich dort trafen oder von dort operierten. Mir war klar, dass die Operation gefährlich war, aber, wenn wir denn unseren Auftrag ernst nahmen, dann konnten und durften wir vor diesem Risiko nicht zurückschrecken. Ich wollte auch ein Zeichen setzen. Ziel war es daher auch, mit den örtlichen Führern ins Gespräch zu kommen und auszuloten, inwieweit man sich einigen konnte. Besondere Sorge bereitete mir der langwierige Anmarsch, der nur über eine einzige Verbindungsstraße möglich war, im Zuge derer wir sehr leicht hätten angegriffen werden können. Ich entschloss mich daher, mitten in der Nacht anzumarschieren, um überraschend für die Bevölkerung und den Gegner mit dem ersten Büchsenlicht vor Ort zu sein.

Die Operation wurde zusammen mit der afghanischen Armee und der afghanischen Polizei geplant, vorbereitet und durchgeführt. Um drei Uhr morgens fuhren wir los. Mein Stellvertreter fuhr mit der beweglichen Befehlsstelle an den Kunduz-Fluss und diente als Relais zum Gefechtsstand im Feldlager. Ich selber fuhr mit den Hauptkräften direkt nach Hadschi Amanullah (wenn es nach General D. gegangen wäre, hätte ich im Feldlager bleiben müssen. Gott sei Dank führte nun jedoch mit General Weigt ein anderes Kaliber das Regionalkommando Nord). Um 05:00 Uhr war der Ort umstellt und abgeriegelt. Durch eine Reihe von Checkpoints gelang es uns, dass für die Dauer der Operation kein Mensch in den Ort hineinkam und keiner heraus. Ich selber fuhr mit dem afghanischen Kompaniechef, der mit uns operierte, zum Bürgermeister des Ortes und bat um ein Gespräch. Nach langem Zögern seinerseits kam das Gespräch in seinem Haus endlich zustande. Ich erklärte den Zweck der Operation und verwies auf die anhaltenden Raketenangriffe, die vom Ort aus immer wieder gegen unser Feldlager durchgeführt wurden. Der Bürgermeister verneinte rundweg, dass jemals Raketen gegen das Feldlager abgeschossen worden waren. Er wusste, dass ich wusste, dass er log.

Dann erzählte ich ihm von einem Anschlag, bei dem Kinder des Ortes, die Vieh auf eine Weide getrieben hatten, eine Sprengfalle versehentlich auslösten, die eigentlich uns gegolten hatte. Zwei Kinder starben. Der Vorfall hatte sich wenige Wochen vorher ereignet. Erneut beteuerte der Bürgermeister, dass es keine Taleban in dieser Gegend gab und ergo auch keine Sprengfallen. Schon gar nicht wüsste er, ob und wo Taleban Sprengstoff oder Ähnliches deponiert hätten. Stattdessen riet er mir, zum Islam überzutreten, dann würden alle Anschläge schlagartig aufhören.

Genau in diesem Augenblick kam einer meiner Soldaten aufgeregt rein und verlangte, mich sofort zu sprechen. Ich ging raus, und mein Soldat meldete mir, man hätte drei Artilleriesprengköpfe gefunden, die mit elektrischen Zündern versehen wären, um sie als tödliche Sprengfalle gegen uns zu verwenden. Wutentbrannt ging ich wieder zum Bürgermeister und berichtete ihm von dem Fund. Er lächelte verlegen, sagte hingegen nichts. Schlussendlich fragte ich ihn, ob denn nicht das Schicksal der Kinder des Ortes Grund genug wären, mit diesem Unsinn aufzuhören? Doch auch hierauf antwortete er nicht. Ich verließ ihn und besprach mich mit meinen Männern.

Eigentlich standen wir schon viel zu lange in diesem Ort. Wir wollten ursprünglich so gegen 11:00 Uhr wieder abrücken, weil wir fürchteten, sonst Ziel von Gegenmaßnahmen der Taleban zu werden. Nun war es bereits fast 12:00 Uhr, und die gefundenen Sprengkörper konnten und wollten wir nicht zurücklassen. Ich entschloss mich daher, diese zu sprengen. Die Zeit verstrich, und meine Spezialisten meldeten über Funk, dass die Sprengung in wenigen Minuten erfolgen würde. Keine zehn Sekunden später hörte ich eine laute Explosion. Es konnte sich nicht um die geplante Sprengung handeln, denn der Explosionsknall kam aus einer vollkommen anderen Richtung. Schlagartig setzte der Funk ein. Es überschlugen sich die Meldungen.

Mein Personenschutzkommando und ich rasten los. Bei einem der Checkpoints hätte es eine Explosion gegeben. Ein Fahrzeug würde brennen, die Munition ging hoch. Als ich um die Ecke bog, sah ich eine riesige Rauchwolke am Himmel und hörte immerzu das Knallen hochgehender Munition. Mein Stellvertreter alarmierte unsere Reserve, bei der ein Beweglicher Arzttrupp stand. Ich sah, wie die Fahrzeuge der Reserve auf den Stichweg einbogen, der zur Anschlagsstelle führte. Keine fünf Minuten später traf auch ich dort ein. Mir bot sich ein Bild entsetzlichen Grauens. Links und rechts neben dem Fahrzeug, einem nur leicht geschützten LKW MUNGO, lag je ein deutscher Soldat bäuchlings und regungslos. Beide Soldaten brannten. Rechts hinter dem Fahrzeug lagen fünf afghanische Kinder. Alle waren tot. Fallschirmjäger versuchten, im Schutze eines gepanzerten Jeeps sich von vorne kommend an den MUNGO heranzuarbeiten, um einen der brennenden Kameraden zu bergen, ohne sich selber durch herumfliegende Munitionssplitter der hochgehenden Munition zu sehr zu gefährden. Sie taten das unter Lebensgefahr und haben dafür später mit Fug und Recht die Tapferkeitsmedaille der Bundeswehr erhalten. Ich konnte beobachten, wie der Leichnam eines der beiden gefallenen Soldaten unter den Jeep hindurch in Deckung gezogen wurde. Die Fallschirmjäger löschten ihren Kameraden und trugen ihn zurück. Ich befahl, den gefallenen Kameraden zu identifizieren und ihn zuzudecken. Der MUNGO brannte lichterloh. Der zweite gefallene Fallschirmjäger lag noch immer neben dem Führerhaus und konnte nicht geborgen werden.

Was war passiert? Ein Selbstmordattentäter hatte sich auf einem Fahrrad dem Checkpoint genähert. Der MUNGO war zur Sicherung eingesetzt. Die Besatzung bestand aus drei Mann. Stabsunteroffizier Patrick Behlke und Stabsgefreite Roman Schmidt stiegen aus, um den afghanischen Mann auf dem Fahrrad zu kontrollieren. Auf der Ladefläche des MUNGO stand ein weiterer Fallschirmjäger, der seine beiden Kameraden mit einer Granatmaschinenwaffe sicherte. Es gehört zum Wesen einer Personenüberprüfung, dass die Person, die man überprüfen will, sehr dicht an die Soldaten herankommt. Genau in diesem Augenblick sprengte sich der Attentäter mitsamt den beiden deutschen Soldaten in die Luft. Zur Verstärkung der Sprengkraft seiner Sprengstoffweste, die er unter seiner Jacke trug, hatte der Attentäter kleine Stahlkugeln in den Sprengstoff eingewoben. Diese Stahlkugeln töteten die fünf kleinen Kinder, die an der Seite des MUNGO standen, spielten und um Süßigkeiten bettelten. Der Sicherungssoldat an der Granatmaschinenwaffe überlebte nur deswegen, weil er seinen Mund nicht geöffnet hatte. Eine Stahlkugel hatte seine Vorderzähne durchschlagen und war in seiner Zunge zum Liegen gekommen. Hätte er seine Zähne geöffnet gehabt, dann hätte die Kugel nicht nur seinen Rachen, sondern auch noch seine Wirbelsäule glatt durchschlagen. Die Wucht der Explosion schleuderte ihn mitsamt seiner Granatmaschinenwaffe rückwärts von der Ladefläche. Die Explosion reichte obendrein aus, die Munition der Granatmaschinenwaffe und mitgeführte Signalmunition zur Detonation zu bringen und den MUNGO in Brand zu setzen. Behlke und Schmidt waren sofort tot. Sie haben nichts mehr gespürt und sicherlich nicht gelitten. Was für ein schwacher Trost!

Ich ging weiträumig um den brennenden MUNGO herum, um mir auf der rückwärtigen Seite ein Bild von der Lage zu machen. Fallschirmjäger behandelten ein sechstes Kind, das schwer verletzt geborgen worden war. Alle schrien wild durcheinander, jede Ordnung ging verloren. Dann endlich bekam ich Funkkontakt mit meinem Stellvertreter auf der Beweglichen Befehlsstelle. Ich schilderte ihm die Lage und gab die Namen der gefallenen Soldaten durch. Zugleich forderte ich Luftrettungsmittel an, um den verwundeten Soldaten und das schwer verletzte Kind umgehend ins Rettungszentrum in unser Feldlager auszufliegen. Dann oblag es meinem Gefechtsstand, sofort dem Kommandeur des Regionalkommandos Nord in Mazar-e-Sharif, General Weigt, Meldung zu machen. Als das organisiert war, lenkte ich mein Augenmerk darauf, weitere Anschläge unter allen Umständen zu vermeiden. Nervös und geschockt, wie die Truppe war, hätte sie jeden umgehend erschossen, der auf Warn- und Haltesignale nicht reagierte. Dazu kam es Gott sei Dank nicht.

Mittlerweile waren vielleicht 45 Minuten vergangen, und der zweite gefallene Soldat lag noch immer brennend neben dem Führerhaus und konnte nicht geborgen werden, weil weiterhin Munition hochging. Da platzte mir der Kragen. Ich legte meine Splitterschutzweste wieder an, nahm mir einen Stahlhelm und fragte nach Freiwilligen, die mit mir zusammen den armen Kerl bergen sollten, der dort noch lag. Frau Oberstabsärztin „Tiffy" Neumann[13], zwei Fallschirmjäger und ein weiterer Sanitäter meldeten sich sofort freiwillig. Ein Hauptfeldwebel, dessen Namen mir nicht mehr geläufig ist, wollte mich zurückhalten und an meiner Stelle gehen. So nobel und tapfer seine Geste auch war, doch hier war der Kommandeur und sonst niemand gefordert. Dies ist einer der Gründe, warum Kommandeure nach vorne gehören und sich nicht an einen Gefechtsstand binden. Wäre ich an diesem Tage nicht vorne gewesen, ich hätte das PRT und das Vertrauen der Männer und Frauen in wenigen Sekunden genauso verloren, wie es Oberst M. widerfahren ist. Ich bin kein Held, aber in

---

[13] Seit diesem Tag verbindet mich mit Frau "Tiffy" Neunmann ein ganz spezielles Band der Freundschaft.

derartigen Sekunden denkt man nicht an die eigene Gefährdung, an seine Ehefrau, Verwandte oder Bekannte.

Ich ging los, und zusammen gelang es uns, den gefallenen Kameraden zu bergen. Der Anblick, der sich mir bot, ist das Entsetzlichste, was ich je habe ansehen müssen. Manch einer kann danach den Geruch vom gegrillten Fleisch nicht mehr ertragen. Das Bild und das Aussehen des fürchterlich verbrannten Roman Schmidt und das der fünf toten Kinder, die in ihrer hübschen Kleidung auf dem Rücken liegend ihre leblosen Blicke in die Unendlichkeit fixiert hatten, werde ich nie loswerden.

Als wir unseren Kameraden endlich geborgen hatten, musste ich mich erst einmal sammeln. Ich fing an zu hyperventilieren. Man gab mir eine Moods zu rauchen und viel Wasser zu trinken. Dann habe ich mir notdürftig die Hände gewaschen. Der Rettungshubschrauber kam, und der verletzte Soldat und das afghanische Mädchen wurden ausgeflogen. Mittlerweile war auch General Weigt mit einem Flugzeug in Kunduz gelandet. Über meinen Gefechtsstand nahm er Funkverbindung mit mir auf und verlangte nach einer Lagemeldung. Ich meldete ihm pflichtgemäß die Entwicklung der Lage und meine Absicht. Ich wollte bis zuletzt draußen bleiben bei den Soldaten und dafür sorgen, dass wenigstens sie wieder heil ins Lager zurückkehren konnten. Der Rückmarsch musste organisiert werden, was aufgrund der Komplexität der Ereignisse auch deswegen schwer war, weil aus dem Lager Bergungsmittel erst noch zugeführt werden mussten, um den ausgebrannten MUNGO zu bergen, den ich nicht als Siegestrophäe für die Taleban zurücklassen wollte.

Ich schickte daher alles unter der Führung meines Stellvertreters rein, was ich vor Ort nicht mehr unbedingt brauchte. Wie mir Soldaten im Nachhinein immer wieder sagten, waren sie froh und glücklich, dass ich draußen bei ihnen blieb. Sie beobachteten genau und mit feiner Schärfe, ob ich denn noch einen klaren Kopf behielt und meiner Aufgabe gewachsen war. Es war nicht so wichtig, was ich am Funk an Befehlen und Maßnahmen so von mir gab. Wichtig und entscheidend war, wie ich es sagte. Je ruhiger und beherrschter ich sprach, desto zuversichtlicher wurden die Soldaten. Die beiden gefallenen Soldaten nahm mein Stellvertreter mit. Sie wurden im Feldlager dem Kompaniefeldwebel der Sanitätseinsatzkompanie übergeben, der die notwendigen Schritte zu deren Einsargung übernahm. Eine Totenwache wurde organisiert.

Derweil zog sich die Zeit am Anschlagsort in die Länge. Über Telefon nahm ich mit dem afghanischen Gouverneur der Provinz Kunduz Verbindung auf und verlangte die sofortige Festnahme des Bürgermeisters von Hadschi Amanullah und eines weiteren Rädelsführers, die ich beide für den Anschlag verantwortlich machte. Der Bürgermeister war auf der Flucht, den zweiten Mann konnte man verhaften, um ihn nach drei Tagen „aus Mangel an Beweisen" wieder laufen zu lassen. Die Taleban haben dem Vater der fünf getöteten Kinder für jedes Kind 1.200 US-Dollar bezahlt und die Kinder in den Stand eines Märtyrers gehoben. Der Vater hat das Geld dankend angenommen. Für die Rettung und medizinische Versorgung seines sechsten Kindes durch uns hat er sich dagegen nie bedankt. Über die gefallenen deutschen Soldaten, die für sein Land ihr Leben ließen, verschwendete er kein einziges Wort. Das ist Afghanistan!!

Wir sind schließlich im Schutz der Dunkelheit gegen 20:30 Uhr ins Feldlager zurückgekehrt. Ich hatte seit drei Uhr morgens nichts mehr gegessen und nur wenig getrunken. Ich war körperlich und seelisch vollkommen fertig. Als ich im Lager eintraf, stand dort General Weigt, der mich mit Tränen in den Augen stumm in die Arme nahm. Was sollte er auch schon sagen? Er selbst hatte in seiner Dienstzeit derartige Augenblicke leider vielfach durchleben müssen und wusste, wie es in mir aussah. Kein Vorwurf, keine Anschuldigung, nur Trost – er hat sich vorbildlich verhalten.

Dann kam ein Melder vom Gefechtsstand. Ich sollte sofort ans Telefon kommen. Ein Offizier vom Einsatzführungskommando in Potsdam sei am Apparat und verlangte, mich sofort zu sprechen. Der Verteidigungsminister wolle in 20 Minuten eine Presseerklärung abgeben und hätte hierfür noch einige Fragen zum Anschlag. Kaputt und müde schlich ich in den Gefechtsstand. Das allgemeine Gemurmel, das eigentlich immer in einem Gefechtsstand zu hören ist, verstummte augenblicklich, als ich reinkam. Mein Anblick muss fürchterlich gewesen sein. Die Männer hatten alles am Funk mitgehört und standen unter Schock. Ihren Kommandeur seitdem das erste Mal wieder zu sehen und zu hören, in einem derartigen Zustand, trieb dem einen oder anderen Tränen in die Augen.

Am Telefon berichtete ich dem Einsatzführungskommando in knappen Worten, was tatsächlich vorgefallen war. Und schon kamen sie, die Frage und die Suche nach dem Schuldigen. Sofort wurde mir die Frage gestellt, warum die gefallenen Soldaten nur mit einem leicht geschützten Lkw MUNGO und nicht mit einem schwer gepanzerten Transportfahrzeug unterwegs gewesen waren. Unausgesprochen lag darin der Vorwurf an mich als gesamtverantwortlichen Führer, durch die Wahl von weniger geeigneten Transportfahrzeugen unmittelbar für den Tod der Kameraden verantwortlich zu sein.

In dem Augenblick habe ich die Beherrschung verloren. Ich brüllte ihn über das Telefon zum Entsetzen meiner Soldaten mit den Worten „Arschloch, halte Dein Maul" an und legte auf. Das war das Letzte, was ich noch gebrauchen konnte. Patrick Behlke und Roman Schmidt hätten auch in einem 70 Tonnen schweren Kampfpanzer LEOPARD unterwegs gewesen sein können. Sie wären trotzdem gestorben, weil man nun einmal zur Personenüberprüfung aus seinem Fahrzeug herausmuss. Ich bin mir auch heute noch sicher, dass der Verteidigungsminister diese Frage nie gestellt hatte. Es waren seine Zuarbeiter und Lakaien, die meinten, alles besser zu wissen. Ein Schuldiger musste her, und zwar sofort. Und diesen Schuldigen meldet man umgehend dem Minister, was zwei Vorteile mit sich bringt. Der Minister steht in einem besseren Licht da, wenn er bei seiner Presseerklärung gleich einen Schuldigen präsentieren kann, und der Lakai glänzt und putzt sich vorteilhaft beim Minister heraus. Mein Gott, wie sehr verabscheue ich solche Menschen. General Weigt explodierte förmlich und rief umgehend den Befehlshaber des Einsatzführungskommandos an und beschwerte sich auch in meinem Namen. Doch es half alles nichts. „Das Imperium schlägt zurück", würde General Weigt dazu sagen.

Dann endlich konnte ich aufs Klo gehen. Ich hatte mittlerweile Magenkrämpfe und musste mich fast übergeben. Auch konnte ich mich endlich ein kleinwenig säubern. Beides half enorm, meine Fassung wiederzufinden. General Weigt hatte einen Psychiater aus Mazar-e-Sharif mitgebracht, der unsere Truppenpsychologin und den Militärpfarrer unterstützte. Dieser Mann bedrängte mich unaufhörlich, meine Ehefrau anzurufen und etwas zu essen. Ich wäre dem armen Kerl beinahe an die Gurgel gegangen. Er sollte mich in Ruhe lassen – basta. Schließlich servierte mir mein Vorzimmerfeldwebel etwas aus der Küche, und so gegen 23:00 Uhr rief ich endlich meine Ehefrau an.

Die wusste längst durch deutsche Medien von dem Anschlag und den Toten in Kunduz. In ihrer Firma hatten sie Mitarbeiter ganz aufgeregt darauf aufmerksam gemacht. Sie ist dann sofort nach Hause gefahren, schaute sich jede Nachrichtensendung an und wartete, bis ich endlich persönlich anrief. Bei der Schilderung des Erlebten via Telefon an meine Ehefrau brachen bei mir alle Dämme. Ich habe Rotz und Wasser geweint. Mein Vorzimmerfeldwebel kam stumm herein und stellte mir wortlos ein Weizenbier hin. Natürlich bekamen alle mit, dass ich am Ende war. Das Gespräch dauerte sicherlich zwanzig Minuten, aber es half, meine Fassung wieder zu gewinnen. Danach saßen wir noch lange im Kameradenkreis zusammen. General Weigt, mein treuer Stellvertreter Oberstleutnant Reichstein, mein Chef des Stabes, Oberstleutnant Neumann, mein Vorzimmerfeldwebel, Oberstabsfeldwebel Müller und viele andere. Ich weiß nicht, wie viele Moods ich in diesen Stunden geraucht habe. Es war mir auch vollkommen egal. Ich brauchte das hier und jetzt. Schließlich nahm mich General Weigt zur Seite und bot mir das „Du" an. Mein Gott, was für eine Geste! Er hatte das nicht nötig, aber es kam aus tiefer Überzeugung und war durch und durch ehrlich gemeint. Jürgen Weigt und ich hatten, als wir fast zeitgleich im Sommer 2006 nach Augustdorf kamen, so die eine oder andere Unstimmigkeit ausgefochten. So bitter der 20.10.2008 auch war, aber dieser Tag hat uns endgültig zusammengeschweißt. Ich bin ihm auch heute noch zutiefst dankbar, wie selbstlos und großartig er sich in diesen schweren Stunden verhalten hat. Gleiches gilt für meine Kameraden aller Dienstgradgruppen. Es sind hierdurch Freundschaften entstanden, die bis heute anhalten.

Noch in der Nacht mussten erste Schritte vorgenommen werden, um die Trauerfeier für die gefallenen Soldaten und deren Rückführung nach Hause zu organisieren. Patrick Behlke und Roman Schmidt gehörten der Fallschirmjägerbrigade aus Lebach an. Der nächstgelegene Flughafen war Saarlouis. Natürlich wollten wir unsere gefallenen Soldaten nach Saarlouis überführen. Hier zeigte sich einmal mehr, wie „flexibel" deutsche Behörden sein können. Der Zoll (!) in Saarlouis verweigerte die Landung des Airbus mit dem Hinweis, dass die Beantragung der Landeerlaubnis nicht früh genug eingereicht worden wäre. Wieder explodierte General Weigt und rief ein zweites Mal mitten in der Nacht das Einsatzführungskommando in Potsdam an. Der Airbus landete dann später in Saarlouis, und der Zoll musste Überstunden machen. Als letzte „Amtshandlung" des Tages rief ich dann die Angehörigen von Patrick Behlke und Roman Schmidt persönlich an. Das sind keine angenehmen Gespräche, weder für die Angehörigen noch für mich. Natürlich wollten die Angehörigen Details wissen, aber keiner erging sich in Vorwürfen. Was Angehörige aber immer wissen wollen, ist die für hinterbliebene Eltern wichtigste Frage: hat mein Sohn leiden müssen? Nein, das hatten sie nicht. Beide Kameraden waren sofort tot.

Damit ging der schlimmste Tag meines Lebens zu Ende. Erstaunlicher Weise fiel ich in einen komatösen Schlaf. Doch es blieben noch schwere Stunden für uns alle übrig. Am 22.10.2008 stand die Trauerfeier an. General Weigt nahm selbstverständlich daran teil. Als Vertreter des Verteidigungsministeriums war Staatssekretär Dr. Wichert, als Vertreter des Innenministeriums Staatssekretär Dr. Hartung und als Vertreter des Einsatzführungsstabes dessen Leiter, General Bühler, zugegen. Keine fünf Minuten, bevor ich auf den Appellplatz gehen musste, hatte ich noch ein Interview für das ZDF zu geben. Gott sei Dank war der Reporter feinfühlig genug, es bei einigen oberflächlichen Fragen zu belassen. Ich war wirklich nicht in der Stimmung, mich auch noch mit der Presse herumzuschlagen.

Dann kam der schwere Gang auf den Appellplatz. Abschiedsappelle und Trauerveranstaltungen werden immer wieder gerne in den Medien gezeigt, weil sich hierdurch sehr gut visuell dem Zuschauer in Deutschland vermitteln lässt, worum es in Afghanistan eigentlich geht und welche Risiken damit verbunden sind. Daher war das deutsche Fernsehen natürlich mit Kameras dabei. Das alles interessierte mich so gut wie gar nicht. Ich wollte für die beiden gefallenen Soldaten einen würdevollen Abschied durchführen. Ich wollte aber vor allem die richtigen Worte finden, um meinen Soldaten, die mit Mann und Maus angetreten waren, Trost und Mut zuzusprechen. Hier standen diejenigen Männer und Frauen vor mir, die wenige Wochen vorher ihren Hauptfeldwebel Mischa Meier bei einem Sprengstoffanschlag verloren hatten. Es war genau die gleiche Truppe, die Ende August

2008 paralysiert war und ihrem damaligen Kommandeur Oberst M. die Gefolgschaft aufgekündigt hatte.

Meine Ansprache ist oft im Fernsehen gelaufen. Ich selber habe den Mitschnitt erst Monate später gesehen. Ich hatte größte Probleme, die Rede überhaupt zu Ende zu bringen. Der Militärpfarrer hatte seine kurze Ansprache mit dem Lied von Eric Clapton „Tears in Heaven" eingeleitet. Mir blieb die Stimme weg. Ich habe in meiner Ansprache Verantwortung übernommen. Ich bin nicht persönlich verantwortlich für den Tod von Patrick Behlke und Roman Schmidt, aber ich bin als militärischer Vorgesetzter, der diese Operation führte und befehligte, gesamtverantwortlich für alles, was damit verbunden ist. Auch für den Tod der gefallenen Soldaten.

Mich haben viele nach meiner Ansprache darauf hingewiesen, dass ich das nicht hätte tun brauchen. Aber ich bin zutiefst davon überzeugt, dass sich ein militärischer Vorgesetzter seiner Gesamtverantwortung nicht entziehen kann und darf. Es war der Tag der Tränen und der Trauer, ein notwendiger Tag. Trauer muss man zulassen, es ist Teil eines Heilungsprozesses und etwas vollkommen Natürliches. Gerade die so schwer getroffenen Fallschirmjäger mussten trauern dürfen.

Die Veranstaltung ging würdevoll zu Ende. General Weigt und ich flogen mit den Leichnamen weiter nach Termez. Eine Ehrenwache begleitete die Särge dann weiter nach Deutschland. Zu der Ehrenwache gehörten Soldaten der Fallschirmjägertruppe, die unmittelbar beim Anschlag dabei waren und so schwer traumatisiert waren, dass ein Verbleib im Einsatz unverantwortlich war. Ich selber kehrte am nächsten Tag nach Kunduz zurück. Am Flugplatz fing mich mein Personenschutzführer ab und versuchte mich zu überreden, ich solle doch bitte nicht sofort in mein Fahrzeug zur Rückfahrt ins Feldlager einsteigen, sondern ins Flughafengebäude gehen. Etwas verärgert gab ich nach, denn ich wusste beim besten Willen nicht, was ich da sollte.

Was ich dort antraf, verschlägt mir auch heute noch die Sprache. Alle Fallschirmjäger standen zu meinen Ehren Spalier, als ich nach Kunduz zurückkehrte. Ich habe so manches in meiner Karriere erlebt, aber ein derartiges Signal der Treue und Loyalität habe ich noch nie angetroffen. Ich nahm den Zugführer, der mir meldete, in den Arm. Was sollte ich Hauptfeldwebel „Mutsch" Mutschmann auch sagen in einem derartigen Augenblick? Ich, der nicht der Fallschirmjägertruppe angehört, bin de facto an diesem Tage in diese stolze Truppengattung aufgenommen worden, die es nicht nötig hat, sich bei ihrem Vorgesetzten anzubiedern. Es ist aber auch ein Zeichen dafür, was eine Truppe aushält, wenn sie Vertrauen in ihre Vorgesetzten verspürt.

Abends war ich dann bei den „Fallis" und habe einen ausgegeben. So manche Geschichte wurde erzählt. Wir haben viel gelacht, aber auch nachdenklich unserer gefallenen Kameraden gedacht. Als ich mich gegen 23:00 Uhr verabschiedete und ging, hörte ich hinter mir schwere und polternde Schritte. Jemand riss mich am Kragen herum. Ich fürchtete, dass mir einer der Soldaten ins Gesicht schlagen würde und riss meine Hände hoch. Vor mir stand ein Obergefreiter, der mich festhielt und mich anflehte: „Gehen Sie nicht weg, Herr Oberst, bleiben Sie noch ein Weilchen bei uns!" Aus diesem Holz waren die Männer geschnitzt. Wann ich schließlich ins Bett fiel, ich weiß es nicht mehr.

36. Medal Parades

Soldaten, die in einen Auslandseinsatz gehen, erhalten im Regelfall zwei Medaillen verliehen. Die Einsatzmedaille der Bundesrepublik Deutschland erhält der Soldat für den spezifischen Auslandseinsatz, an dem er teilgenommen hat. Ich verfüge mithin über eine Einsatzmedaille für den KFOR-Einsatz 1999 und zwei Einsatzmedaillen für die Afghanistaneinsätze in 2008. Zusätzlich erhält der Soldat eine Einsatzmedaille der NATO für die erfolgreiche Teilnahme an „Non Artikel V"-Einsätzen, wie es im Regelbuch der NATO heißt.[14] Nun gibt es verschiedene Möglichkeiten, diese Medaillen an den Mann zu bringen. Man unterschätzt häufig die symbolische Wirkung und die Betroffenheit der Soldaten. Nach all dem Erlebten verlangte so gut wie jeder ein stückweit nach offizieller Anerkennung in Form dieser Medaillen. Sie haben keinen materiellen Gegenwert, und kein einziger

---

[14] Der Afghanistan-Einsatz ist ein von der NATO geführter Einsatz nach Artikel V des NATO-Vertrages. Daher der Name.

Soldat würde sich jemals für etwas Besseres halten, nur weil er die Medaillen an seiner Brust trägt. Aber es ist dies halt der sichtbare Lohn für die erbrachte Leistung. Von daher ist nicht nur wichtig, dass jeder eine derartige Medaille erhält, sondern auch die Art und Weise ist bedeutsam, wie sie ihm ausgehändigt wird.

Ich habe mich lange mit den Kompaniefeldwebeln und den Vertrauenspersonen unterhalten, und alle teilten meine Meinung, dass man unmöglich allen 800 Soldaten in einem gigantischen Abschlussappell bei Kontingentende in einer überwiegend unpersönlichen Aktion die Medaillen aushändigen konnte. Zwar führten wir einen Abschiedsappell bei Kontingentende durch, doch hielt ich diesen bewusst kurz. Keiner hatte wirklich Lust darauf, zwei oder drei Stunden in der gleißenden Sonne zu stehen, bis er denn endlich die Medaillen an seiner Brust hat. Zudem schauten eh alle Mann in den Himmel, weil jeden Augenblick Raketen aufs Lager abgefeuert werden konnten. Mehr als einmal schlugen Raketen nur wenige Minuten, nachdem die Truppe den Appellplatz verlassen hatte, genau dort ein, wo sie kurz vorher noch stand. Ich mochte mir das Szenario nicht vorstellen: tote Soldaten, von einer Rakete zerrissen, und das nur, weil wir zu lange auf dem Appellplatz standen, um die Medaillen zu verteilen!

So entschloss ich mich, für jede Einheit eine individuelle Medal Parade durchzuführen und jedem einzelnen Soldaten persönlich die emotional wertvollen Einsatzmedaillen an die Brust zu heften. Ich setzte mich hierdurch schon fast einer Tortur aus. Insgesamt führte ich drei Einsatzkontingente von fast 800 Mann pro Kontingent. Das sind in der Summe ca. 2.400 Mann und mithin 2.400 Hände, die allesamt geschüttelt werden wollten, genauso viele Augenpaare, die mich erwartungsvoll anschauten und einige verbindliche Worte von mir erhofften. Wir haben die Medal Parades im Regelfall in den Betreuungsbereichen der Kompanien durchgeführt. Abends, oft bei Dunkelheit und stilvoll beleuchtet durch Fackeln, hielt ich eine kurze Ansprache und würdigte die Leistungen der Männer und Frauen. Nicht selten waren die Nachfolger bereits mit vor Ort, die ihrerseits aber noch vier Monaten warten mussten, bis auch sie an der Reihe waren. Dann ließ ich die auszuzeichnenden Soldaten vortreten. Ich schritt durch die Reihen, schüttelte jedem Einzelnen die Hand, bedankte mich in jedem Einzelfall und überreichte ihm persönlich seine

Einsatzmedaille. Fast immer straffte sich voller Stolz die Brust, und nicht wenige hatten feuchte Augen, zumindest aber feuchte Hände beim Händedruck. Der Appell wurde mit dem Abspielen der Nationalhymne beendet, und hinterher traf man sich noch für ein geselliges Bier. Dieses Ritual war zwar auf die Dauer ermüdend, aber ich wollte es nie missen. So manches wichtige Gespräch hat sich hinterher noch ergeben, und die mit angetretenen neuen Soldaten konnten sofort aus meinem Mund hören, was auf sie zukam. Die Wirkung derartiger Veranstaltungen ist nicht zu unterschätzen. Der Kommandeur des PRT ist sicherlich nicht der Medaillen-Clown, aber er ist schon aufgefordert, die Leistungen der Männer und Frauen entsprechend zu würdigen. Ich würde es immer wieder so machen.

37. Was für ein Abschied

Mitte November war es dann schließlich soweit. Mit Oberst Uwe Benecke, den ich aus einer früheren Verwendung recht gut kannte, kam meine Ablösung. Einmal mehr durchlief ich den Prozess der Übergabe, wies Benecke in die Besonderheiten des Auftrages und der Lage des PRT Kunduz ein, machte ihn mit den wesentlichen afghanischen Ansprechpartnern bekannt. Anders als Oberst M. hörte Oberst Benecke aufmerksam zu. Natürlich verfügte er über eigene Vorstellungen und setzte diese auch konsequent um. Es gab aber zu keiner Zeit einen Bruch in der Führung des PRT. Benecke bewertete die Lage im Großen und Ganzen genauso, wie auch ich es tat. Er war nicht so vermessen wie Oberst M. zu wissen, was alles verbessert werden muss, ohne wirklich über eine fundierte Lagekenntnis zu verfügen. Ich wusste das PRT bei Oberst Benecke in guten Händen und machte mir keine größeren Sorgen.

Die Übergabe verlief vollkommen reibungslos. Allerdings war irgendetwas im Busche. Zunächst kam Frau Oberfeldärztin Maupai zu mir, um sich zu verabschieden. Sie hatte besonders mit mir gelitten, als wir die Toten am 20.10.2008 erhielten und war stets darum besorgt, dass ich mir nicht zu viel aufladen sollte. Außerdem war sie eine der Sängerinnen bei den KUNDUZ ROCKETEERS im 17. Kontingent und zugegebener Maßen auch äußerlich eine besondere Erscheinung. Als sie schon fast rausgehen wollte, baute sie sich vor mir auf, fragte kurz, ob sie dürfe, um mich dann so richtig knuddelig zu umarmen. Ich würde lügen, wenn ich sagen würde, ich hätte mich nicht darüber gefreut.

Dann kam der Tag der Kommandoübergabe. General Weigt, der schon immer ein außerordentlich guter Redner war, traf mal wieder voll den Ton. Oberst Benecke war froh, endlich in der Verantwortung zu stehen, und ich war froh, alles zu einem guten Ende gebracht zu haben. Ich hatte mich entschlossen, noch am gleichen Tage nach Mazar-e-Sharif auszufliegen, obwohl mein Flieger nach Deutschland erst in zwei Tagen aus Termez abflog. Hierfür gab es eine Reihe von Gründen. Zunächst einmal wurde das Wetter schlechter. Ich hatte viele Kameraden gesehen, die bis zur letzten Minute in Kunduz blieben, um dann wegen schlechten Wetters und ausbleibendem Flieger nicht mehr wegzukommen. Dann natürlich wollte ich für Oberst Benecke keine Belastung mehr sein. Er hätte nie im Leben gegen mein Bleiben für zwei Tage etwas eingewendet, aber wenn der Neue übernommen hat, muss der Alte verschwinden. Ich hätte mich in Kunduz sowieso nur noch gelangweilt, dann konnte ich mich ebenso gut in Mazar-e-Sharif langweilen.

Weigt, Benecke und ich zogen uns noch unmittelbar nach dem Übergabeappell in das Dienstzimmer zu einem Kaffee zurück, das Monate lang mein Zuhause war und nun mit Benecke einen neuen Besitzer hatte. In dem Dienstzimmer gibt es eine große Tafel, auf der alle PRT-Kommandeure verewigt sind, die seit 2003 in Kunduz gedient hatten. Unter meinem Bild standen gleich zwei Zeitblöcke, einmal die sechs Monate im ersten Halbjahr 2008 und dann noch einmal die drei Monate im zweiten Halbjahr. Das Bild von Oberst M. hing ebenso dort. Ich hatte von einer Vielzahl von Kameraden Abschiedsgeschenke erhalten, die zum Teil wirklich außergewöhnlich waren. Die Kompaniefeldwebel feierten mit mir den Abschied ziemlich ausgelassen, aber den Vogel schossen die Aufklärer ab. Zu den Aufklärern gehörte die Bedienmannschaft für die unbemannte Drohne LUNA, und die hatten sich mit der Truppenpsychologin, Frau Silke Hielscher, zusammengeschlossen. Man lockte mich unter einem Vorwand zum Startplatz der LUNA, damit ich persönlich das Katapult der LUNA bedienen sollte. So wurde ich zum „Ehrenkanonier" für die LUNA ernannt. Ich war ziemlich stolz darauf, konnte aber nicht ahnen, dass dies nur der Vorwand für eine faustdicke Überraschung war. Frau Hielscher hat nämlich einige hundert Kameraden klammheimlich organisiert, die sich bei Dunkelheit auf dem Hubschrauberlandeplatz so auf dem Boden legten, dass das Wort „Danke" entstand. Die LUNA flog rüber und nahm das mit ihren Wärmebildkameras auf. Mittlerweile hatte man mich zur Bodenstation gebracht, und ich konnte das Wort „Danke" deutlich auf dem Monitor sehen, als die LUNA drüber flog.

Solch eine Geste ist eigentlich nicht mehr zu toppen, aber ich sollte mich irren. Als es Zeit für Weigt und mich war, unseren Hubschrauber nach Mazar-e-Sharif zu erreichen, da setzte man mich in einen Oldtimer-Jeep, währenddessen das gesamte PRT bis zum Hubschrauberlandeplatz Spalier stand. Ich fuhr im Oldtimer stehend im Schritttempo durch das Spalier. Spruchbänder waren gespannt worden mit Dankessprüchen. „Mit Dir immer wieder, zu jeder Zeit, an jedem Ort", das war wohl das tollste Kompliment, das Soldaten auf eines der Spruchbänder gemalt hatten. Aus einem Lautsprecherwagen klang die Musik von Alizée, die Französin mit dem Fisch auf dem Po! Es war unbeschreiblich.

Die Fahrt dauerte ca. 20 Minuten, und ich konnte die Tränen kaum zurückhalten. Die Truppe dankte auf ihre Weise für die gemeinsame Zeit, die wir zusammen durchgestanden hatten. Wenn man bedenkt, wie schwer diese Männer und Frauen noch im August angeschlagen waren, welche Ängste sie hatten, und das mit dem vergleicht, was sich am 09. November 2008 in Kunduz abspielte, dann bleibt einem schlicht die Sprache weg. Ich habe viele Truppenverwendungen in meinem Leben gehabt und mich in der Truppe immer wohl und aufgehoben gefühlt. Viele Gunst- und Treuebeweise habe ich erhalten. Aber noch nie, und wohl auch nie wieder, habe ich einen derartigen Tag erlebt wie diesen speziellen Tag in Kunduz. So bitter und zum Teil auch grausam die Zeit war, so sind dies für mich unvergessliche Momente meines beruflichen Lebens und sicherlich auch der Beweis dafür, dass ich den richtigen Beruf gewählt habe. Das Herz und das Vertrauen dieser Männer und Frauen gewonnen zu haben ist das Größte, was mir in meinem Beruf je widerfahren ist.

38. Zweite Rückkehr

Wir sind dann nach Mazar-e-Sharif ausgeflogen. In meiner Begleitung waren auch Oberstleutnant Neumann und mein Personenschutzkommando, die mit mir nach Deutschland flogen. In Mazar-e-Sharif und einen Tag später in Termez mussten wir die Zeit irgendwie totschlagen. Ich ging zum Sport, außerdem habe ich mit Oberstleutnant Neumann im Lager bei so manchem Spaziergang vieles Revue passieren lassen. Wir waren dann so verrückt, uns auf einem kleinen DVD-Player den Film „Blackhawk Down" anzusehen, das Desaster amerikanischer Marines in Somalia. Als ob es nach der schlimmen Zeit in Kunduz nicht bessere Filme geben würde. Schlussendlich flog der Airbus nach Deutschland pünktlich aus Termez ab, und ich flog meiner Ehefrau wieder entgegen.

Der Flieger landete in Hannover, wo die Angehörigen bei Dunkelheit in einem entlegenen Hangar darauf warteten, dass wir endlich rauskamen. Der Ort ist so ziemlich der ungeeignetste, den man sich dafür hätte aussuchen können. Die Angehörigen standen in vollkommener Dunkelheit am Rande eines Parkplatzes und konnten so gut wie nichts sehen. Wir wurden in einen „Schuppen" gezwängt und warteten auf unser Gepäck. Dies zog sich endlos lange hin. Zwei Feldjäger aus Hannover versuchten verzweifelt, die Gepäckboxen des Airbus aufzumachen. Erst dann verteilten sie per Hand jedes Gepäckstück einzeln. Da sieht man wieder einmal, dass die Bundeswehr noch sehr weit davon entfernt ist, eine „Armee im Einsatz" zu sein. Warum man uns nicht in einen offiziellen Empfangsbereich des Flughafens Hannover brachte (und die Angehörigen gleich dazu), werde ich nie verstehen.

So langsam lichteten sich die Reihen, und einer nach dem anderen verabschiedete sich von mir. Ich erhielt mein Gepäck so ziemlich als Allerletzter. Dann endlich konnte ich durch die Sicherheitsschleuse gehen, und da stand sie, der mit Abstand wichtigste Mensch in meinem Leben, meine Ehefrau, die mich liebevoll in den Arm nahm. Eigentlich hatte ich damit gerechnet, dass einige Offiziere der Panzerbrigade 21 aus Augustdorf zu meiner Begrüßung vor Ort wären. Das war auch so geplant gewesen, doch die hatten sich in der Ankunftszeit um zwei Stunden vertan. Als sie eintrafen, war ich bereits auf dem Weg nach Hamburg. So schlenderten meine Ehefrau und ich durch das Flughafengebäude zu unserem Wagen. Meine Ehefrau musste noch kurz austreten, und ich blieb draußen stehen, ein Soldat in Wüstentarnuniform, der endlich Kunduz hinter sich gelassen hatte. Da kam ein alter Mann auf mich zu, der einen leicht verwirrten Eindruck machte. Er fragte mich, wo es denn zur S-Bahn ging, die in die Innenstadt von Hannover fahren würde. Na toll, dachte ich mir, da fliegst Du über 5.000 Kilometer von Kunduz nach Hannover, nachdem Du insgesamt neun Monate der härtesten Zeit Deines Lebens durchgestanden hast, und dieser Mann hat nichts Besseres zu tun, als Dich nach dem Weg zu fragen. Von dem Augenblick an wusste ich, ich war wieder zuhause.

39. Einsatznachbereitung

Heute, wo der Einsatz viele Jahre hinter mir liegt, kann ich etwas gelassener zurückblicken. Damals konnte ich es nicht. Ich war traumatisiert und bin es vielleicht auch heute noch. Ich stand lange, sehr lange, unter dem Eindruck des Erlebten. Der Effekt wurde noch erheblich verstärkt durch die Entscheidung, dass ich fast unmittelbar nach dem Einsatz nach London versetzt wurde. Aus Sicht der Personalführung war das ein „Bonbon" und sicherlich auch eine Anerkennung des Geleisteten. Ich erhielt noch in Kunduz den Anruf meines Personalführers, der mir 48 Stunden Bedenkzeit gab, um mich zwischen drei Varianten zu entscheiden: entweder ginge ich nach Kansas City in die USA oder nach Madrid oder nach London. Eigentlich wollte man mich sofort nach Rückkehr aus Kunduz dorthin schicken, aber das konnte ich gerade noch abwehren. Meine Ehefrau war wie vor dem Kopf geschlagen. Ich war noch gar nicht zurück, da ging er schon wieder weg. Eigentlich bin ich nach dem Einsatz nie wirklich zuhause angekommen. Zwar kehrte ich noch einmal für ein knappes Vierteljahr auf meinen Dienstposten bei der Panzerbrigade 21 in Augustdorf zurück, doch standen die Zeichen bereits voll auf Umzug.

Mir wurde eigentlich erst so richtig klar, auf was ich mich hier eingelassen hatte, als ein Vertreter der Umzugsfirma aufschlug, um die Details des Umzuges zu klären. Ich hatte keinerlei Ahnung, was ich ihm sagen sollte, weil ich ums Verrecken nicht die Zeit und Lust gehabt hatte, mich nach Rückkehr aus Kunduz mit derartigen „Details" zu beschäftigen. General Weigt kehrte seinerseits aus dem Einsatz zurück, und auch er musste seinen Dienstposten als Kommandeur der Panzerbrigade 21 räumen. Meine Ehefrau und ich flogen zur Wohnungsbesichtigung nach London, organisierten so gut es ging den Umzug, und schon trat ich meine Kur an.

Ich hatte in meinem Leben noch nie eine Kur in Anspruch genommen, aber dieses Mal ging kein Weg daran vorbei. Die Bundeswehr bietet sogenannte „Präventivkuren" in öffentlichen Gesundheitskliniken an, die ein wahrer Segen sind. Ich hatte mich für St. Peter Ording entschieden und fuhr erwartungsfroh dorthin. In stundenlangen Spaziergängen am Nordseestrand, bei reichlich Sport und therapeutischer Betreuung gelang es mir langsam, das Erlebte aufzuarbeiten. Immer wieder kamen die Bilder von Patrick Behlke und Roman Schmidt in mir hoch. Hörte ich die Geräusche eines Düsenflugzeuges, dann schaute ich in den Himmel und suchte anfliegende Raketen. Hörte ich das Motorengeräusch eines einmotorigen Propellerflugzeuges, dann suchte ich die LUNA am Himmel. Das laute Knallen einer Tür ließ mich zusammenzucken – IED-Anschlag!

Im deutschen Fernsehen gab es einen Fernsehfilm, welcher die Thematik traumatisierter Soldaten gut wiedergibt. „Willkommen zuhause" heißt der Film. Ich konnte ihn mir monatelang nicht anschauen, und als ich es schließlich zusammen mit meiner Ehefrau tat (alleine wäre ich dazu nie in der Lage gewesen), konnte ich die Tränen nicht mehr unterdrücken. Bei den Gesprächsrunden mit der Psychologin in der Kurklinik verlor ich auch das eine oder andere Mal die Fassung. Ich schäme mich dessen nicht, habe aber gelernt, damit umzugehen. Ich glaube auch, dass ich funktionieren würde, wenn man mich noch einmal in eine derartige Lage bringen sollte. Aber ich hoffe, dass der Kelch an mir vorbeigehen wird.

In einer Regierungserklärung hat die Bundeskanzlerin, Frau Angela Merkel, im Frühjahr 2010 zum Afghanistaneinsatz Stellung bezogen. Sie bekannte sich ohne Wenn und Aber zum Einsatz, zu den damit verbundenen Risiken und dem Leid deutscher Soldaten. Sie tat das in einer sehr einfühlsamen Art und Weise. Ich habe hemmungslos geweint. Und ich bin mir sicher, dass noch ganz andere geweint haben, die mit mir in Kunduz waren. Vor allem bin ich froh, dass über den Afghanistaneinsatz endlich offen und durchaus kritisch diskutiert wird. „Wohlwollendes Desinteresse, so hat es mal der ehemalige deutsche Bundespräsident Roman Herzog beschrieben, das sei die Haltung der deutschen Bevölkerung zum Afghanistaneinsatz. Leider hat es offenbar vieler toter und verletzter Soldaten bedurft, um der Bevölkerung klar zu machen, dass „wohlwollendes Desinteresse" halt in erster Linie „Desinteresse" ist, und das ist so ziemlich das Letzte, was die Männer und Frauen in Kunduz verdient haben. Denn wäre es so, dann müsste ich mich fragen, wofür Patrick Behlke und Roman Schmidt eigentlich gefallen sind.

Die Bundeswehr hat auf dem Gebiet der psychologischen Betreuung von Soldaten, die im Einsatz traumatisiert wurden, erheblich dazugelernt. Wenn ich meinen ersten Einsatz 1999 im Kosovo mit denen in Afghanistan in 2008 vergleiche, dann liegen Welten dazwischen. Die Leistung der Spezialisten, Truppenpsychologen, Militärpfarrer und Psychiater ist unverzichtbar und nicht hoch genug zu loben. Militärische Vorgesetzte sind weit besser ausgebildet und sensibilisiert als ehedem. Und doch gibt es eine große Dunkelziffer. Viele melden sich nicht krank, obwohl sie es sind. Sie sind nicht krank am Körper, sondern an ihrer Seele. Männer und Frauen, die unter normalen Umständen einen belastbaren und unverwüstlichen Eindruck hinterlassen, fallen in solchen Grenzsituationen förmlich auseinander, und niemand sollte sich darüber lustig machen. Keiner ist davor gefeit. Es gibt hierfür auch kein Regelwerk oder eine Skalierung. Den Einen trifft es überhaupt nicht, den Anderen erst sehr spät und den Nächsten bei erstbester Gelegenheit.

Schlaumeierei und markige Reden vor den Einsätzen helfen nicht einen Zentimeter weiter. „Blut, Schweiß und Tränen"- Geschwafel verprellt nur noch die Treuesten, erreichen kann man damit überhaupt nichts. Ich habe Männer erlebt, die in mein Dienstzimmer stürmten, ihre Waffe zogen, durchluden und mich anflehten, sie zu entwaffnen, weil sie sich sonst eine Kugel durch den Kopf geschossen hätten. Ich habe Männer erlebt, bestens ausgebildet und zur Creme ihres Offiziersjahrganges gehörend, die nach nur wenigen Wochen im Einsatzland vollkommen die Fassung verloren. Sind sie deswegen „schuldig" oder weniger „belastbar"? Haben sie versagt? Schnell haben solche Kameraden ihren Makel weg. Gebrandmarkt und aussortiert, Killkriterium „Belastbarkeit und Bewährung im Einsatz"! Karriere am Ende. Denn wie soll einer Karriere machen, wenn er im Einsatz „versagt"? Und weil sie es wissen, melden sie sich nicht krank, beißen sich durch. Manch einer zerstört sich dadurch selber. Es bleibt aus meiner Sicht ein kategorisches „Nein": Nein, die Männer und Frauen haben nicht versagt. Wir sind aufgerufen, ihnen zu helfen und ihnen die Stange zu halten. Wir dürfen sie nicht fallen lassen. Ich bin überhäuft worden mit Lob und Auszeichnung. Aber ich bin traumatisiert. Habe ich deswegen versagt? Sicherlich nicht!

40. Wesentliche Anforderungen an den militärischen Vorgesetzten

Das führt mich ultimativ zu der Frage, welche Anforderungen ein militärischer Vorgesetzter erfüllen muss, wenn er Truppe im Einsatz unter schwierigsten Bedingungen erfolgreich führen will?

Zunächst einmal muss er selbstverständlich sein Handwerk beherrschen. Er muss die Einsatzgrundsätze kennen und sich darüber im Klaren sein, dass er einen Ritt auf der Rasierklinge vollführt. Es reicht nicht, wenn er in „Balkan-Kategorien" denkt. Wir reden alle von Stabilisierungseinsätzen und geben uns der Illusion hin, dass man es bei dem Afghanistaneinsatz mit einem solchen zu tun hat. Der Ritt auf der Rasierklinge beginnt dort, wo eigene Kräfte in einem Hinterhalt um ihr Leben kämpfen. Ergo muss der militärische Führer auch willens und in der Lage sein zu kämpfen. Ob man das nun Krieg nennt oder „kriegsähnliche Zustände", mag eine (völker-) rechtliche Bedeutung haben, ist aber mit Blick auf die Einsatzrealitäten vollkommen egal. Die US-Marines in Somalia hätten es sich auch nicht träumen lassen, dass sie eines Tages in Mogadishu zusammengeschossen wurden (Black Hawk Down!!), und das war sicherlich eine Stabilisierungsoperation ersten Ranges.

Hätten die Serben militärischen Widerstand geleistet, als NATO-Truppen und mit ihnen deutsche Kräfte im Juni 1999 in den Kosovo einmarschierten, dann hätte das ein Blutbad unvorstellbaren

Ausmaßes auf beiden Seiten nach sich gezogen.[15] Auch der Kosovo-Einsatz gilt landauf landab als ein klassisches Beispiel für einen obendrein gelungenen Stabilisierungseinsatz. Von „High Intensity"-Einsätzen zu sprechen, von Tod und Verwundung, mithin von allen Begleiterscheinungen des Einsatzes militärischer Macht, ist hingegen nicht gewünscht und „politisch nicht korrekt". Aber es ist die Wahrheit und leider gelebte Einsatzrealität. Von daher rate ich allen militärischen Führern auf allen Ebenen, ihre Soldaten so auszubilden, dass sie kämpfen können! Sie müssen ihre Waffen und Einsatzmittel beherrschen, sie müssen hervorragende Infanteristen sein, und sie müssen mental bereit sein, kämpfen zu können und vor allem dies auch zu wollen. Wer das nicht will oder für den das zu weit geht, der möge bitte dafür sorgen, dass Soldaten gar nicht erst in einen Einsatz geschickt werden. Der Einsatz militärischer Macht ist immer mit Gewalt verbunden und zieht eben diese logische Konsequenz nach sich. Es gibt keinen „sauberen Krieg" oder einen „sauberen Einsatz".

Es ist eine der ganz großen Lügen der politisch Verantwortlichen, die deutsche Soldaten in einen Einsatz schicken und ernsthaft glauben und erwarten, dass dieser Einsatz „sauber" ist und „sauber" geführt wird. Es ist naiv zu meinen, dass es keine Fehler und keine Opfer in der Zivilbevölkerung geben wird. Und wenn dieser Fall der Fälle dann doch eintritt, dann ist es geradezu lächerlich, sich besserwisserisch hinzustellen und diejenigen an den Pranger zu stellen, die man mit einem parlamentarischen Mandat ausgestattet erst in diese Situation gebracht hat – Oberst Klein und der 04. September 2009 lassen grüßen! Wie heuchlerisch kommt da ein Herr Ströbele von den „Grünen" und die gesamte parlamentarische Delegation der „Linken" daher, die angesichts der vielen Opfer am 04. September von einem „Massaker" sprachen und den Kopf von Oberst Klein verlangten! Mir ist eine derartige Situation wie die am 04. September 2009 Gott sei Dank erspart geblieben. Aber ich weiß auch warum: ich hatte verdammtes Glück gehabt, nicht mehr und nicht weniger. Mehrfach hing das Schicksal an einem seidenen Faden. Ich hätte weitaus mehr gefallene Soldaten haben können. Auch stand ich vielfach in der Situation

---

[15] Wer einmal wie ich 1999 am Morena-Pass stand und aus Sicht der einmarschierenden deutschen Kräfte in den Kosovo hineinblickte, der weiß, wovon ich rede.

und in der Lage wie Oberst Klein am 04. September 2009. Aber auch hier hatte ich viel Glück. Sich auf Glück allein zu verlassen, will sicherlich niemand verantworten. Aber ein militärischer Vorgesetzter muss sich darüber im Klaren sein, dass sein Handeln auch politische Wirkung entfacht. Dabei ist der Einsatz in Afghanistan nicht der „Krieg der Generäle oder der Obristen", wie General Weigt mal in seinem Beitrag zur „Österreichischen Militärzeitschrift" so treffend schrieb, sondern der Afghanistaneinsatz wird von den Feldwebeln und jungen Offizieren geprägt, die Teileinheiten, Patrouillen und Konvois führen, im Checkpoint stehen und ihre Truppe aus Hinterhalten herausführen. Das bringt mich zum zweiten Kriterium für erfolgreiche militärische Führung.

Ein militärischer Führer muss Vorbild und Kommunikator in einem sein. Die Vorbildfunktion ist unerlässlich und unersetzbar. Ein mies gelaunter Vorgesetzter erzeugt schlecht motivierte Soldaten. Ein Pausenclown wiederum führt zu Auflösungserscheinungen. Ein notorischer Pessimist demotiviert die Truppe und demoralisiert sie. Einen albernen Optimisten nimmt niemand ernst. Ein Vorgesetzter mit einer unmöglichen Anzugsordnung und ungepflegtem Äußeren muss sich nicht wundern, wenn seine Männer in Phantasieuniformen daherkommen.

Das reicht aber noch nicht. Ein erfolgreicher Vorgesetzter muss bei seinen Männern und Frauen sein. Er muss das Leid und zu einem gewissen Teil auch die Gefahren mit seinen Männern und Frauen teilen. Er kann und darf sich nicht hinter vermeidlich besserer Technologie und realitätsfremden Gefechtsstandstheorien verstecken. Der Vorgesetzte führt von vorne, er zieht und reißt seine Truppe mit, er schiebt sie nicht von hinten an. Er muss natürlich nicht der Erste sein, der aus einem Graben rausspringt oder in ein Haus eindringt, aber er muss schon so dicht dran sein, dass er gesehen und von seinen Männern wahrgenommen wird. Das hat eine ganze Menge mit Psychologie zu tun, und darum irrte General D. so fundamental, als er mir den Einsatz der Beweglichen Befehlsstelle verbieten wollte.

Im Übrigen ist auch in dieser modernen und technologielastigen Welt nicht zu unterschätzen, dass nichts den Eindruck ersetzen kann, keine Simulatoren, keine Drohnen und keine virtuellen Bilder, den der persönliche Eindruck vor Ort bietet. Ich mag hier altmodisch sein, aber ich habe es mir angewöhnt, der Masse aller Meldungen, die so über Funk reinkommen, gehörig zu misstrauen. Wie oft war ich vor Ort und sah, dass die Meldungen leider nur einen Teil der eigentlichen Wahrheiten widerspiegelten. Manchmal kam ich in meinen Gefechtsstand und erkannte mit einem Blick auf die Karte, dass etwas nicht stimmen konnte. Man bekommt so einen siebten Sinn. Ich ließ derartige Meldungen sofort verifizieren, und siehe da, trotz aller anderslautenden Beteuerungen behielt ich Recht. „50 Prozent aller Meldungen sind falsch, und mit dem Rest kann man nichts anfangen!", so hat mal ein berühmter Heerführer in seiner Verzweiflung ausgerufen, und das gilt leider trotz aller Technologie, die wir einsetzen, ungefiltert auch heute noch.

Ein erfolgreicher militärischer Führer muss zugleich ein guter Kommunikator sein. Er muss ausgleichen können. Er muss mit seinen Männern und Frauen reden, sich verständlich machen, sich erklären und zugleich die Meinung seiner Soldaten anhören und einholen. Man glaubt gar nicht, welch gute Ideen auch einfache Soldaten artikulieren. Und wenn es denn so ist, dass der Einsatz in Afghanistan im Wesentlichen von Feldwebeln und jungen Offizieren geführt wird, dann sind erfolgreiche militärische Führer sehr gut beraten, mit genau diesen Feldwebeln und Offizieren zu sprechen. Sie dürfen nicht warten, bis sie auf den Vorgesetzten selber zu gehen, denn das werden sie in der Regel nicht tun. Der Vorgesetzte muss von seinem hohen Ross runter und zu seinen Untergebenen hingehen, ohne sich anzubiedern. Er muss ihnen zuhören und jeden Einzelnen ernst nehmen. Tut er das nicht, verliert er die Gefolgschaft seiner Männer und Frauen, weil er sich von ihnen entfremdet. Nicht die Männer und Frauen entfremden sich von ihrem Vorgesetzten, sondern der Vorgesetzte sich von seinen Männern. Der Vorgesetzte wird zum Täter und nicht anders herum! Das ist haargenau der Grund, warum Oberst M. sein PRT verlor.

Die Gesprächsbereitschaft des Vorgesetzten ist zugleich eine einmalige Chance, sich und die Ideen und Vorstellungen, die man hat, auch und gerade dann zu erläutern, wenn es schwierig und gefährlich wird. Je größer die Krise und die Gefahr, umso mehr muss der Vorgesetzte sich öffnen und gesprächsbereit bleiben. Hierin liegt seine große Chance. Man kann mit seinen Soldaten nicht zu viel sprechen.

General Weigt war unter anderem auch deswegen so beliebt bei seinen Soldaten, weil er die natürliche Fähigkeit besitzt, vollkommen ungezwungen mit seinen Soldaten zu sprechen. Er setzt sich zu ihnen hin, horcht sie nicht aus, sondern schenkt ihnen sein Ohr. Und die Soldaten danken es ihm mit unendlichem Vertrauen. Wer aber wie Oberst M. meint, dass es unter der Würde eines Generals sei, sich in derartiger Weise mit einfachen Soldaten abzugeben, der hat keine Ahnung, was Führung unter Einsatzbedingungen eigentlich bedeutet.

Jeder Vorgesetzte hat seine kleineren oder größeren Marotten und Eigenarten. Auch ist kein noch so gut ausgebildeter Vorgesetzter davor gefeit, Fehler zu machen. Ich habe viele Fehler gemacht. Aber Dialogbereitschaft und Kommunikationsfähigkeiten verhelfen einem militärischen Vorgesetzten zu einer nicht zu unterschätzenden Eigenschaft: Authentizität! Die Truppe identifiziert sich mit ihrem Vorgesetzten und verzeiht ihm sehr viel. Der Vorgesetzte wird berechenbarer und glaubwürdiger. Er kommt vollkommen anders rüber und so manches wird ihm verziehen, wo ein anderer schon bei der kleinsten Kleinigkeit die Gefolgschaft verliert. Schuld daran ist der Vorgesetzte selber, nicht die Soldaten. Kumpelei und Dutzerei waren mir stets ein Gräuel. Ein persönliches Sie war mir immer lieber als ein plumpes Du. Anbiederei war mir zuwider. Ich habe klipp und klar Vorgaben erteilt, sie immer wieder erläutert und mich selber daran gehalten. Man konnte mich daran messen und wusste, woran man war. Beliebigkeit ist so ziemlich das Letzte, wofür ich stehe. Aber ich habe jedem Soldaten, der neu ins PRT kam, bei jedem Kontingentwechsel, immer und stets von Anfang an klargemacht, was ich von ihm erwarte und was auf ihn zukommt. Jeder wusste, wo der Hammer hängt. Ich habe unendlich viel Zeit aufgewendet, um in einer Vielzahl von Gesprächsrunden mit meinen Soldaten aller denkbaren Dienstgradgruppen zu reden (im Übrigen auch mit den mir unterstellten Zivilisten). Jeder wusste, woran er war und worum es ging. Und als es zum Treueschwur kam, bei der Trauerfeier am 22.10.2008, da verstanden alle, ohne den geringsten Zweifel zu haben, was ich in meiner Traueransprache von mir gab und nahmen mir auch die Tränen ab als das, was sie waren. Die unendliche Dankbarkeit und zahlreichen Treuebeweise meiner Soldaten, die sie mir schenkten, sind nur erklärbar, weil sie mir vertrauten und mich trotz meiner Fehler für einen authentischen und glaubhaften Führer hielten.

Vorbildfunktion, Kommunikationsfähigkeit und Authentizität sind die herausragenden Fähigkeiten, die ein militärischer Vorgesetzter mitbringen muss, sonst sollte er lieber zuhause bleiben.

Doch all das reicht in unserer modernen Welt nicht. Ein erfolgreicher militärischer Führer muss sich zugleich darüber im Klaren sein, dass er auch eine politische Funktion wahrnimmt. Zunächst einmal repräsentiert er Deutschland. Was er sagt, und was er tut, wird in der Wahrnehmung der Repräsentanten und der Bevölkerung des Gastlandes, in dem er sich aufhält, mit Deutschland gleichgesetzt. Das Verhalten seiner Soldaten ist deutsch und wird als deutsch wahrgenommen. Vor diesem Hintergrund wirken Videos, wie die, wo sich deutsche Soldaten mit afghanischen Totenschädeln produzieren, nicht nur dümmlich, sondern vielmehr verheerend. Ich habe so manche alberne Aktion im Feldlager Kunduz unterbunden, die sich, wenn sie ungefiltert nach draußen gelangt wäre, zu einem Skandal ausgeweitet hätte.

Der militärische Vorgesetzte steht aber noch in einem ganz unmittelbaren Spannungsverhältnis mit der Politik. Es ist die Politik, die dem Einsatz von Militär vorsteht und ihn genehmigt. „Primat der Politik" nennt man das. Kein Vorgesetzter kann heutzutage noch so tun, als ob ihn dies alles nichts angeht. Er kann sich nicht davon freimachen, im Spannungsfeld der Politik zumindest mittelbar zu stehen. Nicht selten wird er auch ihr Spielball. Ein militärischer Vorgesetzter ist gut beraten, sich frühzeitig klar zu machen, wie weit er sich mit seinen Äußerungen nach Außen wagt. Jede Äußerung, die er gegenüber Medien oder Besuchern macht, hat einen politischen Charakter. Das darf ihn nicht davon abhalten, dort Klartext zu sprechen, wo es notwendig ist. Kneift er, dann verliert er das Vertrauen seiner Männer. Überzieht er, dann muss er sich nicht wundern, wenn er in Schwierigkeiten gerät. Auch dies gleicht zuweilen einem Ritt auf der Rasierklinge. „Schweigen ist feige, Reden ist Gold" stimmt halt nur teilweise. Feige und unaufrichtig ist aber zugleich derjenige, der meint, im vorauseilenden Gehorsam oder mit Blick auf seine persönlichen Karriereerwartungen angepasst reagieren und sich artikulieren zu müssen. Die Diskussion um die Mandatsobergrenzenerhöhung als auch die Debatte, ob denn nun unsere Kameraden „gefallen" oder „gestorben" seien, ob es sich um einen „Krieg" oder um „kriegsähnliche Zustände" handelt, können für einen militärischen Vorgesetzten sehr schnell zum Stolperstein werden. Das darf ihn jedoch nicht davon abbringen, das zu sagen, was im Sinne seines Auftrages und zum Schutz seiner Soldaten gesagt werden muss.

Der militärische Vorgesetzte muss mit den Medien umgehen können. Ich habe vor meinem Einsatz eine Schulung im Umgang mit Medien erhalten. Interviewtechniken und die Zusammenarbeit mit dem Pressestabsoffizier sind ein Muss, die man draufhaben sollte. Medien sind lästig, aber man kann und sollte sie nicht ignorieren. Sie sind aber auch eine Chance, wenn man einen Reporter nicht als lästigen Widersacher, sondern als notwendiges Medium begreift, über den man eigene Nachrichten und Interessen transportieren kann, ohne mit dem „Primat der Politik" in Konflikt zu geraten. Auch das ist zuweilen ein Ritt auf der Rasierklinge. Ich habe stets ein offenes Verhältnis zu Medienvertretern gepflegt und bin in keinem Einzelfall enttäuscht worden. Es wurde stets fair und wahrheitsgemäß berichtet. „Es kommt eh raus, was rauskommen muss!" Dieser Grundsatz verpflichtet zwar niemanden, ohne jede Not und unaufgefordert jedes Detail preiszugeben, aber es ist in dieser medialen Welt und bei der Hartnäckigkeit wirklich guter und vor allem gut vernetzter Journalisten nahezu aussichtslos, mit Wahrheiten hinter dem Berg zu halten. Wenn Journalisten dann anfangen, einen vorzuführen, weil sie nachweisen können, dass man lügt oder wenigstens nicht die ganze Wahrheit gesagt hat, dann ist der Schaden noch viel größer, als wenn man von Anfang an mit offenen Karten gespielt hätte.

Das hat etwas mit Vertrauen zu tun. Ich wusste aus Erfahrung oder durch entsprechende Hinweise meines Pressestabsoffiziers, mit welchem Journalisten ich ein wirklich offenes Hintergrundgespräch führen konnte und mit wem nicht. Die Gespräche mit Theo Sommer von der „Zeit" oder Ulli Gack vom ZDF waren ein Genuss. Und selbst „Raketen-Susi" vom SPIEGEL entpuppte sich zwar als gerissene, aber durchweg faire Gesprächspartnerin. Erwischen Reporter aber einen militärischen Vorgesetzten bei der Lüge, dann ist es um ihn geschehen. Jedes Nachsteuern verschlimmert die Lage nur noch.

Beim Medientraining wurde mir eingetrichtert, dass ich bei einem Pressestatement nicht mehr als 20 Sekunden Zeit habe, um in einfachen und verständlichen Worten klar zu machen, was ich eigentlich als Nachricht transportieren will. 20 Sekunden sind rasend schnell vorbei. Bevor es also losging, habe ich mir immer überlegt, was ich eigentlich sagen und ausdrücken will. Es empfiehlt sich auch, vor der „Live-Schalte" abzustecken, worüber man eigentlich reden will. Das schützt vor Überraschungen und unprofessionellem Gestammel vor laufenden Kameras. Je authentischer man rüberkommt, desto besser ist es. Ich bin sowieso der Meinung, dass wir Nichts zu verbergen haben. Verweigere ich einem Fernsehteam die Bitte, bei einer Patrouille mitzufahren, dann wird der Reporter misstrauisch und recherchiert auf eigene Faust. Das Ergebnis ist nur im seltensten Fall für uns vorteilhaft. Will er einige Bilder vom Gefechtsstand schießen, warum nicht? Ich bin dabei, behalte die Kontrolle, und er ist zufrieden. Offensive Medienarbeit halte ich immer für besser als ängstlichen Protektionismus. So habe ich Medienvertreter, die nur zu oft lästig wie die Fliegen waren, immer als Verbündete angesehen und nie als Gegner. Das hat mir sehr geholfen.

Das ist das Spannungsfeld, in dem sich ein militärischer Vorgesetzter bewegen muss. Ich habe vielfach den dramatisch klingenden Begriff des „Ritts auf der Rasierklinge" benutzt. Ich tat dies ohne Übertreibung. Vieles, sehr vieles ist nicht ohne Risiko zu haben. Aber genau das macht auch den Reiz aus. Eigentlich ist das gar nicht so schwer. Wenn man seinen gesunden Menschenverstand einschaltet und ein Herz für die Männer und Frauen hat, die man führt, dann wird man auch Erfolg haben. Das war gestern so, das gilt heute, und das wird auch morgen noch Gültigkeit besitzen.

41. Warum der Einsatz scheitern muss

Zum Schluss ist es sicherlich angezeigt, einen Summenstrich zu ziehen. Ich bin leider überzeugt davon, dass der Afghanistaneinsatz am Ende scheitern wird. Ich sage das vor dem Hintergrund des Erlebten in 2008. Ich sage das aber auch in Kenntnis dessen, dass es seit 2008 bis heute sicherlich beachtliche Erfolge gab, die es zu berücksichtigen gilt. Die Sicherheitsverantwortung wurde seitdem flächendeckend an afghanische Sicherheitskräfte übergeben. Afghanistan hat in einem "demokratischen" Prozess einen neuen Präsidenten gewählt, und das Land ist nicht in sich zerfallen. Der Kampfeinsatz der NATO ist beendet und ein neues Mandat, "Resolute Support", mit dann noch ca. 850 deutschen Soldaten, soll Kontinuität sichern. Vieles wurde erreicht, wovon ich in 2008 nur träumen durfte. Auch bin ich kein direkter Zeitzeuge mehr der Jahre 2010–2014. Insofern steht mir ein Urteil nur bedingt zu. Und dennoch habe ich Zweifel, große Zweifel sogar, die mich ggf. auch in Widerspruch mit Kameraden bringen, die nach mir in Afghanistan waren und zum Teil auch immer noch dort sind.

Warum sehe ich das so? Hierfür sehe ich vor allem zwei Gründe, einen deutschen und einen afghanischen.

Deutschland rühmt sich immerzu, ein besonderes Konzept zu verfolgen, das sich wohltuend von der vermeintlich grobschlächtigen Vorgehensweise, vor allem der Amerikaner, abheben würde. Man nennt das „Vernetzte Sicherheit" oder neudeutsch „Comprehensive Approach". Gemeint ist hiermit, dass man mehrgleisig operieren will unter bewusster Betonung nicht-militärischer Einflussgrößen und Zielsetzungen. So entwarf man das 4-Säulenmodell. Die vier tragenden Säulen waren das Verteidigungsministerium, das Innenministerium, das Außenministerium und das Ministerium für wirtschaftliche Entwicklung und Zusammenarbeit, die zumindest in der Theorie gleichwertig mitwirkten, um den Norden von Afghanistan zu befriedigen und wieder aufzubauen. Das Militär erfüllte hierbei nur eine unterstützende Rolle. Es hatte sich vorrangig um die Sicherheit in Afghanistan zu kümmern und in dieser Kapazität die Voraussetzungen für den eigentlichen Hauptzweck des deutschen Engagements am Hindukusch sicherzustellen. Dieser Hauptzweck war immer Wiederaufbau und damit zuallererst eine zivile Ausrichtung denn eine militärische.

Das wird heutzutage immer gerne vergessen. Redet man über Afghanistan, dann zeigt man reflexartig sofort auf die Bundeswehr und anklagend auf das Verteidigungsministerium. Die zentrale Verantwortung des Außenministeriums und der anderen Ministerien wird vollkommen ausgeblendet. Warum eigentlich? Schließlich übernahm das Außenministerium die politische Federführung für das deutsche

Afghanistan-Engagement. Es übernahm zudem die Federführung in der Vermittlung von Praktiken guter Regierungsführung, die es galt, der afghanischen Gesellschaft beizubringen. Rechtsstaatlichkeit gehört ebenso dazu. Das Bundesministerium für wirtschaftliche Entwicklung und Zusammenarbeit zeichnete für den Wiederaufbau verantwortlich, mithin für die Implementierung von Wiederaufbauprojekten größerer und kleinerer Natur, z.B. Straßenbau, Bau von Schulen, Krankenhäusern, aber auch Bau bzw. Wiederaufbau einer leistungsfähigen Stromversorgung, Maßnahmen zur landwirtschaftlichen Rekultivierung oder solchen zur Ausbildung und Stärkung des lokalen Arbeitsmarktes. Das Innenministerium war zentral zuständig für die Polizeiausbildung der afghanischen Polizei, der ANP.

Alle vielschichtigen Elemente wurden in ein Gesamtkonzept gegossen. Es war eben nicht Absicht, als kriegerische Besatzungsmacht in Afghanistan aufzutreten, sondern den Afghanen langfristig Hilfe zur Selbsthilfe anzubieten, damit dieses geschundene Land eines Tages mal alleine mit seinen Problemen fertig werden konnte. Man ließ sich, übrigens wie alle westlichen Alliierten und vor allem die USA, von dem hehren Anspruch des „Nation Building" leiten, also dem Versuch, durch Vermittlung westlicher Normen und Prinzipien Afghanistan innerhalb weniger Jahre den Eintritt in eine Liga zu ermöglichen, die für dieses archaische Land noch vor kurzem unvorstellbar war. Demokratie, Gewaltenteilung, Rechtsstaatlichkeit, eine tragfähige Administration und ein leistungsfähiger Verwaltungsapparat, ein ausgewogenes und möglichst modernes Gesundheitswesen und Schulsystem, kurz, es sollte möglichst alles nach westlichem Standard von Grund auf erbaut werden.

Man muss kein Hellseher sein, um zu erkennen, dass nur ein Träumer daran wirklich glauben konnte, doch davon gab es tatsächlich viele. Den Nationen wurden federführende Zuständigkeiten ins Auftragsbuch geschrieben. Großbritannien war zentral zuständig für die Bekämpfung des Drogenanbaus und der Drogenkriminalität in Afghanistan. Deutschland war federführend zuständig für die Ausbildung der afghanischen Polizei, die ANP. Japan war zuständig für den „Disarmouring Process", den Versuch, illegalen Waffenbesitz durch Entwaffnung entgegen zu treten. Man ist mit all dem kläglich gescheitert.

Deutschland musste kleinlaut eingestehen, dass man sich mit der Ausbildung der afghanischen Polizei maßlos überhoben hatte. Dies war eigentlich die Hauptaufgabe des Innenministeriums gewesen, doch wirkte es sich so gut wie gar nicht aus. Schlaue Füchse haben daher die Polizeiausbildung zur europäischen Aufgabe gemacht. Somit wurde EUPOL aus der Taufe gehoben, eine Organisation, die sich als vollkommen unfähig erweisen sollte. Erst als die Amerikaner genug von diesem Unsinn hatten und ihrerseits das Zepter der Polizeiausbildung in die Hand nahmen, kam so etwas wie Schwung in diese leidige Angelegenheit.

Drogenanbau zu unterbinden, und hier vor allem Opium, war eines der zentralen Ziele des Afghanistaneinsatzes. Heute nun, in 2014, melden die Medien, dass in Afghanistan eine Rekordernte an Opium eingeholt worden ist. Das kann auch nicht Wunder nehmen, weil Afghanistan über keine Großindustrie verfügt. Das, was vorhanden ist, gehört längst ausländischen Firmen. Die Wertschöpfung – wenn sie denn überhaupt vorhanden ist – verbleibt nicht im Inland. Früher wurde Baumwolle billig produziert und exportiert. Ganze Landstriche lebten von der Baumwolle – ganz besonders in Kunduz. Heute haben Billigprodukte aus Asien den afghanischen Baumwollmarkt ruiniert. Die einzige profitable Einnahmequelle ist der Opiumanbau, und davon leben mehr und mehr arme Menschen auf den Feldern Afghanistans. Wenn es nicht gelingt, die Wirtschaft Afghanistans auf tragfähige und nachhaltige Fundamente zu stellen, neue Arbeits- und Absatzmärkte zu erschließen, die zu Afghanistan passen, dann muss man sich nicht wundern, wenn durch Opium billiges Geld verdient wird. Das wäre aus meiner Sicht eigentlich Kern einer vernünftigen Entwicklungshilfe und Hauptaufgabe von sowohl dem Auswärtigen Amt als auch dem Ministerium für wirtschaftliche Entwicklung und Zusammenarbeit gewesen.

Viel lächerlicher noch gestaltete sich der „Disarmouring Process", dem man sich auch verpflichtet hatte. Vertreter derjenigen Organisationen, die sich damit beschäftigten, ließen sich von afghanischen Gouverneuren und Distriktmanagern melden, wie viele Waffen aller Kaliber in ihren Verantwortungsbereichen vorhanden wären. Man fragte genau diejenigen, die es eigentlich galt zu entwaffnen. Ehemalige Warlords, Kriegsverbrecher und windige Hasardeure wurden gefragt, wie viele Waffen sie denn hätten und ergo bereit wären abzugeben. Es fragte also der Kontrolleur den zu Kontrollierenden, ob er denn kontrolliert werden wollte, und wenn ja, in welchem Ausmaße! So kam es also, dass in dem Distrikt Chahar Darreh, in dem die Masse aller Überfälle auf deutsche Soldaten stattfanden, nur 24 Gewehre gemeldet wurden, die es galt abzugeben, um den Status „Frei von Waffen" zu erhalten (verbunden mit einer netten Bonuszahlung für freimütige Zusammenarbeit!). 24 lächerliche Gewehre, zumeist uralter Schrott der Marke AK 47, die schon durch die Russen in den 50er Jahren verwendet wurden! Kaum waren die 24 Waffen abgegeben, wurde mit großem Getöse offiziell festgehalten, dass der Distrikt nunmehr waffenfrei sei. Wenige Tage später war der ortsbekannte Warlord Mir Allam innerhalb kürzester Zeit in der Lage, 700 Mann seiner Privatarmee unter Waffen zu stellen. Der gleiche Mir Allam hatte mir gegenüber stets unter Krokodilstränen versichert, er hätte alle Waffen abgegeben und wäre ein friedfertiger und armer Mann, der nicht mehr wisse, wie er seine Familie ernähren sollte.

Wenn sich die internationale Gemeinschaft derart naiv von solchen Gaunern vorführen lässt, dann muss man sich über nichts mehr wundern. Dagegen sperrte man sich lange Zeit, handverlesene und vertrauenswürdige Männer in den Dörfern zu bewaffnen und für die Sicherheit des Dorfes selbst verantwortlich werden zu lassen. Derartige Programme gab es im Kosovo, mit großem Erfolg. Hier nun versperrte man sich selbst den Weg, weil das ja politisch kaum mit der Absicht zu verbinden gewesen wäre, die Bevölkerung zu entwaffnen. Letztendlich wird man kaum darum herumkommen, weil weder ISAF und auch nicht die afghanischen Sicherheitskräfte die Kapazitäten haben, überall in der Fläche gleichermaßen präsent zu sein, um den Dörfern Sicherheit zu geben.

Soweit zu der großen Politik. Das Prinzip „Nation Building" ging jedenfalls gründlich in die Hose, ein Umstand, den man lange Zeit nicht einsehen wollte. Selbst noch in 2010 waren die Botschaftsangehörigen der deutschen Botschaft in London schier fassungslos, als ich sie mit meinem Vortrag über gemachte Erfahrungen in Kunduz aus allen Träumen riss. Es ist ja auch kein Wunder, schließlich hat sich in Deutschland lange Zeit niemand so wirklich mit diesem Einsatz beschäftigt. Dabei war jedem Laien sehr schnell klar, dass „Nation Building" an einfachen Umständen scheitern musste. Afghanistan war nie eine Nation als solches. Afghanistan verfügte nie in seiner Geschichte über rechtsstaatliche Strukturen westlichen Vorbildes oder über eine funktionierende Bürokratie. Afghanistan war nach westlichem Standard in großen Teilen in einem Zustand, in dem Europa vielleicht im Mittelalter einst gewesen war. Wie kann man dann auf die Idee kommen, innerhalb von vergleichsweise wenigen Jahren aus einem archaischen, mittelalterlichen Gebilde einen funktionierenden Staat nach westlicher Prägung zu machen? So ergötzte man sich an der Anzahl gebohrter Brunnen, gebauter Schulen, gelieferter Schulausstattungen, asphaltierter Straßen und glaubte ernsthaft, damit entscheidende Fortschritte machen zu können. Es wurden zum Teil sehr idealistische Ziele verfolgt. Es galt nicht nur, die Energieversorgung wieder aufzubauen, die fast in Gänze in den fast 30 Jahren Krieg, die Afghanistan durchlebt hatte, zerstört worden war. Nein, es musste erneuerbare Energie sein, denn alles andere passte nicht zum umwelttechnologischen Standard, dem sich Deutschland verschrieben hatte. So wurde ein Energiemusterhaus in Taloqan für sage und schreibe 120.000 € erbaut, damit die Afghanen aus erster Hand sehen konnten, welche zukunftsweisende Technologie Deutschland gewillt war bereitzustellen. Im Bundesministerium für wirtschaftliche Entwicklung und Zusammenarbeit muss man sich stolz auf die Oberschenkel gehauen haben. Nur, kaum ein Afghane hat dieses Musterhaus je betreten, und die, die kamen, haben so gut wie nichts verstanden. Derartige Beispiele gibt es viele. Die Naivität vieler deutscher Regierungsvertreter war schier grenzenlos. Geld gab es genug. Das Auswärtige Amt und vor allem das Bundesministerium für wirtschaftliche Entwicklung und Zusammenarbeit stellten jährlich wirklich imposante Beträge zur Verfügung. Doch wo blieben die Strukturen, um diese Geldmittel auch wirklich an den Mann zu bringen? Damit komme ich zum PRT-Konzept und zum Zivilen Leiter des PRT.

Das deutsche PRT-Konzept verfolgt das Prinzip der Doppelspitze. Der militärische Kommandeur des PRT und sein Ziviler Leiter, ein Beamter des Auswärtigen Amtes, führen gemeinsam das PRT. Hierdurch soll der verzahnte Ansatz einer „Vernetzten Sicherheit" sowohl strukturell als auch äußerlich hervorgehoben werden. In Herrn Ossowski, späterhin Herrn Ptassek, fand ich zwei überaus engagierte und leistungsfähige Vertreter vor, die sich alle Mühe gaben, ihren anspruchsvollen Aufgabenbereich mit Leben zu füllen. Obendrein waren beide auch menschlich angenehme Gesellen. Trotz der einen oder anderen sachlichen Auseinandersetzung stimmte die Chemie zwischen uns, und das war ungeheuer wichtig. Dennoch bin ich in der Rückschau überzeugt davon, in der Zusammenarbeit nicht immer alles wirklich richtig gemacht zu haben. Zuerst einmal muss man als Soldat verstehen, dass Vertreter des Auswärtigen Amtes eine andere begriffliche Vorstellung und Wortwahl haben. Viele der militärischen Sprach- und Redewendungen sind ihnen fremd. Dann natürlich verfügen wir Soldaten über Verfahren und Denkstrukturen, die einem Außenstehenden nicht immer sofort eingängig sind. Es gab daher sicherlich so etwas wie einen Kulturschock für die Kameraden, als sie auf das Militär mit dessen Eigentümlichkeiten stießen.

Der Zivile Leiter hatte seinen Arbeitsplatz ziemlich weitab vom Büro des PRT Kommandeurs. Als sein „Zwilling" gehörte er in dessen unmittelbare Nähe. Daher blieb es nicht aus, dass die Kommunikation und das Ausmaß an interner Abstimmung sicherlich verbesserungswürdig blieben. Der wesentlichste Unterschied manifestierte sich hingegen in den unausgewogenen Strukturen. Ich verfügte über ca. 800 Mann inklusive eines Arbeitsstabes von bis zu 60 Mann. Der Zivile Leiter hatte keinen eigenen Arbeitsstab und war auf Gedeih und Verderb auf den militärischen Stab mit angewiesen.

In der Außenwahrnehmung war zumindest gegenüber den afghanischen Gesprächspartnern in jedem Fall klar, wer hier das Sagen hatte, nämlich der militärische Kommandeur des PRT und nicht der Zivile Leiter. Zwar sprachen wir uns im Regelfall ab und teilten uns die Beiträge auf, er zuständig für Wiederaufbau und ich für Sicherheit, doch war sonnenklar, wen die Afghanen als Kommandeur ansahen und wen nicht. Ich sehe hierin einen eklatanten Schwachpunkt im deutschen Konzept. Ungeachtet aller zwischenmenschlichen Bemühungen und dem Eifer des Zivilen Leiters, so war und blieb er doch gemessen an seiner Aufgabenfülle und Bedeutung hoffnungslos unterrepräsentiert.

Was noch viel schwerer wiegt ist die Tatsache, dass er zwar genauso wie sein Counterpart, der Vertreter des Bundesministeriums für wirtschaftliche Entwicklung und Zusammenarbeit, über entsprechende Geldmittel für den Wiederaufbau verfügte, nicht jedoch über die Kapazitäten, den afghanischen Regierungsstellen beratend und anlernend zur Verfügung zu stehen. Was benötigt wurde, waren ehemalige oder noch aktive Richter, die unter Anleitung des Zivilen Leiters mithalfen, eine vernünftige Justiz aufzubauen und dafür afghanische Richter und Staatsanwälte begleitend betreuten. Es fehlte an Verwaltungsfachangestellten, die mithalfen, zumindest eine rudimentäre afghanische Zivilverwaltung aufzubauen. Es fehlte das Fachpersonal, das mithalf, das Führungspersonal eines örtlichen Krankenhauses in der Führung desselben zu unterstützen. Kurzum, es fehlte hinten und vorne an qualifizierten Zivilisten, die in der Lage waren, in allen Bereichen eines funktionierenden Gemeinwesens die Afghanen anzuleiten oder zumindest auf einfachstem Niveau selber Hand anzulegen.

Zwar sprach man stets und freimütig davon, die Afghanen in „Guter Regierungsführung" zu unterstützen, aber außer Geldmittel für zuweilen fragwürdige Projekte kam dabei so gut wie nichts raus. Ja, es wurde in die Ausbildung von Lehrern investiert und hierfür erhebliche Geldmittel bereitgestellt, doch blieb die Anzahl der ausgebildeten Lehrer weit hinter den Erfordernissen zurück. Niemand kümmerte sich hingegen darum, auf Provinzebene ein vernünftiges Bildungswesen zu implementieren. Die Gouverneure der Provinzen, vergleichbar im Status deutscher Ministerpräsidenten in den Bundesländern, oder noch schlimmer, die Distriktgouverneure (vergleichbar deutschen Landräten), hatten zumeist keinerlei Ahnung, wie man ein Gemeinwesen organisiert, und das nach acht Jahren deutschen Engagements!

Sie hatten daran auch kein Interesse. Da half auch das Gejammer westlicher Politiker nicht weiter, die vor allem auf die schulische Ausbildung von afghanischen Frauen drängten. Das mag für westliche Politologen und Emanzipationsstrategen wichtig sein, nicht jedoch für die afghanische Gesellschaft.[16] Es reicht halt nicht, mit dem Geldbeutel zu winken, es müssen schon tragfähige Strukturen geschaffen werden, wenn die Afghanen denn jemals in die Lage ver-

---

[16] Es gibt so gut wie kein deutsches Strategiepapier, wo nicht die Schulausbildung für afghanische Mädchen und Frauen zur zentralen Angelegenheit erhoben wird.

setzt werden sollen, ihr Schicksal selber in die Hand zu nehmen. Der Zivile Leiter verfügte über keinen eigenen Stab. Er war im wahrsten Sinne des Wortes Einzelkämpfer.

Der Zivile Leiter verfügte noch nicht einmal über die Weisungsbefugnis, um dem Vertreter des Bundesministeriums für wirtschaftliche Entwicklung und Zusammenarbeit anzuweisen, sich mit ihm abzustimmen. Prioritäten konnte er nicht setzen und ergo auch nicht durchsetzen. Der Vertreter des Bundesministeriums für wirtschaftliche Entwicklung und Zusammenarbeit blieb unabhängig und pochte energisch auf seine Unabhängigkeit, getreu der Devise der „Roten Heidi" (Heidemarie Wieczorek-Zeul), die dieses Ministerium genau in diese Richtung jahrelang geprägt hatte. Nun rächte sich dieser Unsinn.

In der Summe blieb der Zivile Leiter trotz löblicher Absichten ein zahnloser Tiger. Mit ihm blieben die deutschen Wiederaufbauaktivitäten weit hinter den Möglichkeiten und ehemaligen Zielsetzungen zurück. Dabei war dies doch der eigentliche Zweck des Einsatzes! Hier wurden Zug um Zug die Verhältnisse auf den Kopf gestellt. De facto verabschiedeten sich das Auswärtige Amt und das Bundesministeriums für wirtschaftliche Entwicklung und Zusammenarbeit aus ihrer Verantwortung. Jedes Ministerium wachte eifersüchtig auf seine Eigenständigkeit und Kompetenzhoheit. Als der Nachfolger der „Roten Heidi", Minister Niebel von der FDP, die Zahlung von Geldmitteln an NGO (non-governmental organisations) an deren Einsicht binden wollte, in Afghanistan mit der Bundeswehr in Sachen Wiederaufbau zusammenzuarbeiten, lief ein Aufschrei des Entsetzens durch die NGO-Gemeinde. In deren Augen ist und bleibt die Bundeswehr der eigentliche Verursacher aller Schwierigkeiten in Afghanistan. Man verlangte geradezu, dass sich die Bundeswehr aus denjenigen Räumen heraushielt, in denen NGO operierten, weil sie sich durch die Bundeswehr bedroht sahen in dem Sinne, dass die Bundeswehr Angriffe von Aufständischen auf sich zog. Die Lösung aller Probleme vieler NGO war denkbar einfach: Abzug aller ausländischen Soldaten aus Afghanistan, natürlich auch der Bundeswehr! Dann würde sich schon alles finden. So einfach ist das.

Der ehemalige Oberstarzt der Bundeswehr, Dr. Erös, war ein vielfach engagierter Redner in Talkshows. Er wurde nicht müde, immer wieder darauf hinzuweisen, dass es einen Wiederaufbau nur geben kann, wenn die Bundeswehr und alle anderen Armeen endlich aus Afghanistan abziehen würden. Er und seinesgleichen würden es dann schon richten. Bei einer Veranstaltung der 1. Panzerdivision ging er mich hasserfüllt an, schrie und tobte mit roten Flecken im Gesicht, dass ich es sei, ich und meinesgleichen, die in Kunduz versagt hätten. Meine Soldaten hätten keine Ahnung, die Vorgesetzten seien unfähig. Von den Hasstiraden in meine Richtung will ich mal lieber nichts berichten. Ich hätte sowohl vom Außenministerium wie vor allem vom Ministerium für wirtschaftliche Entwicklung und Zusammenarbeit erwartet, dass sie eine koordinierende Funktion gegenüber den NGO und deren Wiederaufbauprojekten wahrnehmen würden. Eine derartige Koordination fand wirkungsvoll bis auf wenige Ausnahmen nach meiner Kenntnis in Afghanistan nicht statt. NGO dienen in der Regel privaten Trägern (daher der Name "non-governmental"). Schon aus Gründen der Ideologie verweigern sie sich grundsätzlich einer "staatlich" geführten Koordination. So versickern Unsummen, und gut gemeinte Ansätze verpuffen, weil jeder ein klein bisschen macht, aber niemand übergeordnet das Zepter in der Hand hält.

So steht es vielfach um den deutschen Ansatz der „Vernetzten Sicherheit" in Afghanistan. Der vielgelobte und oft zitierte „Comprehensive Approach" zerplatzte an der Realität. Wir Deutschen haben stets damit geprahlt und sind damit hausieren gegangen. Wir hätten besser daran getan, dieses für sich genommen richtige und vernünftige Konzept zu Ende zu denken, die notwendigen Mittel, Ressourcen und Strukturen zur Verfügung zu stellen und durchzusetzen. Warum wird das PRT Kunduz eigentlich nicht von einem Zivilisten geführt mit einem militärischen Stabsoffizier als seinem militärischen Berater? Der Führungswechsel hin zum zivilen Leiter wurde meines Wissens erst sehr spät (2012) vollzogen – viel zu spät! Warum eine Doppelspitze, wenn doch der eigentliche Zweck des deutschen Engagements ganz eindeutig eher auf zivilen Arbeitsfeldern ruht denn auf dem militärischen? So haben wir, davon bin ich zutiefst überzeugt, viel Zeit und noch mehr Chancen sträflich ausgelassen und vergeudet. Diese Defizite werden, und auch davon bin ich fest überzeugt, trotz aller andersartigen Beteuerung bis zum Abzug aus Afghanistan nicht beseitigt werden. Das ist die bittere Quintessenz, wie ich sie sehe, nach nunmehr über zehn Jahren Einsatz deutscher Kräfte am Hindukusch.

Aber auch die Afghanen trifft ein Großteil der Schuld. Aus der großen Menge an ungelösten Problemen will ich den aus meiner Sicht bedeutsamsten hervorheben: Korruption! Wo immer ich auch hinfuhr, immer wieder schlug mir der Vorwurf entgegen, afghanische Regierungsvertreter seien korrupt, bestechlich und daher nicht vertrauenswürdig. Das geschah auf allen Ebenen. Anfangs habe ich das für eine Art Nationalsport gehalten, haltlose und maßlose Vorwürfe eben. Es ist sicherlich kein ausschließlich afghanisches Problem, über die Regierenden zu meckern, sondern Ausdruck eines „Wir hier unten und Ihr dort oben"-Syndroms. Aber in Afghanistan steckt eine ganze Menge Realität dahinter, und die wird zunehmend gefährlich.

Der Provinzgouverneur von Kunduz, mit dem phantasievollen Namen „Engineer Omar", hatte einen Wirkungsgrad, der an den Stadtgrenzen von Kunduz Stadt aufhörte. In der Provinz, außerhalb der Stadtmauern, kannte ihn kaum jemand geschweige denn, dass man ihn ernst nahm. Er trat zwar immer wieder bei Schuleinweihungen und dergleichen auf, aber außer der Rolle des „Begrüßungsonkels" blieben ihm kaum andere Entfaltungsmöglichkeiten. Er sprach dann zwar mahnend über die Zukunft von Afghanistan und redete seinen Untergebenen ins Gewissen, aber die eigentlichen Machthaber waren ganz andere.

Engineer Omar hatte sich sein Gouverneursamt von der Zentralregierung in Kabul erkauft. Von 200.000 $ ist die Rede, die geflossen sein sollen. Dies alleine ist schon außerordentlich bedenklich. Der Gouverneur wird nicht gewählt, er wird zentral von Karsai ernannt, und der hält für sein Wohlwollen die Hand auf. Was für mich noch viel schlimmer wiegt, ist die Unfähigkeit von Engineer Omar und anderen vergleichbaren „Politgrößen", ihre Behörde, ihre Ministerien, ihre Ämter mit einfachen Mitteln so zu organisieren, dass wenigstens ein Mindestmaß an Effektivität dabei herauskommt.

Was ihnen wichtig ist, sind Statussymbole. Der Gouverneurspalast muss Schmuck und wirklich repräsentativ aussehen. Die Fahrzeuge des Gouverneurs sind neuester Bauart und schwer gepanzert. Eine Horde von Bodyguards sitzt auf den Pick-up Ladeflächen, martialische Typen, die Eindruck und Wichtigkeit versprühen. Das sind zunächst einmal wichtige Äußerlichkeiten, die der arme Fellache vielleicht noch gewillt ist zu ertragen, wenn er denn spüren würde, dass sich dieser ganze Protz und Aufwand für ihn in irgendeiner Art und Weise lohnen würde. Der Gouverneur verfügt hingegen so gut wie über keine Haushaltsmittel, die er zum Wohl der Gemeinde ausgeben könnte. Er hat so gut wie keine Steuereinnahmen und erhält auch von Kabul so gut wie nichts. Außer wohlklingenden Worte hat er kaum etwas zu bieten.

Sein Interesse ist sowieso ein vollkommen anderes. In aller Regel sind die Gouverneure schwer in die Drogenkriminalität verwickelt oder betreiben andere windige Geschäfte, die allesamt nur und ausschließlich dazu geeignet sind, ihre eigenen Taschen noch weiter zu füllen. Gouverneure leben in unermesslichem Reichtum. Ihr ganzes Interesse ist vor allem ausgerichtet auf die Schaffung eines Umfeldes, in dem sie ihre privaten Machenschaften ungestört und vor allem unkontrolliert ausüben können. Der Gouverneur von Takhar, Ibrahimi, ist einer der schlimmsten Genossen dieser Zunft. Er ist Teil eines weit verbreiteten und weit über die Grenzen der Provinz Takhar hinaus operierenden Familienkartells, das sich der Beschaffung und dem Handeln mit Drogen verschrieben hat. Ibrahimi ist noch nicht einmal das erklärte Familienoberhaupt. Als Gouverneur ist er aber wie kein Zweiter dazu in der Lage, den Machenschaften seiner Familie den behördlichen Rücken freizuhalten. Dass er selber in mehreren Sitzungen, die ich mit ihm hatte, vollkommen unter Drogeneinfluss stand, sei nur am Rande erwähnt.

Viele der Regierungsvertreter sind direkt abhängig von der Gnade und dem Wohlwollen ehemaliger Warlords. Das sind oftmals übelste Banditen und Schurken eines Schlages von Mir Allam, der im Krieg gegen die Taleban zu deren Schlächter wurde. Die ehemaligen Warlords sind die eigentlichen Herrscher. Sie verfügen über eine unendliche Anzahl von Waffen, enorme Geldmittel, ungebrochene Loyalität in der Bevölkerung und beachtlichen Einfluss in Kabul. Man kann sie im negativen Sinne mit Gutsherren vergleichen, welche ihr eigenes Recht gestalten. Ein Mir Allam in Kunduz oder ein Massoumi in Eshkamesh tun und machen, was sie wollen. Sie lassen sich durch nichts und niemanden kontrollieren, schon gar nicht durch einen

Gouverneur, der sowieso von ihnen geschmiert wird. Niemand ist vor Ort, der dieser Bande das Handwerk legt.

In den ländlichen Regionen haben dann vor allem die Clanchefs das Sagen. Familienoberhäupter und Führer der unterschiedlichsten Stämme sind die Herrscher und zugleich auch ihre eigenen Kontrolleure. Sie sprechen Recht nach archaischer Sitte. Grundlage ist oftmals der Koran oder die Auslegung des Korans. Für die Auslegung des Korans sind die Maliks zuständig, die geistlichen Führer, die oftmals als einzige im Lande lesen und schreiben können. Sie entwickeln hierdurch enorme Macht und Geltung. Clanchefs und Maliks bestimmen, was im Lande getan wird und was nicht. Warlords betreiben dieses Spiel überregional. Wer in dieser Rechnung nicht vorkommt, ist der Gouverneur, der Regierungsvertreter.

In Kabul sitzt dann der Präsident, Hamid Karsai, den niemand für voll nimmt. Er wird spöttisch als „Bürgermeister von Kabul" tituliert. Das sagt alles über den Macht- und Einflussbereich dieses Mannes aus. Die internationale Gemeinschaft reagierte zunehmend entsetzt über das Ausmaß an Korruption, das Karsai zuließ. Immer öfter kam es zu der Frage, wo denn die Milliarden von Aufbauhilfe geblieben sind, die auch deswegen über die Zentralregierung in Kabul gelaufen sind, um hierdurch den Status und die Wirksamkeit von Karsai zu fördern. Die Masse der Gelder floss in private Hände derjenigen, die eh schon vermögend waren. Die Reichen stopften sich noch mehr die Taschen voll. Wahnsinnssummen wurden still und leise abgezweigt, ins Ausland transferiert und versickern in Kanälen, die kaum einer noch nachvollziehen kann. Natürlich bemerkt dies auch irgendwann der arme Fellache auf seinem Feld, der nicht mehr weiß, wie er seine Familie mit dem mühsam erwirtschafteten Ertrag seiner Felder ernähren soll. Der gesamte Protz und Reichtum der tatsächlich Herrschenden widerte ihn zusehends an. Aber auch Polizeivertreter und die afghanische Armee beteiligten sich auf ihrer Ebene an dem Geschacher. Das hatte teilweise schon existenzielle Gründe. Ein afghanischer Polizist erhält ca. 50–60 $ pro Monat Gehalt. Will er seine mehrköpfige Familie ernähren, benötigt er nahezu das Doppelte. Er hält daher an Straßenkontrollposten zu allererst seine Hand auf und verlangt ungeniert Bestechungsgelder von den passierenden Händlern, was diese als einen vollkommen normalen Umstand ansehen. Als der vom Gouverneur Engineer Omar ausgerechnet in Chahar Darreh eingesetzte Polizeichef Zivilisten verprügelte, die sich weigerten, Bestechungsgelder zu zahlen, platzte mir der Kragen. Der Bursche hielt Motorradfahrer an, verlangte Geld und verprügelte sie der Einfachheit halber. Gleiches vollzog er mit Autofahrern. Er drangsalierte Geschäftsleute auf dem Basar und bedrohte die Bevölkerung in den Dörfern. Was er nicht vorhatte, war für Ruhe und Ordnung zu sorgen. Das alles geschah ungeniert vor den Augen des Gouverneurs und vor allem vor den Augen des hierfür zuständigen Polizeichefs von Kunduz. Niemand unternahm etwas dagegen. Sowohl unsere amerikanischen Partner als auch ich forderten beim Gouverneur schlussendlich ultimativ die Ablösung des Polizeichefs von Chahar Darreh. Engineer Omar hatte dafür überhaupt kein Verständnis. Er verwies auf den großen Mut dieses Mannes. Seine Verfehlungen wären zu vernachlässigen. Der amerikanische Chef des lokalen Ausbildungsprogramms für afghanische Polizisten konnte dann beweisen, dass der verbrecherische Polizeichef von Chahar Darreh genau diejenigen Polizisten entlassen ließ, die noch vor kurzem durch das amerikanische Ausbildungsprogramm gelaufen waren, nur um sie mit eigenen Gefolgsleuten seines Heimatdorfes zu ersetzen, die von Polizeiarbeit überhaupt keine Ahnung hatten.

Das ist gelebte Korruption in Afghanistan, so funktioniert es. Was für ein Nährboden für Taleban und ihre radikalen Ideen! Was für ein Betrug am eigenen Volk, und so ganz nebenbei auch was für ein Betrug an der internationalen Gemeinschaft, die Steuergelder ihrer Bürger für eine Sache aufwendet, die selbst für den konsumorientierten Westeuropäer mehr und mehr zur Farce wird. Ich hatte eines Tages mit dem deutschen Botschafter in Kabul besprochen, wie man denn derart unfähige und korrupte Männer wie Engineer Omar in Kunduz oder Ibrahimi in Takhar ablösen und durch besser geeignete Männer ersetzen könnte? Es lag ja förmlich auf der Hand, dass nur deren Ablösung ernsthaft etwas bewegen konnte. Der deutsche Botschafter riss mich sehr schnell aus allen Träumen. Es käme einem politischen Eklat gleich, denn alle Gouverneure werden direkt und unmittelbar durch Hamid Karsai bestimmt. Jeder Korruptionsvorwurf gegen einen seiner Gouverneure nimmt Karsai als persönliche Beleidigung auf, wahrt er doch durch die Auswahl von Gouverneuren seine heikle politische Machtbalance im Lande. Und selbst wenn Karsai willens wäre, meinem Antrag zu folgen, dann stellt sich immer noch die Frage, wer als neuer Gouverneur aufgestellt werden soll. Hier hat Deutschland nur ein sehr begrenztes Mitspracherecht, vorausgesetzt, ich könnte einen geeigneten Kandidaten namhaft machen, was mir in Kenntnis der Lage noch nicht einmal ansatzweise möglich gewesen wäre. Ich kannte schlichtweg keinen einzigen Kandidaten in den Provinzen Kunduz und Takhar, den ich für dieses wichtige und schwierige Amt für geeignet gehalten hätte. Das ist die bittere Realität.

Es gab positive Ausnahmen, zum Beispiel den Gouverneur in der Provinz Balkh, Atta, oder den in der Provinz Helmand, Mangal, aber in der Masse war die Lage niederschmetternd. Korruption trägt und ernährt sich daher in Afghanistan von ganz alleine, und das sowohl im Kleinen wie im Großen. Sie ist Teil des Systems. So gibt es renommierte Experten, die nicht müde werden zu warnen, dass die Korruption in Afghanistan weit gefährlicher für die Zukunft des Landes ist als die Taleban oder Al Quaida. Zu dieser Erkenntnis brauchte man über acht Jahre. Innerhalb von maximal nur sechs Jahren (seit 2008) bis zum avisierten Abzug aus Afghanistan meint man nunmehr, diesen Nährboden trocken legen zu können. Hiervon ist man – nach meinem festen Dafürhalten – weit entfernt. Und darum wird der Einsatz scheitern.

42. Fazit

Natürlich stellt sich mir die Frage, ob es sich denn gelohnt hat, mein Einsatz in Afghanistan. Ich hatte mir die gleiche Frage anno 1999 gestellt, als ich aus dem Kosovo ziemlich ernüchtert zurückkehrte. Die Verhältnisse im Kosovo haben sich grundlegend zum Besseren gewendet, und dennoch bleibt selbst dort die Zukunft ungewiss. Mein Einsatz im Kosovo hat sich gelohnt, das vermag ich heute so zu beurteilen. Trifft das auch auf die fast anderthalb Jahre zu, die ich insgesamt einschließlich Einsatzvor- und -nachbereitung für Afghanistan aufgewendet habe?

Die Antwort, meine ganz persönliche Antwort, heißt: Nein!

Natürlich lohnt es sich mitzuhelfen, auch nur einem einzigen afghanischen Kind eine bessere Zukunft zu geben. Aber in der Masse und Breite ist von den hoch gesteckten Zielen, für die man deutsche Soldaten und auch mich einst nach Afghanistan schickte, herzlich wenig übriggeblieben. Mehr noch. Ich fürchte, dass Afghanistan nach Abzug der NATO-Streitkräfte nur wenige Jahre braucht, um erneut in Anarchie zu kollabieren. Afghanistan ist halt nicht mit dem Kosovo vergleichbar, und selbst da ist bei weitem nicht alles zum Guten bestellt. Geschichte wiederholt sich nun einmal nur sehr selten.

General Schwarzkopf, der amerikanische Oberkommandierende im ersten Irakkrieg, war als junger Bataillonskommandeur Anfang der 70er Jahre mit viel Enthusiasmus nach Vietnam gegangen. Als der Vietcong schließlich Saigon einnahm, hat er sich in tiefster Verzweiflung betrunken. Werde auch ich mich eines Tages betrinken müssen, weil ich in Kunduz langfristig ein zweites Saigon erkenne? Nein, betrinken werde ich mich wohl nicht, aber den Niedergang von Kunduz, den erlebe ich dagegen schon noch zu Lebzeiten. Ich bin dann zwar nicht mehr aktiver Soldat, aber innerlich werde ich immer mit Kunduz verbunden bleiben.

Der Mensch ist ja – Gott sei Dank – damit gesegnet, das Positive in Erinnerung zu behalten. Positiv an meinem Afghanistaneinsatz waren die Männer und Frauen, die mit mir zusammen in Kunduz gedient haben. Man kann es ja auch so sehen: Mein Einsatz hat sich gelohnt, weil ich für diese hervorragenden Männer und Frauen zur richtigen Zeit dort sein konnte, wo sie mich brauchten. Darauf bin ich stolz und zugleich auch überaus dankbar. Leider habe ich es nicht vermocht, auch Patrick Behlke und Roman Schmidt gesund und lebend nach Hause zu bringen. Ich bin mir aber sicher, dass sie mir zuschauen und verstehen, wenn ich sage, dass ich genauso stolz auf sie bin wie über jeden einzelnen Mann und jede einzelne Frau unter meinem Kommando in Kunduz.

Abkürzungen

Abkürzung	Englisch	Deutsch
ANA	Afghan National Army	Afghanische Armee
ANP	Afghan National Police	Afghanische Polizei
ANSF	Afghan National Security Force	Sammelbegriff für Afghanische Sicherheitskräfte, d.h. Summe von ANA, ABP und ANP
BAT		Beweglicher Arzttrupp
CIMIC	Civil - Military Cooperation	Zivil-militärische Zusammenarbeit
COM RC N	Commander RC North	Kommandeur des Regionalkommandos Nord in Afghanistan
CPT	Close Protection Team	Personenschützer
GÜZ		Gefechtsübungszentrum in Magdeburg
IED	Improvised Explosive Device	Sprengfalle
ISAF	International Security Assistance Force	Summe der multinational zusammengesetzten Streitkräfte in Afghanistan unter der Führung der NATO
J2		Leiter der Stabsabteilung 2, zuständig für Militärisches Nachrichtenwesen, insbesondere der Feindlagebeurteilung
J3		Leiter der Stabsabteilung 3, zuständig für Ausbildung, Organisation und in Afghanistan für die Einsatzplanung
LOC	Lines of Communication	In diesem Kontext "Hauptverbindungsweg" der NATO, d.h. wichtige Straßenverbindungen
MA	Military Assistant	Adjutant
MEDEVAC	Medical Evacuation	Sanitätsdienstliche Versorgung, hier im Regelfall "Bergung und Abtransport von Verwundeten"
NDS	National Directorate of Security	Afghanischer Geheimdienst

NGO	Non Governmental Organisation	Nichtstaatliche Hilfsorganisation, z.B. Ärzte ohne Grenzen
PAT TALOQ-HAN	Provincial Advisory Team in Taloqan	Ableger des PRT Kunduz in der Provinzhauptstadt von Takhar
PRT	Provincial Re-construction Team	Zivil-militärisches Wiederaufbauteam auf Provinzebene, z.B. PRT Kunduz
RC North	Regional Command North	Von einem deutschen General geführtes Hauptquartier der ISAF - Truppen im Norden von Afghanistan, sogenanntes Regionalkommando Nord
ROE	Rules of Engagement	Einsatzregeln, hier im Schwerpunkt für die Anwendung von Schusswaffengebrauch
S3 Feldwebel		In diesem Kontext mein Vorzimmerfeldwebel
UNAMA	United Nations Mission to Afghanistan	Mission der Vereinten Nationen in Afghanistan
VISO	Visitor Officer	Besucheroffizier

Carola Hartmann Miles-Verlag

<u>Politik, Gesellschaft, Militär</u>

Uwe Hartmann, *Innere Führung. Erfolge und Defizite der Führungsphilosophie für die Bundeswehr,* Berlin 2007.

Hans Joachim Reeb, *Sicherheitskultur als kommunikative und pädagogische Herausforderung – Der Umgang in Politik, Medien und Gesellschaft,* Berlin 2011.

Hans-Christian Beck, Christian Singer (Hrsg.), *Entscheiden – Führen – Verantworten. Soldatsein im 21. Jahrhundert,* Berlin 2011.

Reiner Pommerin (ed.), *Clausewitz goes global. Carl von Clausewitz in the 21ˢᵗ Century, Berlin 2011.*

Eberhard Birk, Heiner Möllers, Wolfgang Schmidt (Hrsg.), *Die Luftwaffe zwischen Politik und Technik. Schriften zur Geschichte der Deutschen Luftwaffe, Bd. 2,* Berlin 2012.

Eberhard Birk, Winfried Heinemann, Sven Lange (Hrsg.), *Tradition für die Bundeswehr. Neue Aspekte einer alten Debatte,* Berlin 2012.

Holger Müller, *Clausewitz' Verständnis von Strategie im Spiegel der Spieltheorie,* Berlin 2012.

Angelika Dörfler-Dierken, *Führung in der Bundeswehr,* Berlin 2013.

Cornelia Fedtke, Kai-Uwe Hellmann, Jan Hörmann, *Migration und Militär. Zur Integration deutscher Soldaten mit Migrationshintergrund in der Bundeswehr,* Berlin 2013.

Torsten Konopka, *Afrikanische Wehrsysteme und ihre Entwicklung zwischen 1990/91 und 2011,* Berlin 2014.

Wolf Graf von Baudissin, *Grundwert Frieden in Politik – Strategie – Führung von Streitkräften,* hrsg. von Claus von Rosen, Berlin 2014.

Wolf Graf von Baudissin, *Der Widerstand. „… um nie wieder in die ausweglose Lage zu geraten…",* hrsg. von Claus von Rosen, Berlin 2014.

Marcel Bohnert, Lukas J. Reitstetter (Hrsg.), *Armee im Aufbruch. Zur Gedankenwelt junger Offiziere in den Kampftruppen der Bundeswehr,* Berlin 2014.

Arjan Kozica, Kai Prüter, Hannes Wendroth (Hrsg.), *Unternehmen Bundeswehr? Theorie und Praxis (militärischer) Führung*, Berlin 2014.

Angelika Dörfler-Dierken, Robert Kramer, *Innere Führung in Zahlen. Streitkräftebefragung 2013*, Berlin 2014.

Eberhard Birk, Heiner Möllers (Hrsg.), *Luftwaffe und Luftkrieg*, Berlin 2015.

Phil C. Langer, Gerhard Kümmel (Hrsg.), *„Wir sind Bundeswehr." Wie viel Vielfalt benötigen/vertragen die Streitkräfte?*, Berlin 2015.

Jahrbuch Innere Führung

Uwe Hartmann, Claus von Rosen, Christian Walther (Hrsg.), *Jahrbuch Innere Führung 2009. Die Rückkehr des Soldatischen*, Eschede 2009.

Helmut R. Hammerich, Uwe Hartmann, Claus von Rosen (Hrsg.), *Jahrbuch Innere Führung 2010. Die Grenzen des Militärischen*, Berlin 2010.

Uwe Hartmann, Claus von Rosen, Christian Walther (Hrsg.), *Jahrbuch Innere Führung 2011. Ethik als geistige Rüstung für Soldaten*, Berlin 2011.

Uwe Hartmann, Claus von Rosen, Christian Walther (Hrsg.), *Jahrbuch Innere Führung 2012. Der Soldatenberuf zwischen gesellschaftlicher Integration und suis generis-Ansprüchen*, Berlin 2012.

Uwe Hartmann, Claus von Rosen (Hrsg.), *Jahrbuch Innere Führung 2013. Wissenschaften und ihre Relevanz für die Bundeswehr als Armee im Einsatz*, Berlin 2013.

Uwe Hartmann, Claus von Rosen (Hrsg.), *Jahrbuch Innere Führung 2014. Drohnen, Roboter und Cyborgs – Der Soldat im Angesicht neuer Militärtechnologien*, Berlin 2014.

Uwe Hartmann, Claus von Rosen (Hrsg.), *Jahrbuch Innere Führung 2015. Neue Denkwege angesichts der Gleichzeitigkeit unterschiedlicher Krisen, Konflikte und Kriege*, Berlin 2015.

Einsatzerfahrungen

Kay Kuhlen, *Um des lieben Friedens willen. Als Peacekeeper im Kosovo,* Eschede 2009.

Sascha Brinkmann, Joachim Hoppe (Hrsg.), *Generation Einsatz, Fallschirmjäger berichten ihre Erfahrungen aus Afghanistan,* Berlin 2010.

Artur Schwitalla, *Afghanistan, jetzt weiß ich erst… Gedanken aus meiner Zeit als Kommandeur des Provincial Reconstruction Team FEYZABAD,* Berlin 2010.

Uwe Hartmann, *War without Fighting? The Reintegration of Former Combatants in Afghanistan seen through the Lens of Strategic Thought,* Berlin 2014.

Rainer Buske, *KUNDUZ. Ein Erlebnisbericht über einen militärischen Einsatz der Bundeswehr in AFGHANISTAN im Jahre 2008,* Berlin ²2016.

Standpunkte und Orientierungen

Daniel Giese, *Militärische Führung im Internetzeitalter – Die Bedeutung von Strategischer Kommunikation und Social Media für Entscheidungsprozesse, Organisationsstrukturen und Führerausbildung in der Bundeswehr,* Berlin 2014.

Dirk Freudenberg, *Auftragstaktik und Innere Führung. Feststellungen und Anmerkungen zur Frage nach Bedeutung und Verhältnis des inneren Gefüges und der Auftragstaktik unter den Bedingungen des Einsatzes der Deutschen Bundeswehr,* Berlin 2014.

Uwe Hartmann (Hrsg.), *Lernen von Afghanistan. Innovative Mittel und Wege für Auslandseinsätze,* Berlin 2015.

Fouzieh Melanie Alamir, *Vernetzte Sicherheit – Quo Vadis?,* Berlin 2015.

Hartmut von Schubert, *Integrative Militärethik. Ethische Urteilsbildung in der militärischen Führung,* Berlin 2015.

Uwe Hartmann, *Hybrider Krieg als neue Bedrohung von Freiheit und Frieden. Zur Relevanz der Inneren Führung in Politik, Gesellschaft und Streitkräften,* Berlin 2015.

Klaus Beckmann, *Treue.Bürgermut.Ungehorsam. Anstöße zur Führungskultur und zum beruflichen Selbstverständnis in der Bundeswehr,* Berlin 2015.

Militärgeschichte

Peter Heinze, *Bundeswehr „erobert" Deutschlands Osten,* Berlin 2010.

Dieter E. Kilian, *Adenauers vergessener Retter – Major Fritz Schliebusch,* Berlin 2011.

Ingo Pfeiffer, *Gegner wider Willen. Konfrontation von Volksmarine und Bundesmarine auf See,* Berlin 2012.

Dieter E. Kilian, *Kai-Uwe von Hassel und seine Familie. Zwischen Ostsee und Ostafrika. Militär-biographisches Mosaik,* Berlin 2013.

Peter Heinze, *Berliner Militärgeschichten,* Berlin 2013.

Ingo Pfeiffer, *Seestreitkräfte der DDR,* Berlin 2014.

Ulrich C. Kleyser, *Lazare Carnot. "Le Grand Carnot". Ein Charakterbild,* Berlin 2016.

Erinnerungen

Blue Braun, *Erinnerungen an die Marine 1956–1996,* Berlin 2012.

Harald Volkmar Schlieder, *Kommando zurück!,* Berlin 2012.

Reinhart Lunderstädt, *Aus dem Leben eines Hochschullehrers. Persönlicher Bericht,* Berlin 2012.

Wulf Beeck, *Mit Überschall durch den Kalten Krieg. Mein Leben für die Marine,* Berlin 2013.

Jan Becker, *Aufgewühltes Wasser,* 3 Bde., Berlin 2014.

Klaus Grot, *So war's, damals. Dienstchronik eines Pionieroffiziers im Kalten Krieg 1954–1991,* Berlin 2014.

Gustav Lünenborg, *Bürger und Soldat. Innere Führung hautnah 1956–1993, 1993–2015,* Berlin 2015.

Monterey Studies

Uwe Hartmann, *Carl von Clausewitz and the Making of Modern Strategy,* Potsdam 2002.

Zeljko Cepanec, *Croatia and NATO. The Stony Road to Membership,* Potsdam 2002.

Ekkehard Stemmer, *Demography and European Armed Forces,* Berlin 2006.

Sven Lange, *Revolt against the West. A Comparison of the Current War on Terror with the Boxer Rebellion in 1900-01,* Berlin 2007.

Klaus M. Brust, *Culture and the Transformation of the Bundeswehr,* Berlin 2007.

Donald Abenheim, *Soldier and Politics Transformed,* Berlin 2007.

Michael Stolzke, *The Conflict Aftermath. A Chance for Democracy: Norm Diffusion in Post-Conflict Peace Building,* Berlin 2007.

Frank Reimers, *Security Culture in Times of War. How did the Balkan War affect the Security Cultures in Germany and the United States?,* Berlin 2007.

Michael G. Lux, *Innere Führung – A Superior Concept of Leadership?,* Berlin 2009.

Marc A. Walther, *HAMAS between Violence and Pragmatism,* Berlin 2010.

Frank Hagemann, *Strategy Making in the European Union,* Berlin 2010.

Ralf Hammerstein, *Deliberalization in Jordan: the Roles of Islamists and U.S.-EU Assistance in stalled Democratization,* Berlin 2011.

Jochen Wittmann, *Auftragstaktik,* Berlin 2012.

Michael Hanisch, *On German Foreign und Security Policy. Determinants of German Military Engagement in Africa since 2011,* Berlin 2015.

<u>Romane</u>

Christoph Karich, *Bewährung im Grünen Meer,* Berlin 2009.

Robert B. Thiele, *Die Treuhänderin,* Berlin 2012 (als Taschenbuch 2013 erschienen mit dem Titel "Der General").

B. Canth, *Bleckwedel und die Schwester des Mädchens, das unter der Planier-raupe starb,* Berlin 2015.

www.miles-verlag.jimdo.com